ACCESO GRATIS *a la Lectura en la Nube*

Para visualizar el libro electrónico en la nube de lectura envíe junto a su nombre y apellidos una fotografía del código de barras situado en la contraportada del libro y otra del ticket de compra a la dirección:

ebooktirant@tirant.com

En un máximo de 72 horas laborales le enviaremos el código de acceso con sus instrucciones.

LA EFICIENCIA EN LA IMPARTICIÓN DE JUSTICIA FEDERAL EN MÉXICO, 1995-2022

Una evaluación estadística

LA EFICIENCIA EN LA IMPARTICIÓN DE JUSTICIA FEDERAL EN MÉXICO, 1995-2022

Una evaluación estadística

RAÚL MUÑOZ MORALES

tirant lo blanch
Ciudad de México, 2024

En caso de erratas y actualizaciones, la Editorial Tirant lo Blanch México publicará la pertinente corrección en la página web www.tirant.com/mex/

© EDITA: TIRANT LO BLANCH
DISTRIBUYE: TIRANT LO BLANCH MÉXICO
Av. Tamaulipas 150, Oficina 502
Hipódromo, Cuauhtémoc
CP 06100, Ciudad de México
Telf: +52 1 55 65502317
infomex@tirant.com
www.tirant.com/mex/
www.tirant.es
ISBN: 978-84-1197-852-1
MAQUETA: Disset Ediciones

Si tiene alguna queja o sugerencia, envíenos un mail a: atencioncliente@tirant.com. En caso de no ser atendida su sugerencia, por favor, lea en www.tirant.net/index.php/empresa/politicas-de-empresa nuestro procedimiento de quejas.

Responsabilidad Social Corporativa: http://www.tirant.net/Docs/RSCTirant.pdf

"...la impartición de justicia federal en nuestro país enfrenta grandes retos. Los jueces federales no siempre se conducen con la ética, profesionalismo, independencia e imparcialidad que deberían observar en sus funciones... Todo ello genera desigualdades en el sistema judicial, dificulta que los más pobres puedan ser escuchados y que sus reclamos sean atendidos, lastima a la sociedad, y genera desconfianza en los jueces y en la justicia, lo cual, en su conjunto, impide el establecimiento de un verdadero gobierno de leyes" (Exposición de motivos de la Iniciativa de la Reforma constitucional al Poder Judicial de la Federación, presentada en 2020 y publicada en el Diario Oficial de la Federación el 22-03-2021)

"¿Por qué los revolucionarios hispanoamericanos hicieron suyas las ideas de la Ilustración y la Revolución de Independencia norteamericana?... esas ideas eran las de la modernidad naciente. Pero no bastaba con adoptarlas para ser modernos: había que adaptarlas. La ideología republicana y democrática liberal fue una superposición histórica. No cambió a nuestras sociedades pero si deformó las conciencias: introdujo la mala fe y la mentira en la vida política", (Octavio Paz, Sor Juana Inés de la Cruz o las trampas de la fe, 1982: 29-30)

Índice

Prólogo

HÉCTOR ARTURO MERCADO LÓPEZ[1]

A México le urge un sistema integral de justicia que sea altamente eficaz y eficiente. Lamentablemente la forma en que está estructurado lo convierte en muy complejo para acceder a la obtención de resoluciones que cumplan con los requisitos del artículo 17 de la Constitución Política de los Estados Unidos Mexicanos. Así tenemos que en nuestro país existen, por una parte, 32 sistemas de justicia locales que funcionan a partir del propio cúmulo de leyes que producen sus congresos, esto es, lo que se conoce coloquialmente como la justicia local. Y por otra, existe el sistema federal que funciona a partir del conjunto de normas sustantivas y procesales que le suministra fundamentalmente el Congreso de la Unión, por ello amén de tramitar todos los asuntos de competencia federal se hace cargo de toda la protección social para la ciudadanía a partir del denominado juicio de amparo. Además, tenemos marcos normativos que operan al margen de los poderes judiciales locales y federales, como son el fiscal, el agrario y el burocrático. Ello implica, sin exagerar, la existencia de cientos de marcos normativos tanto sustantivos como procesales que dotan de una gran complejidad al funcionamiento del sistema e impide por ello un óptimo resultado.

Al margen de esta problemática podríamos agregar varios elementos que coadyuvan a la ineficiencia histórica de la administración de justicia en nuestro país. Uno de ellos sería el hecho de que su acceso a un presupuesto adecuado depende de los poderes ejecutivos tanto federales como locales, los que se han caracterizado en no dotar de las suficientes cantidades que los sistemas

---

1 Magistrado Federal de Tribunal Colegiado del Poder Judicial de la Federación, en materia laboral, del Primer Circuito. Profesor de Derecho Laboral en la UNAM, UAM, ITAM y el Instituto de la Judicatura Federal.

requerirían para obtener un debido funcionamiento. Por ello, en general se carece de instalaciones adecuadas y de una permanente, consistente y correcta capacitación para el personal contratado bajo los diferentes esquemas y en varios casos en los diversos sistemas los trabajadores no tienen acceso a salarios proporcionales al grado de sus responsabilidades.

De ahí que sea muy importante la evaluación de la eficiencia terminal que tiene el sistema de justicia en el país. En el presente trabajo que nos presenta el Doctor en Economía Raúl Muñoz Morales, nos realiza un enfoque que parte, como su propio título lo señala, de una evaluación estadística, para lo cual el autor da cuenta de una interesante numeralia jurisdiccional que fue muy compleja de integrar, pues se abocó al análisis de los resultados estadísticos registrados de 1995 al 2022, de los Tribunales Unitarios, Tribunales de Circuito, Juzgados de Distrito y los nuevos órganos laborales y centros de justicia penal federales, todos adscritos al Consejo de la Judicatura Federal, lo que implicó un objeto de investigación amplio y exhaustivo. Esto es, nos hace una serie de reflexiones sobre el costo de la emisión de sentencias dentro del Poder Judicial de la Federación y no así dentro de los poderes locales y sistemas autónomos, los cuales se han venido históricamente incrementando.

Pero medir la eficiencia del sistema de justicia cabría preguntarse si se limita exclusivamente a determinar el costo de una sentencia de acuerdo con el presupuesto que se proporciona o habría que incluir también otros factores de evaluación que nos llevaran a ponderar exactamente cuál es un costo racional de un sistema.

Podríamos pensar, por ejemplo, que dentro del presupuesto anual que se diseña por parte del Poder Legislativo (Cámara de Diputados del Congreso de la Unión), el Poder Judicial de la Federación siempre ocupa de los últimos lugares de las instituciones de acuerdo con la asignación presupuestal que se les señala. ¿Este podría ser un indicador para medir la eficiencia?

Otro indicador tendría que relacionarse necesariamente con la calidad de las leyes procesales que el Poder Legislativo emite y en las que nunca se toma en cuenta o se analiza, ni siquiera se estudia, cuál es el costo que cada uno de los procedimientos marcan para lograr la emisión de cada sentencia, con lo cual el costo monetario de las mismas les es indiferente, total, nunca se les dotará del suficiente presupuesto, faltaba más.

Otra forma de medirlo es la calidad de las sentencias y en ese sentido ni en la academia mexicana ni en las instituciones de administración de justicia se hacen análisis sistemáticos sobre la consistencia teórica y conceptual de las resoluciones que se emiten, se hacen reflexiones muchas de ellas altamente ideologizadas más que sustentadas en estudios rigurosos sobre su calidad.

De ahí la importancia de este estudio al que nos estamos refiriendo, pues si bien es un acercamiento a la eficiencia de los procedimientos de administración de justicia, lo cierto es que deberíamos de realizar análisis en las otras vertientes que permitieran valorar realmente cuál es el costo que debe tener una sentencia.

Al final, lo más importante de un sistema de justicia siempre será de manera incuestionable que proporcionemos a la sociedad en su conjunto, sin distinción de clase social, capacidad económica, relaciones de poder, tráfico de influencia, etcétera, sentencias que produzcan en ella la confianza suficiente para apelar a este sistema y que se esté bajo la certidumbre de que vivimos bajo un estado de derecho.

Pensar que el incremento en el costo económico de una sentencia nos llevaría ineludiblemente a la conclusión de que existe ineficiencia en la administración de justicia me parece una percepción limitada, pero no cabe duda de que es un importantísimo punto de partida para que combinando los elementos referidos y otros que metodológicamente se podrían incluir nos lleven a la convicción de cuál es el gasto más razonable.

De manera incuestionable debemos aceptar que, de manera exógena, existen cuatro elementos que deben cumplirse cabalmente para que un sistema de justicia opere óptimamente, a saber: a) suficiente presupuesto; b) capacitación del personal de excelente nivel; c) óptimos salarios que permitan dedicación exclusiva a esta función y d) instalaciones dignas y funcionales que permitan un funcionamiento adecuado a los operadores del derecho.

Incluyendo a todos los sistemas de administración de justicia del país, podríamos señalar de manera aproximada, que en el ámbito de competencia federal se cumple medianamente con estos objetivos y muy precariamente en las competencias locales salvo honrosas excepciones.

Por otro lado, podríamos decir que algunos de los elementos que se requieren de manera endógena al sistema serían vigilancia rigurosa sobre la capacitación que tenga cada uno de los elementos pertenecientes a él, estudios exhaustivos sobre la calidad de los actos procesales y sentencias que se emitan, así como el seguimiento puntual de todas las quejas que sobre las conductas de los juzgadores y operadores del sistema se presenten por parte de los afectados en los juicios.

De tal manera que conjuntando los elementos exógenos y endógenos se logrará la óptima calidad del servicio que la ciudadanía reclama en términos de dar a cada quien lo suyo y, por lo tanto, el análisis del costo económico de cada sentencia será un elemento que será un coadyuvante eficaz para ese logro.

Ponemos a consideración de nuestros amables lectores esta obra que hace una muy seria reflexión, informada y rigurosa, sobre el impacto que un sistema de justicia mal diseñado tiene sobre el conjunto de la economía y además, sobre la percepción social de impunidad existente, de ahí que invitemos a su lectura como un inicio necesario, imprescindible y reflexivo, con la finalidad de que muy pronto existan otros estudios a los que hemos hecho referencia y que lleven a los poderes legislativos federal y locales, al conocimiento pleno de cuál es el presupuesto que se debe otorgar a los poderes judiciales, sin contenidos políticos que pongan en cuestionamiento la autonomía e independencias judiciales.

Asimismo, que el mencionado poder revise de manera exhaustiva, objetiva y profesional sus conocimientos sobre el tema para que elabore las leyes que simplifiquen los procedimientos judiciales, pudiendo por ejemplo unificar competencias y procedimientos por materia con el objeto de abaratar sus costos reales.

En fin, sería quizá inacabable el cúmulo de comentarios que se podrían hacer en torno a la materia que nos ocupa, baste con señalar que la lectura de esta importante investigación sin duda alguna, abrirá a todo lector especializado en la materia a llevar a cabo serias reflexiones sobre el costo beneficio de la emisión de una sentencia y por lo tanto, lograr el anhelado objetivo de constituir un estado de derecho en nuestro país en el sentido que nuestra Constitución Política lo establece desde hace más de cien años, es decir, un país libre, democrático y social de derecho. Queda a la consideración de nuestros lectores este trabajo.

Presentación

Caminos sin ley

NOE AGUDO GARCÍA[1]

Casi cien años después de publicada la crónica de Graham Greene, *Caminos sin ley*, México sigue siendo un país sin leyes. La arbitrariedad en su utilización, el empleo de la ley para lograr otros fines que no sean los de la justicia, su uso selectivo o su incumplimiento liso y llano hacen que México todavía carezca, en pleno siglo XXI, de un auténtico Estado de derecho. Durante toda su existencia, primero bajo la corona española y luego como nación independiente y post revolucionario, la Nueva España y México no han sabido qué es vivir bajo un Estado de derecho. Nuestra vida como nación se ha desenvuelto entre el "Obedézcase, pero no se cumpla" y el "No me vengan con que la ley es la ley".

Tomo el título de la crónica por la belleza de la frase y porque cuando Greene la escribió, en 1938, la mejor Constitución que se haya dado cualquier país del mundo, con artículos que reconocen las garantías sociales fundamentales y los derechos de todo ciudadano, llevaba veintiún años de promulgada, sólo que su aplicación era, al igual que hoy, letra muerta. Greene viene a México a escribir una crónica sobre el conflicto Estado-Iglesia que aún sobrevive por aquellos años, así que centra su atención en tres entidades donde las consecuencias del conflicto continuaban vigentes: Veracruz, Tabasco y Chiapas. ¿Qué es lo que encuentra?

En primer lugar, la inexistencia de la igualdad ante la ley como lo establece el artículo cuarto constitucional. Basta que un cacique atrabiliario y fanático, con el gobierno local en sus manos

---

[1] Escritor y profesor universitario.

y respaldado por grupos armados tuviera el poder, para que la igualdad ante la ley fuera inexistente.

Greene constató que individuos como Garrido Canabal decidían cuándo debía existir la libertad de cultos y en qué consistía, y no lo que consagraba el artículo 24 de la Constitución mexicana. De igual forma, el cacique era quien determinaba qué curas vivían y cuáles debían ser ejecutados, qué templos abrían y cuáles debían permanecer cerrados. Los principios laicos establecidos por la Constitución de 1917 (prohibición a la Iglesia de impartir educación religiosa; celebración de ritos en el exterior de los templos; prohibición a poseer o administrar bienes; derecho a mantener órdenes religiosas, etc.) se tornaron medidas totalmente anticlericales y persecutorias por parte de caciques regionales fanáticos como Garrido Canabal; reavivaron así el conflicto con la Iglesia para un segundo período de la Cristiada.

Desde luego, no es el incumplimiento constitucional lo que más horroriza a Greene, sino la miseria y el fanatismo similar por parte de los campesinos, que con gusto se dejaban ejecutar para defender su religión y sus curas, o los asesinatos que también ellos cometían sin piedad contra miles de maestros encomendados a impartir la educación "socialista". Greene se habría horrorizado aún más si hubiese conocido los millones de muertos que había costado esa Constitución ignorada y violentada por la fuerza. Por eso los *Caminos sin ley*.

El gran drama de México no ha sido la carencia de leyes sino su incumplimiento. Esto es lo que el escritor inglés registró en su crónica y también en una de sus mejores novelas, *El poder y la gloria*. No sólo su incumplimiento sino también la arbitrariedad en su aplicación y la conveniencia en su interpretación. Desde hace siglos éste ha sido el obstáculo para que el país prospere económicamente y pueda acceder a una democracia plena. El autor de este libro, doctor Raúl Muñoz Morales, lo expresó en una frase certera y precisa cierto día en una charla informal: "Lo verdaderamente revolucionario en México sería el establecimiento del Estado de derecho".

¿Qué es lo que el país requiere para combatir realmente la corrupción, disminuir la inseguridad, mejorar los sistemas educativos y de salud, garantizar el empleo y, en suma, establecer medidas que logren una sociedad menos injusta y desigual? Son varios factores, desde luego, entre ellos atender el empleo, la salud y la educación, pero quizá ninguno tan crucial, indispensable y urgente como la aplicación rigurosa de la ley y el establecimiento de un auténtico Estado de derecho.

Si en algo el México de nuestros días es similar al del periodo colonial, al independiente y al de la postrevolución de 1910, es sin duda en la ausencia de la aplicación de la ley. Por eso de nada sirven los intentos que diferentes gobiernos han hecho para resolver al menos uno de los graves problemas del país. Todos fracasan o terminan haciendo exactamente lo contrario de lo que se proponen, porque lo hacen violando la ley, interpretándola a su modo, tergiversándola o modificándola para lograr otros propósitos. Todo está inconcluso, parece apenas un ensayo de lo que podría llegar a ser y todo termina en una gran simulación.

Más que ser un país sin leyes, México es un país sin las instituciones adecuadas para lograr su aplicación y acatamiento precisos. Se requiere el fortalecimiento de esas instituciones, su corrección y perfeccionamiento cuando sea necesario y, sobre todo, su creación cuando no existan. La representación plural del Congreso, la alternancia en el poder, la competencia partidaria, la verdadera autonomía del Poder Judicial y de otras muchas instituciones, como la Fiscalía general de la República, y sobre todo su funcionamiento eficaz, deben ser realidad y no sólo apariencia como hasta hoy.

En este sentido cobra especial importancia el libro del doctor Raúl Muñoz Morales. Él centra su análisis en lo que denomina la medición estadística de la "eficiencia" en la impartición de justicia, en órganos del Poder Judicial tales como los tribunales colegiados y unitarios de circuito, así como los juzgados de distrito. ¿Por qué su estudio resulta relevante? Porque es la eficacia de las instituciones jurídicas lo que da sentido y contenido a esa frase que, a veces resulta vacía de tanto repetirla, la existencia de un Estado de derecho.

Varios reportajes, ensayos y libros se han escrito para exponer cómo la aplicación de la justicia en México es una de las más ineficaces, caras, lentas, tortuosas e inaccesibles para la población, pero pocos estudios se han preocupado por exponer de dónde deriva esta situación o por qué resulta tan ineficaz e ineficiente. Vale decir, se reconoce la enfermedad, se describen sus síntomas y se conocen sus consecuencias, pero nadie revela en dónde están las causas.

Este es el mérito del presente libro. Se centra en un punto, el análisis estadístico de la eficiencia de la justicia, que podría sonar fútil o demasiado técnico, pero va al meollo del asunto: describe una de las mayores ineficiencias que derivan en el incumplimiento de la ley, en la corrupción de la impartición de justicia, y explica por qué nuestro máximo código legal, la Constitución Política de los Estados Unidos Mexicanos, sea un documento tan manoseado y reformado centenares de veces, tan sólo para resultar en un mayor incumplimiento.

¿Funciona bien la administración de la justicia? ¿Se halla al alcance de toda la población o resulta incosteable para la mayoría?

Porque, como un excelente ejemplo de trabajo académico, concentra su atención en un aspecto que poco dice al lector común, pero mucho a quienes investigan cómo es la aplicación de la justicia en México y cuáles son sus avatares.

Como buen académico, el doctor Muñoz Morales recurre a lo largo de todo su estudio a la precisión de la rica terminología que emplea, pues sabe que sin el manejo adecuado de las herramientas teóricas y conceptuales, las prescripciones e interpretación del derecho resultan lábiles, abren las puertas a la subjetividad y tienen como consecuencia uno de los aspectos más nefastos que vive la población ante la ley, la creencia de que sólo sirve para decidir lo que el poder desea.

Algo que marca la diferencia con aquel México descrito por Graham Greene y el del presente es la expresión cada vez más constante de la sociedad civil. Organizaciones no gubernamentales, medios de información, analistas y articulistas, redes digitales, activistas diversos —desde los que luchan por la defensa de los animales hasta los que reclaman respeto a la diversidad sexual, defensa del medio ambiente, combate a la violencia de género y la discriminación, entre otros—; así como las universidades, sus académicos y analistas, científicos e investigadores, hoy tienen una presencia cada vez más constante en la vida política y social del país. Es la sociedad civil la que reclama la aplicación eficaz y eficiente de la ley y la vigencia de un Estado de derecho.

Universitario, académico e investigador, Raúl Muñoz Morales es un destacado exponente de esa sociedad civil que podría hacer de México un país con menos caminos sin ley.

Introducción

La impartición de la justicia y la medición de su eficiencia es uno de los asuntos que tienen mayor relevancia, sobre todo cuando nos proponemos conocer si una economía, sociedad y sistema político funcionan conforme a los estándares de un desarrollo humano adecuado y digno.

En la determinación de esa prosperidad, limitaciones e incluso el atraso, un país se distingue de otro no tan solo por los niveles de desarrollo de sus fuerzas productivas, tecnología, acumulación de capital, ocupación de recursos, equidad, bienestar social, sustentabilidad y protección del medio ambiente. En la diferencia de lo que Adam Smith denominó, en 1776, la causa de la riqueza de las naciones y de su desigual desenvolvimiento, también ha primado hasta nuestros días la relevancia de las **instituciones jurídicas** que hacen valer los derechos individuales de las personas participantes en la creación y reproducción ampliada de esa riqueza (un Estado de derecho conveniente para el mercado y sobre todo para que dé certeza a los agentes económicos en las transferencias de derechos de propiedad que llevan a cabo en distintos contratos y en los intercambios de todo tipo de mercancías por cualquier forma de dinero que existe en nuestros días).

Por instituciones, conforme a Douglass North Premio Nobel de Economía 1993, no se debe entender sólo a las **formales**, en este caso a una de sus partes, es decir, a la estructura jurídica y en especial a normas de mayor nivel como la Constitución Política, Tratados y Convenciones internacionales. Tampoco es suficiente adicionar a las normas previas, otras derivadas como son las leyes orgánicas, leyes reglamentarias, leyes generales, reglamentos, normas oficiales y acuerdos generales, entre otras. Estas siguen siendo instituciones formales todavía, es necesario saber si esa estructura normativa se corresponde o no con las instituciones **reales**, es decir con aquellas que son igualmente importantes en las decisiones que toman los agentes económicos en los mercados y que se vinculan a contextos sociales, políticos, costumbres, usos, hábitos, tradiciones y situaciones que podrían menguar los niveles de satisfacción de dichos agentes y afectar, desde luego, los ingresos que perciben los factores que participan en la producción (capital y trabajo principalmente).

La **eficiencia**, como concepto, refiere invariablemente una **relación** entre recursos usados y productos que se derivan en una determinada función o actividad. Siempre es importante usar el nivel de recursos apropiados para generar mayores resultados o productos (en la impartición de justicia sería, por ejemplo, tener más resoluciones y sentencias procurando un uso adecuado de los mismos). En la limitación de los recursos económicos convergen teorías económicas opuestas, son limitados o escasos (corriente neoclásica); estamos sujetos a la necesidad en la toma de nuestras decisiones económicas (vivimos en el reino de la necesidad dirían Max, Engels y los marxistas).

La **eficacia** es otro concepto, como se ve adelante, que alude a otra perspectiva del análisis. Tiene que ver, en una acepción jurídica, sobre si se ha o no logrado el cumplimiento del objetivo o propósito referido en un marco normativo referencial. Por ejemplo, en el caso de la impartición de justicia en México, el contemplado en el artículo 17 de la Constitución Política de los Estados Unidos Mexicanos (CPEUM) que, entre otros aspectos, se vincula con el **acceso** de todos los individuos al sistema de justicia y al **cumplimiento efectivo** de las resoluciones judiciales por todos los gobernados y gobernantes. En este libro se hará énfasis en la parte relativa a la medición e interpretación de la **eficiencia.** Para ello me apoyaré, en gran medida, en la estadística judicial federal de 1995-2022 (principalmente de tribunales colegiados y unitarios de circuito, así como de juzgados de distrito).

Como lo explico en los dos últimos capítulos de este libro, me enfrento con diversas metodologías en la estadística institucional jurisdiccional federal en el referido periodo de estudio. De hecho, esa estadística es relativamente reciente en términos institucionales, pues esta se hizo pública en los informes de labores del presidente de la Suprema Corte de Justicia de la Nación a partir de 1987. Anteriormente no se publicaba esa estadística y los precitados informes parecían más bien monografías de consumo interno en ese poder público.

En una parte importante del libro no se pueden hacer series de tiempo más continúas debido a omisiones en la información estadística institucional. En otras me veo orillado a realizar inferencias o cálculos estadísticos a partir de la propia información oficial.

Datos agregados que tienen que ver con el tema de la eficacia judicial en órganos jurisdiccionales se truncan; por ejemplo, es el caso de las sentencias de tribunales colegiados cumplidas en su ejecución por autoridades responsables, de las que sólo encontramos información hasta 2010. Los años posteriores los informes de labores del presidente de la SCJN y del Consejo de la Judicatura Federal (CJF) ya no consignan esta información, de manera agregada, tampoco el órgano responsable de la estadística judicial en el CJF.

A partir de 2016 el Instituto Nacional de Geografía y Estadística (INEGI) se ha incorporado en la medición de la Estadística Judicial Federal. Su información tiene un calendario anual normal, es decir, desde el primer día del año y hasta el último. La estadística del CJF y de los informes del presidente de éste y de la SCJN tienen un cierre anual hasta el 15 de noviembre de cada año. En no pocas ocasiones, por tal razón, coinciden las estadísticas del funcionamiento jurisdiccional federal a cargo del CJF. Este es un asunto que complica la integración de series de tiempo y desde luego su debida interpretación.

Este trabajo está repleto de una cargada información estadística o numeralia jurisdiccional. Considero que se pueden obtener análisis más completos por quienes trabajan en la función jurisdiccional o en la administración, vigilancia, disciplina y carrera judicial en el CJF. Es un trabajo que puede servir a otros estudiosos del Poder Judicial de la Federación.

Si bien este libro comprende el análisis desde 1995 y hasta 2022, es conveniente aclarar que el contexto normativo tiene como límite superior el año de 2018. Es decir, toma en cuenta el orden jurídico vigente hasta este último año y se vincula al Poder Judicial de la Federación (la CPEUM, la Ley Orgánica del Poder Judicial de la Federación y la Ley de Amparo, Acuerdos Generales del CJF, principalmente).

Esta exposición es el resultado de una investigación que inició en 2002 y que ha sido retomada, intermitentemente, hasta 2022. En diferentes estancias sabáticas he venido realizando ciertas aproximaciones relativas a la actualización de series de tiempo en materia de estadística judicial, de su análisis y de tópicos vinculados con los temas de la administración y eficiencia judicial. Este libro es mi compromiso académico con el Colegio de Ciencias y Humanidades de la UNAM para el periodo lectivo 2022-2023. En la revisión de sus avances conté con el valioso apoyo de académicos de esta institución, entre los que destacan: José Cruz Monroy, Eusebio Vázquez, Rosario Cabrera, Elizabeth Gámez y Noé Agudo.

El libro se compone de seis capítulos. El capítulo I es un marco teórico-conceptual de la eficiencia judicial y de indicadores que sirven para estudiarla en el funcionamiento del Poder Judicial de la Federación, principalmente de los órganos que están bajo su administración: tribunales colegiados, tribunales unitarios (recientemente cambiados en tribunales colegiados de apelación), juzgados de distrito y en los últimos años de los centros de justicia penal y juzgados laborales. La mayor parte del libro, y por razones obvias de su existencia, trata el análisis estadístico de tribunales colegiados, unitarios y juzgados de distrito.

El capítulo II aborda un enfoque teórico multidisciplinario y abierto de la eficiencia judicial. En especial desde el Derecho, la Economía, la Administración, la Sociología y la Ciencia Política. El concepto de eficiencia lo permite y la apertura a diversas corrientes de pensamiento de estas disciplinas justifica una perspectiva analítica crítica sobre este concepto.

El capítulo III hace una reflexión de la administración del Poder Judicial de la Federación en un lapso que va de 1995 a 2022. Asimismo, cuando existen fuentes apropiadas se toman antecedentes del primer año mencionado en el que se estableció en México el Consejo de la Judicatura Federal (CJF). Es un análisis desde la Economía (Macroeconomía) y desde el Derecho (Administrativo y Constitucional, principalmente).

En el capítulo IV se desarrolla un análisis agregado de la eficiencia presupuestal en el PJF. Se estudia la relación entre el presupuesto público autorizado por la Cámara de Diputados del Congreso de la Unión y el personal ocupado en los órganos administrados por el Consejo de la Judicatura Federal. También se hace una valoración propia, no planteada por otros autores en estos términos, de lo que es el costo presupuestal de la impartición de la justicia federal relacionada con el funcionamiento del CJF.

Soy consciente de que una evaluación más completa de la eficiencia jurisdiccional debe de incorporar más factores e indicadores. Por mi parte, contribuyo con esta que tiene una connotación presupuestal.

El capítulo V es un análisis denominado: "Una aproximación en la evaluación de la productividad jurisdiccional 1995-2022". Aquí no solo interesa medir la producción de los órganos jurisdiccionales administrados por el CJF, es decir, el total de los asuntos expedidos en términos de sentencias y otras resoluciones relevantes; además, importa conocer los recursos empleados para obtenerlos; es decir, tratar de conocer la productividad o eficiencia jurisdiccional en el periodo de estudio. Todo esto para poder aplicar el marco teórico conceptual expuesto en los dos primeros capítulos. Finalmente, el capítulo VI aborda el seguimiento estadístico de los Centros de Justicia Penal y los nuevos tribunales laborales adscritos al PJF.

LA EFICIENCIA EN LA IMPARTICIÓN DE LA JUSTICIA FEDERAL EN MÉXICO 1995-2022. UNA EVALUACIÓN ESTADÍSTICA

I. Marco referencial para la evaluación administrativa del Poder Judicial de la Federación

1.1 CONCEPTOS RELEVANTES RELACIONADOS CON LA EFICIENCIA JUDICIAL (LA PERSPECTIVA DE LA CIENCIA JURÍDICA)

Evaluar la *eficiencia* en la impartición de la justicia federal involucra el análisis de una diversidad de factores. Existen distintas maneras de analizarla, pero en esta investigación se pone énfasis en criterios jurídicos y económicos selectivos. En especial, se dará seguimiento al cumplimiento del principio de que el servicio público de la justicia atienda el interés de los individuos, gobernados o justiciables, como indica la Constitución Política de los Estados Unidos Mexicanos **–CPEUM–** en su artículo 17. Se debe considerar que la impartición de justicia que proporcione el Estado tiene que ser **expedita, pronta, completa, imparcial** y **gratuita,** y que para su cumplimiento se deben emplear los recursos materiales y humanos apropiados y necesarios.

Fix-Fierro H. (2006:1-47) refiere la manera de cómo diversas disciplinas sociales se interesan por estudiar la **eficiencia** de los tribunales. Destacan en este propósito, principalmente, la Sociología del Derecho, Economía, Ciencia Política, Psicología Social y la Administración, entre otras. Otra manera de evaluar el funcionamiento jurisdiccional, según el mismo autor, es a través de encuestas de opinión pública y en los diagnósticos que sobre estos órganos llevan a cabo los especialistas en la materia.

Como es sabido, la solución civilizada y democrática de los conflictos entre las personas niega que los individuos se puedan hacer justicia por sí mismos y, al mismo tiempo, esa solución tiene que generar un orden público de Estado de Derecho que proporcione los medios institucionales y las reglas jurídicas que hagan posible dar respuesta o salida apropiada a las controversias. La *eficiencia* es sólo uno de los principios básicos de lo que debería de ser la impartición de justicia en nuestro país. Otros principios constitucionales en los que debería sustentarse la impartición de justicia pública son el *acceso efectivo y gratuito* para todas las personas (los *justiciables*); su *prontitud (en tiempo)*; su *eficacia* o plenitud (calidad), y su *imparcialidad* e *independencia*. En el **Diagrama 1** se pueden apreciar estos principios establecidos en el artículo 17 de la Constitución Política de nuestro país. Principios que son, todavía, más aspiración que realidad en el sistema de justicia mexicano.

DIAGRAMA 1

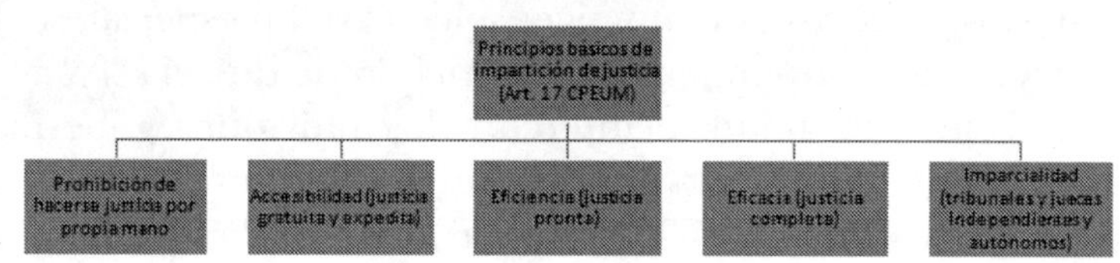

Fuente: elaboración propia.

Es necesario diferenciar entre **eficacia** y **eficiencia** en la impartición de la justicia, no obstante que ambos conceptos están, necesariamente, vinculados en lo que debe ser un sistema de justicia democrático y moderno. La **eficacia judicial** atiende, esencialmente, a que debe existir un marco institucional que dé realidad a la solución efectiva de controversias o conflictos entre las personas; también a una situación en la cual se resuelvan las controversias entre las personas con las autoridades, e incluso a que se dé solución a los conflictos que se susciten entre los mismos gobernantes, conforme a un marco jurídico vigente y aplicable. Las resoluciones de los órganos estatales o públicos dedicados a impartir justicia, es decir, las respuestas de los tribunales u órganos jurisdiccionales a las diversas demandas o solicitudes deben ser, indispensablemente, acatadas por todas las partes en conflicto (personas y autoridades). Solo así se puede hablar de que la justicia, sea federal, estatal, local, o municipal, es, verdaderamente, **eficaz** (ver **Diagrama 2**).

DIAGRAMA 2

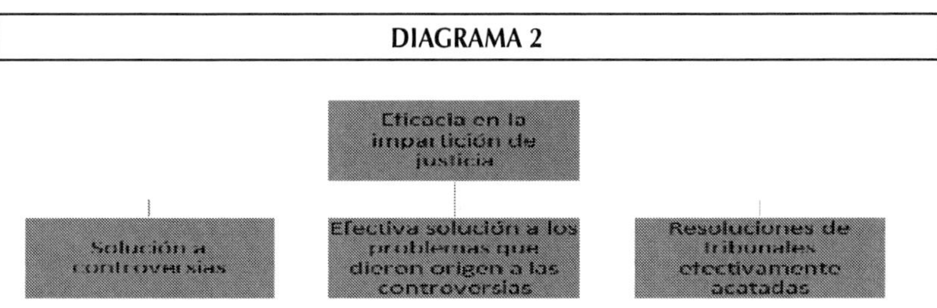

Fuente: elaboración propia.

Por otra parte, los elementos o factores determinantes de la **eficiencia judicial** son **rapidez o prontitud,** con la que son atendidas las demandas de justicia de los individuos o gobernados por parte del aparato público de justicia; la calidad que expresan las resoluciones o sentencias judiciales; el uso o **aprovechamiento óptimo** de los recursos presupuestales públicos, o autorizados por la ley, dedicados a tareas jurisdiccionales, y el **resultado más económico**, es decir, del **menor costo posible** de los **productos** o **resoluciones judiciales** (ver **Diagrama 3**).

DIAGRAMA 3

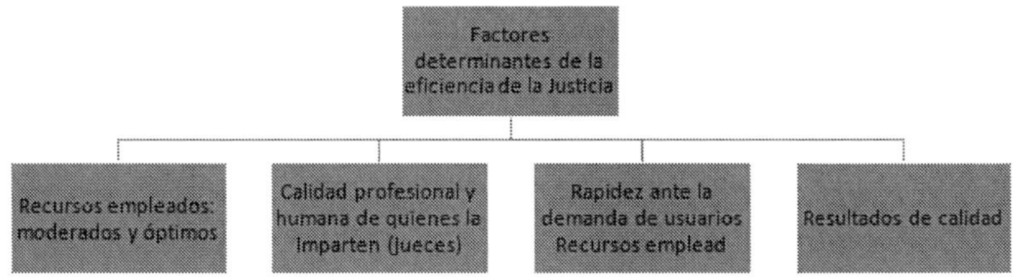

Fuente: elaboración propia.

La **eficiencia**, desde un enfoque económico-administrativo, es una relación que ayuda a medir y comparar los factores o recursos aplicados con los resultados o productos. Este concepto se usará para intentar medir la eficiencia en la impartición de justicia federal en nuestro país en el lapso de 1995-2022.

Existen diversas maneras de definir el concepto de **eficiencia económica**. Veamos solo algunas: Michael Parkin M. (2004:37) la define como "La situación que ocurre cuando el costo de obtener una cierta producción es tan bajo como sea posible". En otra perspectiva analítica, Eficiencia y racionalidad económica son en realidad una misma cosa cuando el concepto de racionalidad económica se utiliza en el sentido de la racional adaptación de los medios escasos disponibles para conseguir los fines u objetivos deseados (www.economia48.com/spa/d/eficiencia-economica/eficiencia-economica.htm). En otro enfoque, el concepto de eficiencia en Economía es diferente al de eficiencia técnica que se utiliza en otras ciencias: no se trata de la maximización del producto por unidad de energía o de materias primas, sino de una relación entre el valor del producto y de los recursos utilizados para producirlo. La eficiencia económica pone de relieve entonces la relación entre el costo y el valor de lo producido. Se habla de estar en la *frontera de eficiencia* cuando se llega a la maximización del valor a un coste dado, siempre y cuando lo producido tenga demanda en el mercado [**efficiency**], en www.eumed.net/cursecon/dic/E.htm#eficiencia.

Para efectos de este trabajo, acoto el concepto de **eficiencia judicial** a un criterio estrictamente presupuestal; sin embargo, reconozco que adicionalmente y en una investigación más profunda o compleja deben agregarse otros elementos que permitan un conocimiento más integral de este servicio público, sobre todo con la evaluación de factores cualitativos que se correspondan con el interés de los justiciables.

En cuanto al principio de **imparcialidad judicial**, referido en el artículo 17 constitucional, conviene establecer una definición de éste. Por imparcialidad en la justicia se concibe a un juez o magistrado que resuelve las controversias o conflictos que le plantean los justiciables: con independencia, es decir sin influencias ilegítimas; apoyado, invariablemente, en normas, prácticas y hábitos apegados a derecho y que, al dictar sus resoluciones, lo hace con plena autonomía o sin subordinación respecto a la posible interferencia de otros poderes públicos, personas o grupos de interés (ver **Diagrama 4**).

DIAGRAMA 4

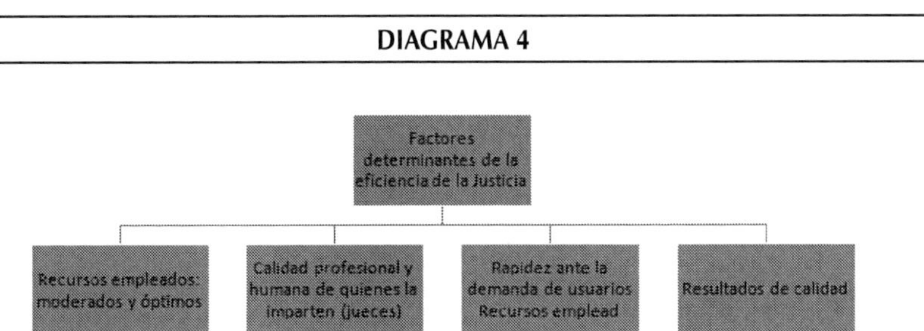

Otra perspectiva para entender los conceptos de **eficiencia** y **eficacia** judicial la ofrece Fix-Fierro H. (2006:12) en el ensayo *Tribunales, justicia y eficiencia. Estudio socio-jurídico sobre la racionalidad económica en la función judicial,* que es una versión de su tesis doctoral en Derecho en la Universidad de Bremen, Alemania, en 1998. Veamos lo que señala sobre estas categorías jurídicas:

"¿Qué significa ser '**eficiente**' y '**eficaz**'? A primera vista, definir lo que es 'eficiencia' y 'eficacia' parece sencillo: la eficiencia es el mejor uso de los recursos; la eficacia, el logro de las metas. Al introducirlos en la arena judicial, esto significa que los tribunales deben resolver las controversias de manera 'justa, pronta y barata', según reza una conocida fórmula. Sin embargo, los problemas empiezan cuando pretendemos definir de manera más precisa términos tales como 'resolución de controversias', ́justa,' 'pronta' y 'barata'. Y las cosas se complican más al darnos cuenta que el cumplimiento simultáneo de estos valores requiere compromisos y compensaciones: la 'prontitud' puede lograrse, pero a expensas de la 'justicia' (por ejemplo, si la rapidez beneficia a una de las partes y perjudica a la otra); el acceso ilimitado a los tribunales puede traducirse en rezagos y retrasos considerables; la 'justicia' puede requerir la posibilidad de una apelación larga y costosa, mientras que el procedimiento del tribunal puede resultar incapaz de 'resolver' el conflicto en lo absoluto. Evidentemente, aquí están en juego decisiones sociales complejas".

Estas situaciones contradictorias que se podrían propiciar en la obtención de la resolución **justa**, **pronta** y **barata** de las controversias judiciales, a las que se refiere Fix-Fierro H. (2006) en la cita anterior, la podemos ilustrar en varias posibilidades **no deseables** para la eficiencia y eficacia judicial. Los **diagramas 5, 6 y 7** expresan tres casos de dilemas o divergencias en la búsqueda de la eficiencia en los tribunales:

DIAGRAMA 5

PRIMER DILEMA EN LA BÚSQUEDA DE LA EFICIENCIA EN LA JUSTICIA

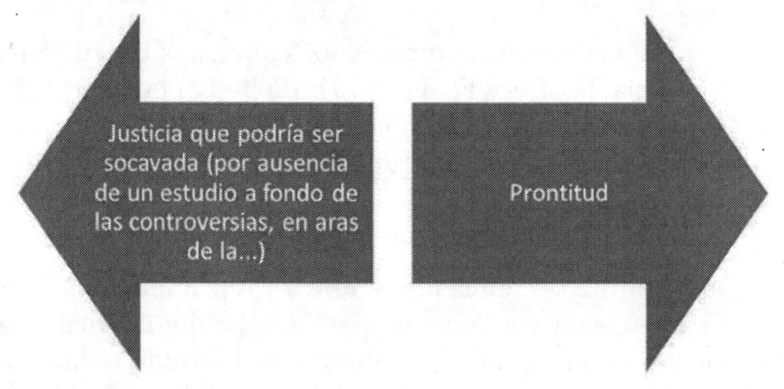

DIAGRAMA 6

SEGUNDO DILEMA EN LA BÚSQUEDA DE LA EFICIENCIA EN LA JUSTICIA

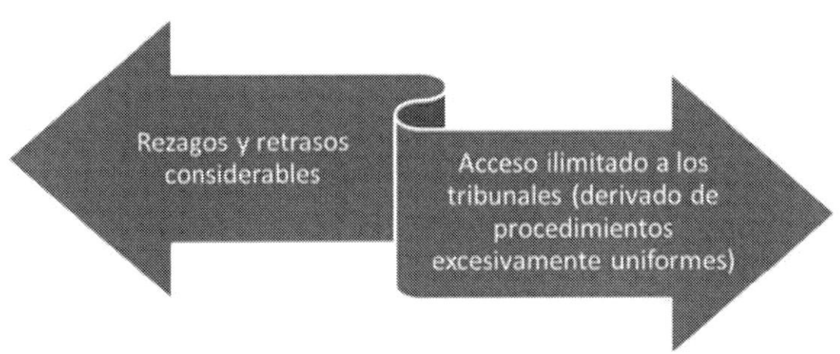

DIAGRAMA 7

TERCER DILEMA EN LA BÚSQUEDA DE LA EFICIENCIA EN LA JUSTICIA

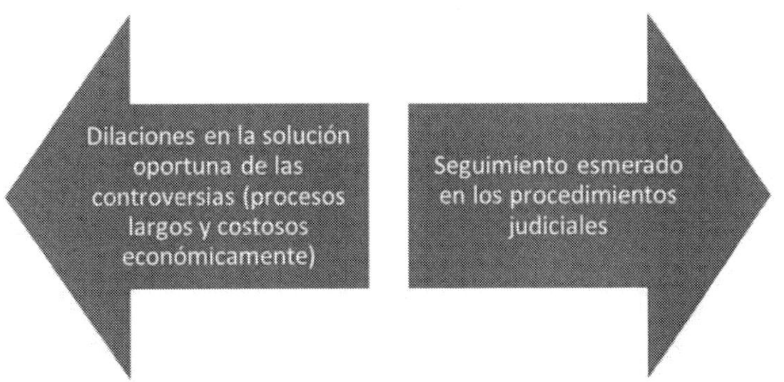

De ahí que, si nos interesa, en términos de política pública, que la consecución de la eficiencia en los tribunales armonice los valores de la justicia con el menor costo económico –atendiendo al principio económico de que los recursos son limitados o escasos– y en el menor tiempo posible, resultan muy pertinentes las siguientes interrogantes que retomo también de Fix- Fierro (2006:12). Varias de ellas me servirán como guías de esta investigación: "… ¿Cuándo puede considerarse «justa» una resolución judicial?, ¿cuáles son las causas de los «retrasos» y cómo las combatimos?, ¿cómo se puede medir y calcular el «tiempo de procesamiento» de un asunto?, ¿cuáles son los efectos probables de la reducción de ciertos costos sobre la «oferta» y la «demanda» de los «servicios judiciales» ?, ¿cómo se puede evaluar el desempeño de los tribunales? …".

Con una evaluación estadística presupuestal y judicial federal, y apoyándome en un estudio empírico y con herramientas de Economía, haré un diagnóstico del funcionamiento del Poder Judicial de la Federación en el periodo 1995-2022.

Otra interpretación interesante de los conceptos de *eficiencia* y *eficacia* judicial la encontramos en el denominado *Libro Blanco. Reforma Judicial. Una agenda para la justicia en México,* patrocinada por la Suprema Corte de Justicia de la Nación en 2006 y que en su presentación editorial indica, no obstante, que "no representa la opinión institucional de la Suprema Corte de Justicia de la Nación".

En el referido texto de la Suprema Corte de Justicia de la Nación (2006: 37-38), *Libro Blanco,* se sostiene que el tema de la *eficiencia* y la *eficacia* se refiere tanto a la manera que los poderes judiciales resuelven los asuntos, como al impacto que sus resoluciones tienen en la sociedad. Agrega que, si bien el término de **eficiencia** tiene **una connotación claramente económica**, su presencia en la discusión sobre el funcionamiento de los poderes judiciales tiene mucha relevancia. Por ello se considera en el referido trabajo que la eficiencia aplicada a un Poder Judicial puede establecerse como una condición en la que el aparato de justicia resuelve **rápido**, con **calidad** y con un ***costo moderado*** todos los asuntos que se le presentan. Al detallar las partes y las relaciones que involucran al concepto de **eficiencia judicial**, se sostiene en este *Libro Blanco*:

"Al descomponer los elementos del concepto de eficiencia, encontramos que la **rapidez** se refiere al tiempo de procesamiento de los asuntos. Al efecto, los poderes judiciales y la ley suelen contar con estándares que permiten prever los tiempos que rigen la actuación de la justicia. En el caso de la **calidad**, los requisitos tienen que ver con la manera en que se proporciona el servicio de administración de justicia. En particular, destaca el contenido de las resoluciones. Este debe ajustarse a parámetros técnicos reconocidos como adecuados. Adicionalmente, el tema de la calidad incluye la cuestión de la previsibilidad. Las resoluciones de la justicia deben ser **previsibles** en el sentido que casos semejantes deben tener soluciones semejantes. Por lo que respecta a los **costos**, los poderes judiciales, al igual que cualquier otro órgano del Estado, tiene la obligación de hacer un uso eficiente de los recursos que reciben. Finalmente, de la última parte de la definición se desprende el concepto de **cantidad**. Éste se refiere a la capacidad de los poderes judiciales para procesar la demanda de administración de justicia. Es decir, que todos los asuntos que ingresan sean procesados".

La anterior explicación del concepto de eficiencia judicial es rigurosa y desmenuza sus elementos más representativos. En el **Diagrama 8** podemos apreciar mejor esta importante categoría:

DIAGRAMA 8

LA EFICIENCIA JUDICIAL SEGÚN EL *LIBRO BLANCO* DEL PODER JUDICIAL FEDERAL EN MÉXICO

Fuente: elaboración propia.

En lo concerniente al término de **eficacia judicial**, en el *Libro Blanco (*Suprema Corte de Justicia de la Nación 2006: 16) se sostiene que su atención debe centrarse en "… el análisis de los **efectos** de las resoluciones. En primer lugar, debe observarse si la resolución es **efectivamente acatada**. En segundo lugar, hay que atender a la manera en que la resolución **impacta** el problema que dio origen al conflicto. Es decir, si la resolución **efectivamente resuelve** el conflicto. En tercer lugar, se observa la forma en que la resolución es recibida por la sociedad en general. El análisis se concentra en establecer de qué manera contribuye a generar seguridad jurídica y confianza en las instituciones del Estado".

En el **Diagrama 9** se pueden apreciar los elementos y las relaciones que forman parte del concepto de **eficacia judicial**, según el multicitado *Libro Blanco*:

DIAGRAMA 9

LA EFICACIA JUDICIAL SEGÚN EL *LIBRO BLANCO* DEL PODER JUDICIAL FEDERAL EN MÉXICO

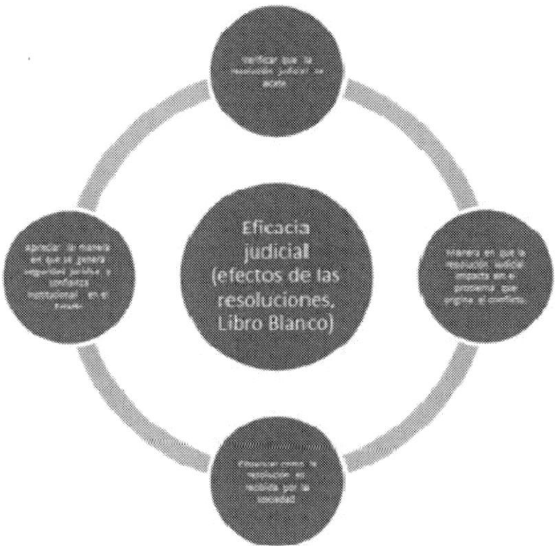

Fuente: elaboración propia.

En cuanto a la determinación de la accesibilidad o el acceso de los justiciables en las operaciones que llevan a cabo los poderes judiciales, en el *Libro Blanco* (Suprema Corte Justicia de la Nación 2006: 38-39) se sostiene lo siguiente: "...El **acceso a la justicia** constituye la pieza fundamental para articular la función jurisdiccional y en general para hacer efectivo el derecho mediante el recurso a la tutela jurisdiccional. En principio, el acceso a la justicia puede concebirse como la posibilidad de que los justiciables puedan llevar sus conflictos a las instancias jurisdiccionales y obtener de ellas respuestas que contribuyan a solucionar sus problemas en lo particular y los problemas sociales en lo general".

Visto desde una perspectiva económica, el acceso a la justicia se podría analizar en términos de **demanda** y de **oferta**. De una demanda de servicio público que solicitan los individuos (gobernados o partes interesadas) y de una oferta de impartición de justicia que sólo puede y debe ser proporcionada por el Estado a través de la oferta del servicio que, genéricamente, está a cargo del Poder Judicial (en el sentido más amplio). Los justiciables solicitan –demandan– que las diversas instancias jurisdiccionales les den respuesta a sus controversias y estas instituciones deben otorgarles y garantizarles el acceso a la justicia. En otra apreciación detallada de lo que es este proceso, se establece en el *Libro Blanco* esta explicación (Suprema Corte de Justicia de la Nación, 2006:39):

"El **acceso a la justicia** puede analizarse desde diversas perspectivas. Por una parte, conviene destacar el tema como un tema de derecho procesal. En ese sentido, la revisión del acceso pasa por señalar las condiciones establecidas en la ley para poder hacer uso del aparato judicial. Por otra parte, el acceso puede observarse como el resultado de una política institucional de los poderes judiciales orientada a expandir la oferta del servicio y mejorar su calidad. En los dos casos anteriores es necesario revisar cuestiones relacionadas con la oferta y demanda del servicio. Las leyes y las políticas judiciales diseñadas para facilitar el acceso deben reconocer que la capacidad de la justicia para absorber todos los conflictos sociales es limitada. El acceso a la tutela jurisdiccional debe mantenerse como último recurso para los usuarios con el fin de evitar que existan dificultades para acceder. Los poderes judiciales deben resolver este tipo de tensiones en la articulación de sus políticas de acceso. Al efecto, es necesario definir qué tipos de servicios se requieren prestar y la capacidad que se tiene para ofrecerlos.

Desde una tercera perspectiva, el acceso a la justicia puede analizarse a la luz del punto de vista de la sociedad…, se habla de la existencia de obstáculos para acceder a la justicia. Al efecto, se identifican barreras económicas, sociales o técnicas entre otras…".

En los **diagramas 10 y 11** se intenta ilustrar las perspectivas referidas en el análisis del acceso a la justicia, y muestran las complicaciones que se tienen desde los órganos públicos del Estado para responder con la oferta apropiada a las demandas de los justiciables (o gobernados). Un acceso a la justicia que en la realidad es limitado o restringido por circunstancias institucionales, políticas, económicas, sociales y culturales. En fin, un acceso a la justicia que es más una aspiración de sus demandantes o solicitantes que una realidad.

DIAGRAMA 10

LA EFICIENCIA JUDICIAL SEGÚN EL *LIBRO BLANCO* DEL PODER JUDICIAL FEDERAL EN MÉXICO

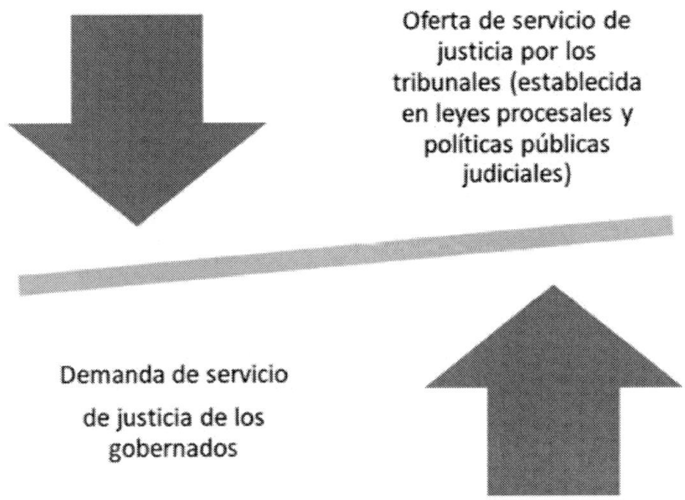

Fuente: elaboración propia.

DIAGRAMA 11

LA EFICIENCIA JUDICIAL SEGÚN EL *LIBRO BLANCO* DEL PODER JUDICIAL FEDERAL EN MÉXICO

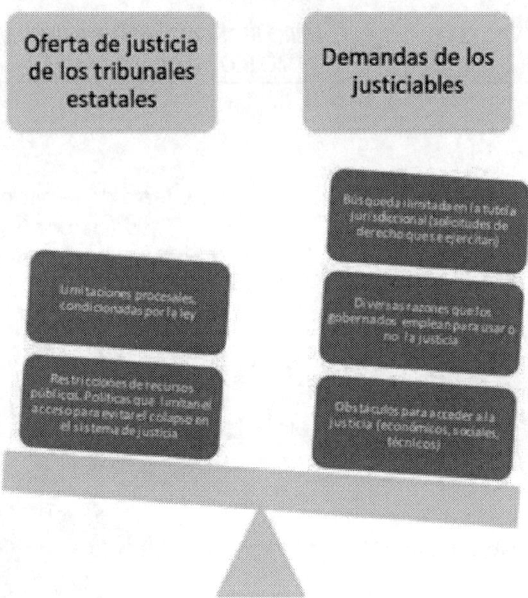

Fuente: elaboración propia.

En otros trabajos he reflexionado sobre el funcionamiento del Consejo de la Judicatura Federal, desde su creación en 1995[1]. En esos avances he presentado algunos diagnósticos, tomando en cuenta los motivos de las reformas constitucionales y legales de 1994 a 1999 en el gobierno interior del Poder Judicial de la Federación. Aprovecho esos avances de investigación en este trabajo e

---

[1] La reforma constitucional culminó su proceso el 31 de diciembre de 1994. En lo relativo a mis análisis sobre la estructura, organización y funcionamiento del Poder Judicial de la Federación, estos se vinculan a otros productos académicos de investigación en la UNAM y en el Consejo de la Judicatura Federal, en el periodo de 1996 a 2018.

intento actualizar y revisar ideas expresadas en los mismos en la parte relativa al funcionamiento administrativo de dicho poder público, en la parte del Poder Judicial Federal que corresponde, básicamente, a tribunales colegiados y unitarios de circuito, así como a los juzgados de distrito, la parte más representativa en términos presupuestales públicos del sistema de justicia federal.

Por lo anterior, me propongo dar seguimiento al modo como ha venido funcionando la administración presupuestal del Consejo de la Judicatura Federal a partir de las reformas constitucionales y legales efectuadas, principalmente, en el periodo de 1995 a 2022.

Me he enfrentado, como otros analistas sobre este tema, con el problema de que las fuentes estadísticas institucionales del Poder Judicial de la Federación, en el periodo de estudio, no reflejan la necesaria continuidad metodológica, por ello me habré de concentrar en hacer una evaluación de la función de la administración.

En siete administraciones presidenciales de la Suprema Corte de Justicia de la Nación, y del Consejo de la Judicatura Federal, que se han dado de 1995 a 2022, se presentan diversas formas de expresar la estadística judicial en los Informes Anuales de Labores rendidos por los presidentes de la Suprema Corte de Justicia de la Nación y del Consejo de la Judicatura Federal, así como en otro tipo de reportes estadísticos institucionales.

Este trabajo se apoya, principalmente, en fuentes estadísticas judiciales federales obtenidas en la Suprema Corte de Justicia de la Nación, en el Consejo de la Judicatura Federal y la Asociación Mexicana de Impartidores de Justicia, A.C.

A partir de 2016 el Instituto Nacional de Geografía y Estadística (INEGI) empezó a realizar, en forma anual, el Censo Nacional de Impartición de Justicia Federal. Esto muestra, recientemente, el interés gubernamental por medir estadísticamente el desempeño institucional del sistema de justicia federal y estatal.

1.2 LOS INDICADORES DE LA EFICIENCIA JUDICIAL (UNA SELECCIÓN)

La evaluación de la eficiencia judicial presupone no sólo la explicación de los grandes conceptos económicos y jurídicos expuestos previamente, sino además la determinación de los indicadores, aunque sea inicial o aproximativa, que nos ayude a medir, cuantitativamente, la eficiencia de los tribunales y, en particular, la eficiencia existente en órganos jurisdiccionales o tribunales del Poder Judicial de la Federación en el periodo 1995-2022.

En una revisión de fuentes primarias, estadísticas y de literatura crítica, judicial y económica, encontramos diversos criterios de clasificación y determinación de indicadores que han sido empleados en México y otros países para ayudar a conocer mejor la eficiencia en los órganos jurisdiccionales. Estos criterios los podemos clasificar en los siguientes grupos:

a. **Economía y Derecho comparados**. Empleados por la Comisión Europea para la Eficiencia de la Justicia (CEPEJ); la Asociación Mexicana de Impartidores de Justicia A.C. (AMIJ); la Dirección General de Estadística Judicial del Consejo de la Judicatura Federal-Poder Judicial de la Federación, y a partir de 2016 por el Instituto Nacional de Geografía y Estadística (INEGI) en el Censo Nacional de Impartición de Justicia Federal. Tales criterios han sido empleados también por investigadores académicos como Ana Laura Magaloni, Carlos Elizondo Mayer-Serra, José Antonio Caballero Juárez, Hugo Concha, Carlos Báez Silva y Raúl Muñoz Morales, entre otros.

b. **Estructura orgánica, producción y productividad jurisdiccional**. Este grupo de indicadores ha sido utilizado por los organismos y especialistas descritos en el inciso previo

Una interpretación de los posibles parámetros constitucionales en la determinación del desempeño judicial la presenta Báez Silva C. (2007: 3-43) en su ensayo "El desempeño de los tribunales mexicanos";[2] ahí señala estos parámetros e indicadores: expedito, plazos, términos, racionalidad en plazos y términos, prontitud, completud, imparcialidad, exhaustividad, *litis* y costes o costos procesales, entre otros. En esta investigación no se abordarán todos estos referentes y se pondrá énfasis, solamente, en indicadores vinculados a cuestiones presupuestales públicas y administrativas, así como de producción y productividad jurisdiccional en el Poder Judicial de la Federación (exceptuando la Suprema Corte de Justicia de la Nación y el Tribunal Electoral del propio Poder Judicial Federal). En las **tablas 1 y 2** se presentan los Indicadores de Economía y Derecho comparados, así como de Estructura Orgánica, Producción y Productividad Jurisdiccional en la evaluación de la eficiencia judicial más representativos en las fuentes citadas con anterioridad:

---

2 Báez Silva, Carlos, "El desempeño de los tribunales mexicanos", Reforma Judicial. *Revista Mexicana de Justicia*, Número 9, enero-junio, 2007, Biblioteca Jurídica Virtual, Instituto de Investigaciones Jurídicas, UNAM, págs. 3-43.

TABLA 1

INDICADORES DE ECONOMÍA Y DERECHO COMPARADOS EN LA EVALUACIÓN DE LA EFICIENCIA JUDICIAL		
INDICADOR	**ÓRGANO O FUENTE QUE LO EMPLEA**	**OBSERVACIONES**
Presupuesto del Poder Judicial por habitante.	Comisión Europea para la Eficiencia de la Justicia (CEPEJ). Dirección General de Estadística Judicial (DGEJ), Consejo de la Judicatura Federal (CJF)-Poder Judicial de la Federación (PJF). "Comparativo de los Poderes Judiciales de México y Europa. 2006". Asociación Mexicana de Impartidores de Justicia, A.C. (AMIJ), *Anuario Estadístico Judicial*, 2008. Magaloni Kerpel, Ana Laura y Elizondo Mayer Serra, "La justicia de cabeza: la irracionalidad del gasto público en los tribunales", México, octubre, 2011, www.cide.edu/cuadernosdedebate.htm	Mide la contribución presupuestal gubernamental en el apoyo al servicio de impartición de justicia por habitante (justiciable).
Presupuesto del Poder Judicial como porcentaje del PIB.	CEPEJ. DGEJ-CJF-PJF AMIJ, *Anuario Judicial*, 2008. Magaloni Kerpel, Ana Laura y Elizondo Mayer Serra, "La justicia de cabeza: *op. cit.*	Registra la relación entre gasto público presupuestal destinado al Poder Judicial respecto del Producto Interno Bruto en el mismo periodo anual.
Presupuesto del Poder Judicial como porcentaje del Gasto Público Total.	CEPEJ. DGEJ-CJF-PJF Magaloni Kerpel, Ana Laura y Elizondo Mayer Serra, "La justicia de cabeza": *op. cit.* Raúl Muñoz Morales	Esta relación mide la parte que le corresponde al Poder Judicial en la totalidad del gasto público en el mismo período fiscal anual de un país determinado.

Comparativo de gasto en justicia pública por país.	Magaloni Kerpel, Ana Laura y Elizondo Mayer Serra, "La justicia de cabeza": *op. cit.*	Importante indicador de Derecho y Economía comparada, en esta era de globalización.
Gasto total en justicia (federal más local)	Magaloni Kerpel, Ana Laura y Elizondo Mayer Serra, "La justicia de cabeza". *Op. cit.*	Muy importante pues ayuda a entender la centralización de la impartición de justicia.
Gasto per cápita al Poder Judicial y a los poderes judiciales de las entidades federativas en México.	Magaloni Kerpel, Ana Laura y Elizondo Mayer Serra, "La justicia de cabeza": *op. cit.*	Refiere a los recursos empleados en la impartición de justicia y un referente de desarrollo humano e institucional.
Costo por sentencia o resolución judicial despachada.	Magaloni Kerpel, Ana Laura y Elizondo Mayer Serra, "La justicia de cabeza: *op. cit.* Muñoz Morales, Raúl.	Muestra los niveles de eficiencia y la relación entre recursos empleados y resultados (producción y productividad jurisdiccional).
Comparación salarial de jueces federales y locales de primera instancia, entre países seleccionados.	Magaloni Kerpel, Ana Laura y Elizondo Mayer Serra, "La justicia de cabeza": *op. cit.* AMIJ, *Anuario Judicia*l, 2008.	Ayuda a entender los niveles de percepción entre jueces de primera instancia entre diferentes países.
Número de jueces	CEPEJ. DGEJ-CJF-PJF AMIJ, *Anuario Judicia*l, 2008.	Con este indicador se mide el número de jueces que tiene un país
Jueces por cada 100 mil habitantes.	CEPEJ. DGEJ-CJF-PJF	Relación que mide el número de jueces, respecto de la población.

Cobertura jurisdiccional (total o por circuito).	DGEJ-CJF-PJF	Es la relación existente entre el número de órganos jurisdiccionales y la población de alguna entidad federativa que integra a un Circuito judicial determinado. Se obtiene dividiendo el número de habitantes del Circuito entre el número de órganos jurisdiccionales federales, según corresponda.
Accesibilidad jurisdiccional	DGEJ-CJF-PJF	Consiste básicamente en ponderar el tiempo que necesita una persona para trasladarse en forma convencional desde su lugar de residencia habitual hasta el lugar en que está a su disposición el servicio de impartición de justicia. Se incluye el número de habitantes para cada Distrito Judicial que integra el Circuito.
Elasticidad de la oferta del servicio de impartición de justicia en el PJF	Muñoz Morales, Raúl.	Registra la sensibilidad de los cambios en el gasto público en el crecimiento de órganos jurisdiccionales respecto a los asuntos que egresan en los diversos tribunales.

Fuente: Elaboración propia.

TABLA 2

INDICADORES DE ESTRUCTURA ORGÁNICA, PRODUCCIÓN Y PRODUCTIVIDAD EN LA EVALUACIÓN DE LA EFICIENCIA JUDICIAL		
INDICADOR	**ÓRGANO O FUENTE QUE LO EMPLEA**	**OBSERVACIONES**
Órganos o unidades jurisdiccionales totales por área de competencia (tribunales y juzgados, 2006-2022)	*Informes anuales* del presidente de la Suprema Corte de Justicia de la Nación y del Consejo de la Judicatura Federal. *Anuario Estadístico Judicial,* Asociación Mexicana de Impartidores de Justicia, A.C.	Mide la capacidad instalada en la producción de resoluciones y sentencias del Poder Judicial por área de competencia: penal, administrativa, civil, trabajo, administrativo y trabajo; administrativo y civil; todas las materias; civil y trabajo; administrativa y penal; auxiliares.
Número de **tribunales colegiados de circuito** por áreas de competencia.	*Informes anuales* del presidente de la Suprema Corte de Justicia de la Nación y del Consejo de la Judicatura Federal. *Anuario Estadístico Judicial, op. cit.*	Indica la capacidad de tribunales colegiados en las siguientes áreas: penal, administrativa, civil, trabajo, administrativo y trabajo; administrativo y civil; todas las materias; civil y trabajo; administrativa y penal; auxiliares.
Número de **tribunales unitarios de circuito** por áreas de competencia	*Informes anuales* del presidente de la Suprema Corte de Justicia de la Nación y del Consejo de la Judicatura Federal. *Anuario Estadístico Judicial, op. cit.*	Indica la capacidad de este tipo de órganos para atender los asuntos demandados por los justiciables en las materias: penal, administrativa y civil.
Número de **juzgados de distrito** por áreas de competencia.	*Informes anuales* del presidente de la Suprema Corte de Justicia de la Nación y del Consejo de la Judicatura Federal. *Anuario Estadístico Judicial, op. cit.*	Refiere la capacidad de estos órganos jurisdiccionales federales en estas áreas: penal —incluye amparo en materia penal DF—, procesos penales federales; administrativa; civil; trabajo; administrativo y civil; mixtos; amparo y juicio civil federal; itinerantes y auxiliares.

Personal jurisdiccional federal	*Informes anuales* del presidente de la Suprema Corte de Justicia de la Nación y del Consejo de la Judicatura Federal. *Anuario Estadístico Judicial, op. cit.*	Muestra el personal jurisdiccional por categoría de la carrera judicial y por género y edad.
Carga de trabajo en los órganos jurisdiccionales federales (tribunales colegiados, unitarios y juzgados de distrito).	*Informes anuales* del presidente de la Suprema Corte de Justicia de la Nación y del Consejo de la Judicatura Federal. *Anuario Estadístico Judicial, op. cit.*	Señala el volumen de asuntos demandados a tribunales y juzgados por los justiciables que **ingresan en el periodo** más los que proceden de otros años (asuntos pendientes).
Tasa de resolución jurisdiccional.	Dirección General de Estadística Judicial, CJF-PJF "Comparativo de los Poderes Judiciales de México y Europa. 2006". Comisión Europea para la Eficiencia de la Justicia (CEPEJ)	Es el resultado de dividir los *egresos* entre los *ingresos* en un periodo determinado, es la capacidad de dar respuesta por servicios judiciales a las demandas de los justiciables.
Relación Ingresos- Egresos.	Dirección General de Estadística Judicial, CJF-PJF: "Comparativo de los Poderes Judiciales de México y Europa. 2006". Comisión Europea para la Eficiencia de la Justicia (CEPEJ).	Mide la **saturación** del Sistema Judicial, línea de espera o congestionamiento en el sentido de la llamada (en estudios matemáticos "teoría de las colas"), es la inversa de la tasa de resolución
Crecimiento porcentual de pendientes en órganos jurisdiccionales.	Dirección General de Estadística Judicial, CJF-PJF: "Comparativo de los Poderes Judiciales de México y Europa. 2006". Comisión Europea para la Eficiencia de la Justicia (CEPEJ).	Es el cociente que resulta de dividir la diferencia de los pendientes al final del año respecto del inicio del año.

Demandas de amparo directo ingresadas (totales **por año**). Tribunales Colegiados de Circuito.	*Informes anuales* del presidente de la Suprema Corte de Justicia de la Nación y del Consejo de la Judicatura Federal. *Anuario Estadístico Judicial, op. cit.*,	Refiere las demandas interpuestas, directamente, ante el Tribunal o autoridad responsable que dictó la sentencia, y la parte perdedora o inconforme con la resolución presenta un amparo ante el Tribunal Colegiado del PJF.
Demandas de amparo directo ingresadas, considerando autoridad responsable, por materia por año. Tribunales Colegiados de Circuito.	*Informes anuales* del presidente de la Suprema Corte de Justicia de la Nación y del Consejo de la Judicatura Federal. *Anuario Estadístico Judicial, op. cit.*	Se consideran, en la tramitación de las demandas de amparo directo, las siguientes materias: penal, administrativa, civil y trabajo.
Resoluciones emitidas respecto de las demandas de amparo directo. Negados y concedidos (para efectos y fondo). Tribunales Colegiados de Circuito.	*Informes anuales* del presidente de la Suprema Corte de Justicia de la Nación y del Consejo de la Judicatura Federal. *Anuario Estadístico Judicial, op. cit.*	Las sentencias o resoluciones en amparo directo pueden tener este curso final: *concederlo, negarlo* o *sobreseerlo* (declararlo nulo por varios motivos). Los amparos concedidos son, por su impacto: *a)* para **efectos**, al atacar en la sentencia impugnada sólo cuestiones procesales o adjetivas (en esas jurisdicciones hay mayor claridad en reglas sustantivas y de procedimiento); *b)* de **fondo**, si tiene consecuencia en aspectos sustantivos de la resolución impugnada (aquí se están definiendo nuevos criterios para la resolución de casos).
Porcentaje de **amparos directos concedidos** sobre el total de amparos **interpuestos**. Tribunales Colegiados de Circuito.	*Anuario Estadístico Judicial, op. cit.*	Mide el impacto de protección constitucional a los justiciables que recurren a estos tribunales del PJF cuando promueven el juicio de amparo directo.

Amparos en revisión, totales y por materia (anual). Tribunales Colegiados de Circuito. Ingresos, egresos y pendientes.	*Informes anuales* del presidente de la Suprema Corte de Justicia de la Nación y del Consejo de la Judicatura Federal. *Anuario Estadístico Judicial, op. cit.*	Estos son asuntos que proceden de los Juzgados de Distrito y, ocasionalmente, de los Tribunales Unitarios de Circuito. Muestra la capacidad revisora de Tribunales Colegiados respecto de estos órganos jurisdiccionales del PJF.
Apelaciones interpuestas en Tribunales Unitarios de Circuito, por materia y totales (por año)	*Informes anuales* del presidente de la Suprema Corte de Justicia de la Nación y del Consejo de la Judicatura Federal. *Anuario Estadístico Judicial, op. cit.*	Son recursos de apelación en contra de resoluciones de primera instancia dictadas por jueces de distrito en el fuero federal. En su gran mayoría son apelaciones en materia penal federal.
Amparos indirectos interpuestos en t**ribunales unitarios de circuito**, totales y por materia. Ingresos, egresos y pendientes. (anual)	*Informes anuales* del presidente de la Suprema Corte de Justicia de la Nación y del Consejo de la Judicatura Federal. *Anuario Estadístico Judicial, op. cit.*	Representan una carga de trabajo pequeña en este tipo de tribunales, pues resuelven en amparo indirecto contra actos o resoluciones no definitivas de otros tribunales unitarios.
Amparos indirectos interpuestos en **Juzgados de Distrito**. Por materia y totales. Ingresos, egresos y pendientes (anual).	*Informes anuales* del presidente de la Suprema Corte de Justicia de la Nación y del Consejo de la Judicatura Federal. *Anuario Estadístico Judicial, op. cit.*	Según la AMIJ, el **amparo indirecto o biinstancial** es el medio de impugnación que se emplea para cuestionar la constitucionalidad de actos que no provienen de autoridades jurisdiccionales, se emplea para impugnar leyes, actos administrativos y *habeas corpus*. En forma excepcional, la ley permite la procedencia de amparos indirectos en contra de resoluciones no definitivas de los órganos de impartición de justicia. En este caso el criterio es que los efectos de las resoluciones sean de imposible reparación.

Procesos federales penales en Juzgados de Distrito. Ingresos, egresos, pendientes.	*Informes anuales* del presidente de la Suprema Corte de Justicia de la Nación y del Consejo de la Judicatura Federal. *Anuario Estadístico Judicial, op. cit.*	Son procesos del fuero federal que determinan las leyes aplicables y que se tramitan en estos órganos jurisdiccionales.
Procesos federales, civiles y administrativos en Juzgados de Distrito.	*Informes anuales* del presidente de la Suprema Corte de Justicia de la Nación y del Consejo de la Judicatura Federal. *Anuario Estadístico Judicial, op. cit.*	Son procesos del fuero federal que determinan las leyes aplicables y que se tramitan en estos órganos.
Índice de duración de asunto tramitado en Tribunales Colegiados de Circuito, en materia civil, 2001- 2004	Báez Silva, Carlos, "El desempeño de los Tribunales Mexicanos", IIJ-UNAM, 2007, pág. 40.	Refiere el número de días que dura cada asunto en los Tribunales Colegiados de Circuito (en amparo directo y en amparo en revisión de amparo indirecto).

Fuente: Elaboración propia

II. Un enfoque multidisciplinario y abierto de la eficiencia judicial (Economía, Administración, Derecho, Sociología y Política)

2.1 ECONOMÍA Y ADMINISTRACIÓN

La primera acepción de la Economía (o economía) está en su propia etimología griega: es un saber vinculado a la **administración** de los recursos. La economía en minúscula es la realidad material vinculada a los procesos de producción, al mercado y a las decisiones relativas de los agentes económicos. Jenofonte, discípulo de Sócrates, así lo reconoció en el célebre escrito en forma de diálogo denominado *Económico* (Economía en mayúscula es la disciplina o la ciencia). Un trabajo que no debe valorarse "como si fuera un tratado completo de una hacienda", sino más bien como el inicio de considerar a la administración en el ejemplo de la organización de una simple casa, como un saber indispensable del hombre para su vida cotidiana (Jenofonte, 2016: 182).

En opinión de Jenofonte (2016), un buen administrador es quien administra **bien** una hacienda. Es decir, en términos modernos, que lo hace con **eficiencia**. Para este pensador griego, a la buena administración se le asigna el estatuto de arte. En el ejemplo de la hacienda agrícola propone cómo planear la siembra, usar los instrumentos apropiados y acometer las tareas de la siega y la trilla. Esta obra la continuaron otros pensadores griegos y romanos de la antigüedad clásica (como Platón, Aristóteles, Cicerón, Plinio y Plutarco, entre otros).

Con este antecedente se puede apreciar cómo el saber económico, que después será la ciencia económica o Economía, se relaciona con la **administración eficiente de los recursos limitados**

o escasos, pues lo que se pretende siempre es obtener de ellos los mejores resultados (la mayor y mejor producción).

El saber de la Economía se entendería, en consecuencia, en términos de Microeconomía como la administración eficiente desde la antigüedad clásica esclavista hasta los albores del mercantilismo y el Estado absolutista, en la era moderna de la historia universal. El surgimiento del Estado-nación moderno como Estado absolutista en Europa después de la llamada paz de Westfalia (1648), le dio al saber de la Economía una perspectiva más abierta en términos territoriales y le proporcionó la configuración de técnica de gobierno de toda la población (más próximo a lo que actualmente se entiende como Macroeconomía). Así se le empezó a denominar en esos tiempos por el mercantilista Montchrétien en su tratado como *Economía Política.* No perdió, empero, su referente con la **administración** de recursos, mismo que ha tenido desde los tiempos de la Antigüedad clásica griega y romana y que se amplió a los ámbitos del naciente Estado-nación de la era moderna.

La **eficiencia**, usando términos de la disciplina de la Administración más actual, es "la promoción de métodos administrativos que produzcan el conjunto más grande de resultados para un objetivo determinado y con el menor costo"(http://www.inep.org/diccionario-de-administracion-publica/e/ea-es/eficiencia-en-la-administracion-publica).

El concepto de **eficiencia**, en la perspectiva analítica de la llamada Administración científica de Taylor aplicada a las funciones gubernamentales, no puede dejar de observarse de igual modo en la administración de justicia (en las funciones de procuración e impartición). En consecuencia, este concepto debe referirse no sólo al mejor manejo de los recursos, debe integrar además el comparativo de los resultados de la gestión con los objetivos y metas originalmente planeados o programados.

Para Simon, otro eminente autor de la Administración, la **eficiencia** debe reconocer que en la gestión gubernamental: "...no existe una medida de eficiencia absoluta sino relativa y siempre en función de los fines o valores que se persiguen".

Los análisis de la **eficiencia gubernamental** tienen casi siempre implícitas presunciones fundamentales de valor. La eficiencia, por ende, no es un lema que pueda proclamarse indiscriminadamente en las apelaciones políticas a todos los grupos. Los debates sobre la eficiencia son en realidad "discusiones sobre qué valores debería de realizar el gobierno" (http://www.inep.org/diccionario-de-administracion-publica/e/ea-es/eficiencia-en-la-administracion-publica.)

La anterior definición de Simon pareciera subestimar la importancia en la erogación de los recursos presupuestales públicos en la gestión gubernamental; empero, eso no puede ser así debido a que la diversidad de rubros de gasto público y la indispensable necesidad de realizarlos con ingresos, y hasta con el incremento de la deuda estatal, conlleva a plantearse el asunto en términos económicos de escasez, elecciones y de posibilidades (desde la Economía y la Administración). De ahí que la eficiencia en la gestión pública, incluyendo la que tiene que ver con el gasto de administración de justicia, no debe estudiarse sin el tema de los recursos presupuestales disponibles y de los resultados que se aprecian en términos de eficacia en la impartición de justicia. Por otro lado, los valores con los que debe considerarse la eficiencia y eficacia en la impartición de justicia en México están contenidos en la Constitución Política de los Estados Unidos Mexicanos y las leyes reglamentarias. Se relacionan con el carácter expedito, el acceso efectivo, la imparcialidad, autonomía y profesionalismo, entre otros.

Esa evaluación de la eficiencia judicial, en términos de Waldo, otro autor de la Administración debe estudiarse también con métodos de estadística cualitativa y cuantitativa. Esto es lo que se tratará hacer, aunque sea de manera parcial, en el presente trabajo.

2.2 LA EFICIENCIA JUDICIAL DESDE LA RELACIÓN DE LA ECONOMÍA, LA SOCIOLOGÍA Y EL DERECHO

Fix-Fierro H. (2006: 39-40) en su libro *Tribunales, Justicia y Eficiencia. Estudio socio jurídico sobre la racionalidad económica en la función judicial*, plantea que su propósito central "… es ofrecer algunos elementos para contestar preguntas como las siguientes: ¿en qué sentido podemos decir que los tribunales trabajan de manera **eficiente**?, ¿cuáles son los criterios relevantes para la medición y la evaluación de la **eficiencia judicial**? Pero también: ¿deberían los tribunales operar eficientemente y en qué medida es esto viable?, ¿cuál es la relación adecuada entre las consideraciones de 'eficiencia' y 'justicia' en un procedimiento judicial?".

Al ser, según Fix-Fierro (2006), la **eficiencia** una categoría más propia de la ciencia económica (y desde mi punto de vista también de la Administración y otras ciencias sociales), nos preguntamos cómo estudiar la eficiencia judicial desde otras disciplinas, por ejemplo, desde el Derecho, la Sociología y la Ciencia Política. Este es un tópico transversal que nos interesa explicar para el caso de la impartición de justicia federal, en particular para la que realizan los órganos jurisdiccionales que **administra,** por encargo constitucional**,** el Consejo de la Judicatura Federal a partir de 1995.

En los Estados Unidos, principalmente, se ha venido desarrollando una disciplina en los últimos años que se conoce como "Análisis Económico del Derecho" (AED), también denominada Derecho y Economía ("*law and economics*"). Varios premios Nobel de Economía han venido realizando, desde perspectivas cercanas, diversos análisis sobre la trascendencia del sistema de justicia en la vida económica y social, y se han interesado en referir la importancia de las instituciones jurídicas y su trascendencia en el mejor desempeño económico de los países (Ronald Coase, Douglass North, Stiglitz y Becker, entre otros). De sus principales aportaciones se dará cuenta más adelante.

Desde la Sociología y el Derecho se da igualmente un interés común en el tópico de la eficiencia judicial. Al respecto Fix-Fierro afirma:

"La economía no es la única ciencia social que pretende evaluar el desempeño, como quiera que se defina, de las instituciones jurídicas. La sociología, y más precisamente la sociología del derecho, goza de una larga tradición en la que ha desempeñado un importante papel el examen crítico del comportamiento de las instituciones jurídicas en su contexto social. Desde los años sesenta, la sociología del derecho ha dedicado esfuerzos considerables al análisis empírico y teórico de los conflictos y la solución de los mismos y, por tanto, ha puesto mucha atención en el funcionamiento de los tribunales y otras instituciones de justicia. Para tal efecto, ha recurrido a una gran variedad de perspectivas, las cuales, en ocasiones, han estado próximas al enfoque económico, si no es que directamente influidas por él" (Fix-Fierro H, 2006: 41).

2.3 JUSTICIA Y EFICIENCIA EN EL LITIGIO JUDICIAL

Al estudiar el litigio judicial desde las perspectivas económica y socio-jurídica, conforme a los enfoques de Fix-Fierro (2006: 49 y ss.) y de Posner R. (1973:400), encontramos grandes similitudes que nos habrán de servir en esta investigación.

Al estudiar el litigio judicial en el marco teórico mencionado, y haciendo uso de categorías propias de la Microeconomía más actual, Fix-Fierro H. (2006:49) establece lo siguiente:

"El punto de partida del análisis económico del litigio judicial es la hipótesis de que las 'reglas y otras características del sistema procesal pueden analizarse como esfuerzos por maximizar **la eficiencia'**. Sin embargo, desde un punto de vista *operativo,* **la eficiencia se logra a través de la** minimización **de la suma de dos tipos de** costos:

- *Costos por error* (CE), es decir, 'los **costos sociales** que se generan cuando un sistema judicial no logra realizar las funciones sociales de asignación u otras que se le han encomendado', y

- *Costos directos* (CD), es decir, los 'costos que derivan del funcionamiento de la maquinaria de resolución de conflictos' (como el tiempo de los abogados, jueces y litigantes)".

Se supone, en opinión de Fix-Fierro H. (2006), que hay una relación inversa entre este tipo de costos (CE y CD) y la maximización de la eficiencia. Así, por ejemplo, deberán crecer los costos directos para que disminuyan los costos por error en la litigación judicial. Si esto ocurre la ganancia marginal será cada vez menor, debido a lo costoso de mantener una maquinaria judicial ineficiente. De ahí la importancia de tener un marco institucional que tenga un sistema de impartición de justicia más eficiente. Las ganancias de los empresarios se fortalecerían, debido a la disminución de ese tipo de costos económicos; asimismo, los demandantes y consumidores verían fortalecidos sus niveles de satisfacción. Se aprovecharían mejor los recursos escasos para los agentes económicos.

DIAGRAMA 12

COSTOS EN EL LITIGIO JUDICIAL

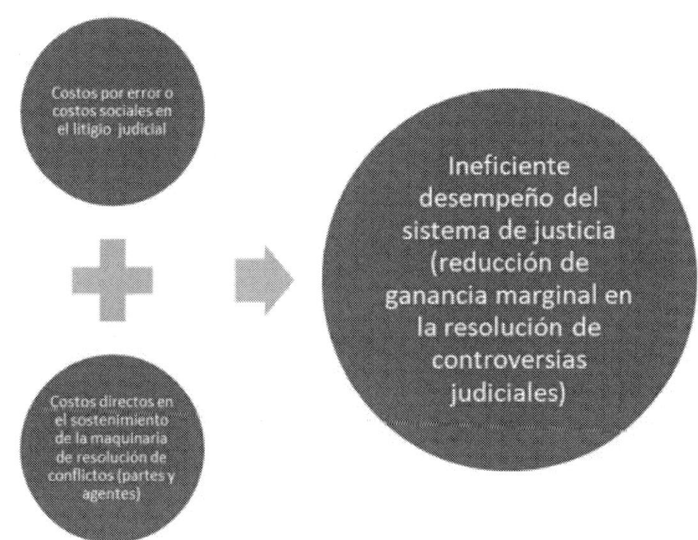

Fuente: Elaboración propia con apoyo en Fix-Fierro, Posner y otros.

DIAGRAMA 13

COSTOS DIRECTOS Y POR ERROR EN EL LITIGIO JUDICIAL

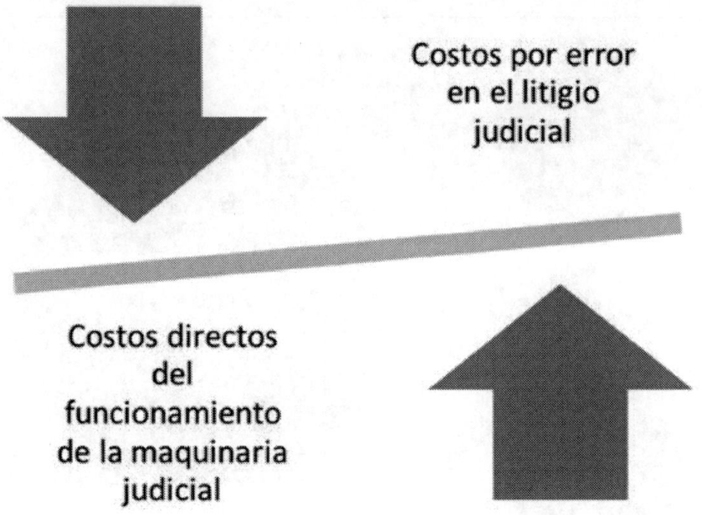

Fuente: Elaboración propia con apoyo en Fix-Fierro, Posner y otros.

Al analizar la eficiencia judicial desde la perspectiva teórica del Análisis Económico del Derecho (AED), en particular la relacionada con las resoluciones judiciales (los productos desde la Economía), Fix Fierro argumenta:

Eficiencia de las resoluciones judiciales desde el AED, según Fix-Fierro H.
"Contrariamente a una percepción muy difundida, el AED no es un movimiento homogéneo. Varias perspectivas teóricas y metodológicas coexisten bajo la misma etiqueta. Sin embargo, todos sus proponentes comparten en gran medida la convicción de que la teoría microeconómica sirve como herramienta eficaz para analizar, explicar e incluso predecir el modo como las personas se comportan cuando están sometidas a las reglas jurídicas. Esta convicción se basa en la suposición que **los individuos son maximizadores racionales en todas sus actividades y no sólo en los intercambios económicos, y de que son capaces de responder a los incentivos incorporados en las normas jurídicas** "...dos teorías del AED respecto a la relevancia económica (la **eficiencia**) del derecho de creación judicial: Una *teoría descriptiva*, es decir, la explicación de por qué el *common law* (el derecho de creación judicial) es eficiente o *tiende* a la eficiencia, y Una *teoría normativa*, esto es, las razones por que los jueces deben buscar la eficiencia como objetivo en sus decisiones".
(Fix-Fierro H. 2006: 53-54)

DIAGRAMA 14

LA EFICIENCIA EN EL DERECHO DE CREACIÓN JUDICIAL

Fuente: Elaboración propia con apoyo en Fix-Fierro, Posner y otros.

2.4 EFICIENCIA JUDICIAL DESDE LA CIENCIA POLÍTICA

Desde la Filosofía Política o Ciencia Política nos podemos cuestionar sobre si es o no relevante el énfasis que algunos economistas y administradores ponen en la eficiencia sobre la eficacia en la impartición de la justicia. De ahí el cuestionamiento de Ronald Dworrkin, según Fix-Fierro H., contra el utilitarismo y con ello también contra ciertas expresiones teóricas del AED. Lo que lleva a Seagle a sostener el argumento de que el Derecho debe ser descrito como la ciencia de la ineficiencia (Fix-Fierro 2006: 63- 64).

Más adelante se volverá a tocar la perspectiva que la Ciencia Política tiene sobre la eficiencia y eficacia en la impartición de justicia.

Guido Calabresi, autor emparentado con el AED, apunta a un concepto particular de eficiencia, distanciándose del enfoque de Pareto, y se apoya para esto en la existencia de costos de transacción positivos. Por ello los jueces deben resolver con mayor eficiencia y eficacia las controversias judiciales, con el fin de que tales costos se vean disminuidos. De ahí que los jueces actúen en sus resoluciones como si fueran economistas al resolver las controversias derivadas del tema de la escasez. Sería tanto como si estuvieran aplicando el principio de la racionalidad económica.

En resumen, el litigio, desde la perspectiva socio-jurídica, Fierro lo plantea en estos términos:

"La **sociología del derecho** (en adelante **SD**) ha desarrollado lo que podríamos denominar, en una fórmula paralela al enfoque económico, un modelo de la *selección social* de los conflictos para su procesamiento judicial. Dicho modelo pretende identificar y explicar los factores sociales que acompañan el surgimiento de los conflictos en la sociedad, las etapas y transformaciones sucesivas que sufren, incluyendo su formulación en términos jurídicos. Su propósito es describir los múltiples cursos de acción al alcance de los contendientes, particularmente las condiciones que rigen la probabilidad del recurso a las instituciones de solución de controversias jurídicas, como son los **tribunales**. Y, por último, se propone determinar la influencia de los factores y las condiciones sociales sobre los resultados de los juicios..." (Fix-Fierro, 2006: 75).

La evaluación del desempeño de los órganos jurisdiccionales administrados por el Consejo de la Judicatura Federal, a partir de 1995, se puede apoyar también en la Sociología del Derecho pues, como reconoce Fix-Fierro H., su enfoque teórico se complementa con el Análisis Económico del Derecho. Ayuda a entrelazar el contexto social con el análisis jurídico y esto considerando las distintas etapas procesales de las controversias judiciales. Ayuda también a conocer el funcionamiento y desempeño de los tribunales (su eficiencia). Igualmente, puede servir en valorar el funcionamiento de los tribunales y a comprender su impacto en la vida social y económica.

DIAGRAMA 15

EL LITIGIO DESDE LA PERSPECTIVA SOCIOJURÍDICA

Fuente: Elaboración propia con apoyo en Fix-Fierro (2016: 75).

La eficiencia de la impartición de la justicia, en particular de la que tiene que ver con los Tribunales de circuito y Juzgados de distrito en México, puede ser estudiada también desde la ciencia política. Antes de hacerlo retomamos el enfoque sobre las **dimensiones de la ciencia política** elaborado por un autor del Instituto de Investigaciones Jurídicas de la UNAM (Nohlen D., 2013). Estas dimensiones son: **normativa, teórica, empírica, comparativa, práctica y evaluativa**. De cada una de ellas nos dice lo siguiente:

- **Normativa:** "...alude a los valores y objetivos de la política; por ejemplo, la libertad y la equidad, al buen orden y al bien común..." Tendría como símil a la Economía normativa de enfoque neoclásico (que propone soluciones a la Economía positiva que describe y analiza problemas económicos).
- **Teórica:** es la que "... integra la formación de conceptos, muy importantes para conocer la realidad, porque sólo a través de ellos la construimos y percibimos, e integra la realidad a partir de axiomas y modelos teóricos..."
- **Empírica: "...** se centra en el análisis de la realidad, y consta de una gran variedad de enfoques y métodos, todos dirigidos hacia una mejor comprensión o explicación de ella...".
- **Comparativa: "...** se funda en la comparación como método de análisis causal, que es el método que en ciencias sociales sustituye el experimento de las ciencias naturales. La comparación sirve también para ordenar objetos de estudio y para ampliar el conocimiento a través de las clasificaciones, tipologías y modelos... también a su correspondiente entorno."
- **Práctica:** "... consiste en hacer valer en la práctica las experiencias teóricas y empíricas y ponerlas al servicio de la política y del sistema político-institucional; lo que pasa, por ejemplo, a través de elaborar propuesta de reforma...".
- **Evaluativa:** "... la ciencia política se dedica no sólo a analizar la realidad, sino también a enjuiciarla. Lo hace por comparación...".

DIAGRAMA 16

DIMENSIONES DE LA CIENCIA POLÍTICA

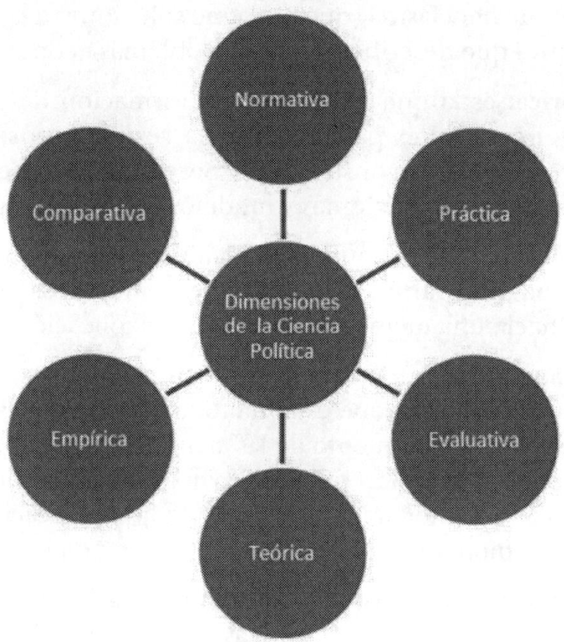

Fuente: Elaboración propia. Con ideas retomadas de http:// biblio juridicas.unam.mx/libros/libro.htma?¡=3963 pp. 16-17

De las dimensiones de la ciencia política referidas previamente, se hará uso en particular de la empírica, comparativa y evaluativa. Interesa en este trabajo estudiar los aspectos cuantitativos del desempeño en la impartición de la justicia federal y poder evaluar su desempeño a partir de 1995 que se constituyó el Consejo de la Judicatura Federal.

Fix-Fierro (2006:100-105) se vuelve a preguntar desde la perspectiva de la Filosofía Política y desde el Derecho (Sociología Jurídica) si hay una contraposición "*Justicia contra eficiencia*"; si debería primar la equidad sobre la justicia y si tiene sentido usar el referente de la eficiencia al intentar buscar y lograr la justicia. Para ello se refiere al filósofo político Ronald Dworkin, que es más proclive a suponer que la justicia prevalece sobre las cuestiones de eficiencia tanto en el procedimiento como en las resoluciones judiciales, más allá de las estimaciones utilitaristas que ponen el énfasis en los temas de eficiencia en las acciones jurisdiccionales.

Esta aparente contradicción entre justicia y equidad nos puede llevar a extremos en los cuales pareciera no importar el uso y hasta el abuso de recursos presupuestales públicos y privados en el proceso de procuración e impartición de justicia. Sabiendo que los recursos son limitados, incluyendo desde luego el tiempo, y que es necesario lograr con eficacia la justicia y con el manejo más eficiente de los recursos que se utilizan. De ahí que Fix-Fierro H. (2000: 104) sostenga que "...el nivel de gasto público en el Estado de bienestar no sólo es *ineficiente* en términos económicos, sino también *injusto* por la misma razón..., la justicia y la eficiencia se adaptan y se refuerzan de manera recíproca *en el tiempo*". Argumento a todas luces razonable, como se puede apreciar.

Una mayor racionalidad económica en el uso de los recursos presupuestales destinados a la impartición de justicia no riñe de ninguna manera con el propósito de que haya una mayor eficiencia jurisdiccional.

2.5 MERCADO Y ESTADO DE DERECHO

En las últimas décadas ha renacido el interés de la Economía por entender los nexos entre mercado y Estado de Derecho. Durante el predominio del modelo teórico neoclásico tradicional se estimó como existente, o dado, el Estado de derecho y su vigencia inobjetable en las economías de mercado. Como se verá más adelante, es hasta el desarrollo de las teorías del AED que se ha tomado mayor interés en la Economía convencional el tema de que en los mercados no sólo se intercambian bienes, servicios o mercancías, sino además derechos de propiedad, y esto se hace a través de contratos que son validados en última instancia por el Estado.

Se ha reconocido cada vez más en la Economía que en el mercado mismo, y no fuera de éste, se encuentran los derechos de propiedad (como variables endógenas y que se cuestionan en intercambios y contratos validados *ex post*). Las mismas diferencias de desarrollo entre las economías nacionales tienen que ver con el desigual desempeño institucional –no solamente se dan por las divergencias en las fuerzas productivas y en la tecnología–, y su distinto progreso o desarrollo ayuda a explicar por qué algunos países fracasan y otros avanzan.

De ahí que sea muy importante retomar esta relación entre Mercado y Estado de Derecho y de lo que debería ser un buen Estado de derecho para el mejor funcionamiento del mercado o de los mercados. Esto se puede apreciar en el análisis de Ayala J. (2002):

MERCADO Y ESTADO DE DERECHO (enfoque de Ayala, J. 2002)
"En el análisis económico, durante muchos años se consideró al **Estado de derecho como un factor dado**, la visión convencional neoclásica del análisis económico del derecho ha sobre simplificado la importancia del sistema legal. No es posible —señala Sunstein— contar con un sistema de propiedad privada sin normas jurídicas que definan quién posee qué, que impongan sanciones a los infractores y establezcan quién puede hacer qué a quién. Sin el derecho de la contratación o de las compañías mercantiles no serían posibles ni la libertad de contratación ni la libertad de empresa tal como la conocemos y vivimos. Tal importancia ha sido considerada por el enfoque neoinstitucionalista del papel del derecho en el desarrollo supone que las instituciones jurídicas, conjuntamente con diversas instituciones sociales no formales, contribuyen al desarrollo porque limitan la incertidumbre, disminuyen los **costos de transacción** y favorecen el intercambio al proteger los **derechos de propiedad** y facilitar el cumplimiento de los **contratos**. Las **instituciones formales e informales** no son un instrumento sólo en manos del Estado, o de algún grupo, sino que son operadas, mantenidas y demandadas por la sociedad en su conjunto. Es decir, las instituciones que sólo apuntalan normativamente el funcionamiento de los mercados son incapaces de corregir inequidades expresadas en las grandes dificultades que tienen los grupos más vulnerables de la sociedad para acceder a la justicia. Esta visión es más completa e integral que la primera. En la actualidad —en gran parte gracias al enfoque neoinstitucionalista— se admite que el sistema legal resulta importante para cualquier sistema económico donde el mercado sea o pretenda ser un mecanismo central. El crecimiento y modernización de los mercados —ha escrito M. Olson— debería aumentar el papel del gobierno en distintos ámbitos, pero destacadamente en la defensa de los derechos individuales. Contrariamente a lo que pudiera pensarse, el fortalecimiento de los mercados demandará un gobierno mejor y más fuerte que sea capaz de hacer cumplir la ley. Es decir, el gobierno debe contar con la suficiente capacidad para hacer cumplir sus resoluciones, hacer valer los derechos de los ciudadanos, actuar con eficacia y transparencia y, por tanto, generar un clima de credibilidad y confianza. ...Los mercados necesitan un poder judicial que pueda resolver los conflictos de los derechos contractuales y de propiedad de una manera rápida y no costosa. La expansión de la participación política ha creado una demanda por más acceso a la justicia. Sería una ilusión o una incomprensión, suponer que los mercados modernos necesitan menos al gobierno, o que pueden prescindir de él. Los mercados precarios e informales, los que menos riqueza generan, pueden funcionar sin instituciones. De hecho, funcionan a pesar de las instituciones existentes, pero los mercados formales y modernos, los que mayor riqueza generan, requieren de más y mejores instituciones, es más, estos mercados no se desarrollarían sin instituciones".
Ayala J. (2002: 120-123), *Fundamentos institucionales del mercado*. Facultad de Economía, México

CARACTERÍSTICAS IDEALES DE UN BUEN ESTADO DE DERECHO (Enfoque de Ayala, J. 2002)
"El sistema legal debe: 1) ser independiente del poder político para garantizar los derechos individuales, destacadamente la propiedad y la eliminación de la depredación estatal; y 2) mantener un régimen contractual de libertad entre los contratantes. Ese marco jurídico es el que permite la existencia de un ambiente económico predecible, en el cual los agentes puedan realizar sus cálculos económicos de inversión, ahorro y consumo. Este ambiente no lo podemos dar por existente. En realidad, es muy probable que exista: un intercambio que limita la entrada a terceros restringiendo enormemente el intercambio; violaciones a los derechos de propiedad que desincentivan la inversión; y discrecionalidad y arbitrariedad de las autoridades que frenan el intercambio. La mayor o menor fortaleza de los mercados radica justamente en el respeto y cumplimiento de las normas que hacen posible el intercambio, lo cual se logra gracias al establecimiento de un buen sistema judicial, El sistema legal es el asiento del Estado de derecho, entendido como un sistema funcional de normas formales e informales, de procesos y construcciones organizativas que gobiernan el comportamiento social, económico y político, reconcilian o equilibran conflictos de intereses y resuelven disputas tanto en el ámbito estatal como en el no estatal".
Ayala J. (2002: 140), *Fundamentos institucionales del mercado*. Facultad de Economía, México

DIAGRAMA 17

UN BUEN ESTADO DE DERECHO Y EL MERCADO

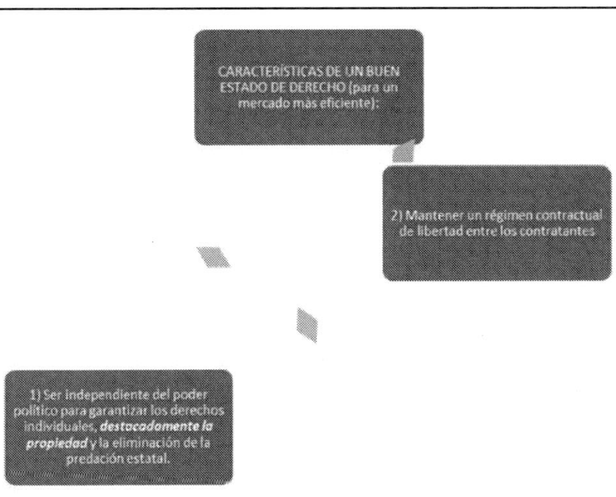

Fuente: Elaboración propia y apoyado en ideas de Ayala J. (2002), p. 140.

DIAGRAMA 18

LIMITACIONES Y CONTRADICCIONES DEL ESTADO DE DERECHO EN EL MERCADO

Fuente: Elaboración propia y apoyado en ideas de Ayala J. (2002: 140).

Una evaluación comparativa del funcionamiento del Poder Judicial a nivel mundial la ha realizado en los últimos años, la organización denominada "World Justice Project". En la medición de 140 países México ocupa el lugar 115 con una calificación de 0.42 (el punto máximo es de 1.0). De 42 países de América Latina y el Caribe se tiene la posición 39. Una situación alarmante pues indica que el nivel de efectividad del Estado de Derecho, con todas sus implicaciones en el funcionamiento de los mercados, del respeto a los derechos de propiedad y a los contratos.

La evolución en los últimos siete años en el índice de cumplimiento del Estado de Derecho en México ha sido descendente, como se puede apreciar en la siguiente tabla:

Año	**Índice de cumplimiento del Estado de Derecho en México (máximo 1.0)**
2015	0.47
2016	0.46
2017	0.45
2019	0.45
2020	0.44
2021	0.43
2022	0.42
Fuente: elaboración propia, con datos de https://worldjusticeproject.org/rule-of-law-index/insights	

La precitada organización internacional agrupa en su estadística comparativa global en siete factores el cumplimiento del Estado de Derecho. La posición que guarda México en esos 140 países seleccionados, y entre los 42 de América Latina y el Caribe en 2022, fue la siguiente:

Factores	**Rango global (140 países)**	**Rango regional de América Latina y el Caribe (42 países)**
Restricciones a los poderes del gobierno	102	26
Ausencia de corrupción	134	30

Apertura del gobierno	44	7
Derechos fundamentales	91	25
Orden y seguridad.	130	30
Cumplimiento normativo	104	24
Justicia civil	131	28
Justicia penal	128	25
Fuente: elaboración propia, con datos de https://worldjusticeproject.org/rule-of-law-index/insights		

En la mayoría de los factores la evaluación del desempeño judicial es baja y muy baja, pero en donde se encuentra en un nivel de franca preocupación es en materia de justicia civil (lugar 131) y justicia penal (128). Lo anterior supone implicaciones perniciosas para el funcionamiento de los mercados, los derechos de propiedad y el cumplimiento efectivo de los derechos de propiedad y los contratos. Con ello se afectan los agentes económicos en la maximización de su bienestar y en sus ingresos.

Si comparamos a los países mejor y peor evaluados en el mundo en este índice de World Justice Project para 2022, vemos el penoso lugar en que se encuentra México en términos de cumplimiento del Estado de Derecho entre esos dos mundos, el "primero" y el "peor", estimando que el máximo puntaje es de 1.0:

Países mejor evaluados y su posición

1. Dinamarca	(0.90*)
2. Noruega	(0.89)
3. Finlandia	(0.87)
4. Suiza	(0.86)
5. Países Bajos	(0.83)
12. Canadá	(0.80)
25. Uruguay	(0.71)
26. EU	(0.71)
29. Costa Rica	(0.68)
33. Chile	(0.66)

Países peor evaluados y su posición

115. México	(0.42)
120. Congo	(0.41)
121. Honduras	(0.41)
125. Sudán	(0.39)
128. Uganda	(0.39)
130. Bolivia	(0.38)
133. Nicaragua	(0.36)
136. Haití	(0.35)
138. Afganistán	(0.33)
140. Venezuela	(0.26)

Fuente: (Índice Global de Estado de Derecho del World Justice Project) * La puntuación se mide de 0 a 1, donde 1 representa mayor respeto a la ley. Fuente: Reforma, jueves 27 de octubre 2022, páginas 1 y 5.

2.6 LOS CAMBIOS EN LA TEORÍA ECONÓMICA NEOCLÁSICA DE LOS COSTOS DE TRANSACCIÓN

La nueva Economía convencional reconoció, desde hace varias décadas, que en los mercados no solo se intercambian bienes, servicios, mercancías o satisfactores; igualmente se intercambian derechos de propiedad entre los agentes que participan en esos mecanismos. Al hacer esos intercambios de derechos de propiedad, obviamente privada, se generan fricciones y desencuentros que implican costos de transacción y un costo social que afecta los beneficios de los participantes en estos procesos. Ahí aparece la relevancia de un órgano del Poder, el vinculado a su rama judicial que debe hacer menos costosas esas transferencias de derechos de propiedad (en el cumplimiento *a posteriori* de contratos pactados *ex ante*). Un Poder judicial que debería hacer, por obligación de sus funciones, más eficaces y eficientes el cumplimiento de los derechos de propiedad de los agentes económicos.

El modelo teórico neoclásico convencional consideraba, anteriormente, como supuesto que los costos de transacción eran **nulos** (los únicos costos económicos eran en esa perspectiva teórica los vinculados al proceso productivo y de comercialización internos, relacionados con los llamados costos fijos y variables). Todavía en los manuales convencionales de enseñanza de Economía de la década de los setenta y ochenta del siglo XX no se les daba relevancia a los costos de transacción y al costo social, y los mercados eran estudiados, predominantemente, bajo "condiciones competitivas". En estos se suponía, según Stonier Hague (1972: 11),[1] **homogeneidad, divisibilidad, concurrencia y mercado perfecto**.

A lo más que llegaban los tradicionales enfoques de la teoría neoclásica era a referir a las **deseconomías externas** y a las **externalidades** negativas, para así reconocer aquellos costos económicos ajenos a las empresas que afectan sus beneficios y por ende sus derechos de propiedad. Las **deseconomías externas** propiciaban "aumentos de costes" (Stonier Hague 1972: 145 y ss.). Indistintamente, como se puede apreciar, se manejan las palabras costes y costos (por quien hace la traducción al español).

Es, como se ha insistido, hasta la nueva corriente de pensamiento económico denominada "Neo-institucionalismo" cuando se han incorporado los conceptos de costos de transacción y costo social. Por su parte, en diversas posturas del marxismo económico no se le dedicó la debida atención a este tema, bajo el supuesto de que el Estado garantiza los derechos de propiedad individual y capitalista (a pesar de que Marx estimó, como se verá adelante, en el tomo II de *El Capital* la importancia de los **costos de circulación** en la transformación efectiva del capital mercancías en capital dinero).

Para Ayala J. (2000:174), los costos asociados a la transacción se refieren a los siguientes rubros:

---

1 Stonier Hague (1972), *Manual de teoría económica*, Aguilar Madrid.

- "Defensa, protección y cumplimiento de los derechos de propiedad de los activos.
- La garantía del derecho a usar el activo y a obtener un ingreso de éste.
- El derecho a excluir a otros de la propiedad, es decir, garantía de la exclusividad.
- El derecho a intercambiar los activos en sus distintas modalidades"...

En 1960 Coase señaló, según Ayala J. (2000: 203), en su artículo "El problema del costo social",[2] diversos escenarios relativos a los costos de transacción y al respeto a los derechos de propiedad, el más complejo era aquél en el que estos derechos no se encuentran perfectamente definidos y se estima que la producción y el bienestar social disminuirán. Puede ser que los agentes privados logren mediante la conciliación resolver sus diferencias en sus intercambios y contratos (una situación maravillosa en términos de mercado y de respeto a los intereses diversos y hasta contrarios). La más grave es que no exista una definición y observación al derecho de propiedad y, por último, aquella en la que el gobierno define los derechos de propiedad. Es en este último contexto que el Poder Judicial tiene importantes funciones y competencia para dirimir las controversias de los agentes económicos.

En el apartado VI del ensayo relativo a "El problema del costo social", denominado "Consideraciones acerca de las transacciones de mercado", Coase estima que para llevar a cabo transacciones de mercado es muy importante realizar estas acciones:

- **Información** sobre lo que se va a transar.
- Conducir negociaciones que llevan a cabo un convenio y redactar el contrato.

---

2 Coase, R (2000), "*El Problema del costo social*", se usa la traducción en español inserta en el libro de Roemer A. (2000). Compilador, ***Derecho y Economía: una revisión de la literatura.*** FCE. México.

- Observar el cumplimiento de los términos del contrato (Coase, 2000:526).

No hay duda de que las operaciones precitadas tienen un costo y a veces resulta muy oneroso para los agentes económicos, en especial para la empresa y el individuo. Aquí aparece, de nueva cuenta en el enfoque de Coase (2000:528), el tema del cumplimiento de los derechos legales de propiedad relacionados con los contratos pactados en esas transacciones. La empresa es el ente encargado de administrar esos costos y, dependiendo de su eficiencia, se logrará una reducción de esos costos de transacción. Además, el gobierno, a través de una adecuada política regulatoria, puede contribuir a un mejor uso de los recursos limitados de las empresas (siempre y cuando el costo de la acción gubernamental no sea tan alto).

Oliver Williamson, otro autor y Premio Nobel de Economía en 2009, al igual que Coase, al replantear los fundamentos analíticos del modelo neoclásico tradicional, señala que los precios de mercado no son capaces de transmitir la información necesaria para la toma de decisiones por parte de los agentes económicos y en particular para la empresa. Para él, la **información** que tienen estos agentes resulta **parcial** y **asimétrica**. Hay problemas de información y por ende se viene abajo el supuesto tradicional de la teoría neoclásica de la información homogénea y de la racionalidad preclara de quienes toman decisiones en los mercados. Los beneficios o las utilidades de las empresas serán desiguales y ganarán más las que tengan ventajas extraordinarias en el manejo de la información y en la toma de decisiones.

Si se parte de la racionalidad limitada y de la existencia de la información asimétrica de los agentes económicos, existen en consecuencia costos económicos y sociales. Se acrecientan, por ende, los costos de transacción. Si el entorno jurídico y jurisdiccional es imprevisible, estos costos seguirán mermando los ingresos y el bienestar de los agentes económicos.

2.7 HACIA UNA NUEVA TEORÍA ECONÓMICA DE LOS COSTOS ECONÓMICOS (EL ENFOQUE NEOINSTITUCIONALISTA DE NORTH)

Douglass North, Premio Nobel de Economía 1993, plantea en el libro *Instituciones, cambio institucional y desempeño económico* (1990, en inglés, y 1993 en español), el tratamiento teórico de los costos económicos y en consecuencia de los beneficios correspondientes. Le llama a esto "Una teoría del costo de negociación del intercambio" y lo vincula con las instituciones y su desempeño desigual en las economías nacionales. Esta contribución le ayudó a la consecución del premio mencionado.

La sola mención de los **costos de negociación** rompió una vieja tradición de la Economía convencional, esencialmente neoclásica, del apotegma de costos nulos en la validación de los derechos de propiedad y los contratos. Si bien es cierto que esto ya había sido esbozado por autores como por ejemplo Coase, otro pensador del nuevo institucionalismo e igualmente Premio Nobel de Economía (1991), es North quien tuvo el mérito de hacer una exposición más completa y didáctica del tema.

La mera existencia de los **costos de información** cambiaría la manera de definir a las utilidades netas de una empresa. Así, a las utilidades brutas se les debería restar los costos de medición y vigilancia de los acuerdos o contratos en las actividades de mercado. Existirían, adicionalmente, costos económicos complementarios para la empresa tanto para monitorear como para hacer válidos los contratos pactados. Costos derivados de la medición de contratos y en especial de su cumplimiento obligatorio por la "parte coercitiva del Estado" (North, 1993:47-50). Es aquí donde aparece el Poder Judicial y la importancia de su actuación institucional en lo que debería ser el cumplimiento efectivo y eficiente de las operaciones de mercado. Si esto último no ocurría, entonces mermarían las utilidades de la empresa al elevarse estos costos de transacción relacionados con la validación de los derechos de propiedad.

Derechos de propiedad, instituciones, costos económicos, contratos y sistema judicial en la perspectiva teórica de North
"Los **derechos de propiedad** son derechos que los individuos se apropian sobre su propio trabajo y **sobre los bienes y servicios que poseen.** La apropiación es una función de las **normas legales**, de formas organizacionales, **de cumplimiento obligatorio y de normas de conducta, es decir, el marco institucional**. Debido a que los **costos de la estructura de transacción son positivos** con cualquier derecho de propiedad, los derechos nunca se especifican y se hacen cumplir a la perfección; algunos atributos valiosos se encuentran en el dominio público y conviene a los individuos dedicar recursos para capturarlos. Los costos de transacción han cambiado radicalmente a lo largo de la historia y varían también radicalmente en economías contemporáneas diferentes..."
"Las instituciones proporcionan la estructura del intercambio que (junto con la tecnología empleada) determina el **costo de transacción** y el costo de la transformación..."
"... el grado de complejidad del intercambio económico es una función del nivel de **contratos** necesario para realizar el intercambio en economías de varios grados de especialización... A mayor especialización y número y viabilidad de los atributos valiosos, mayor será el peso que deberá ponerse en instituciones confiables que permitan a los individuos participar en contrataciones complejas con un mínimo de incertidumbre en cuanto a que los términos del contrato se puedan realizar..."
"La tercera forma de intercambio es el intercambio impersonal con el **cumplimiento obligatorio** de un tercer participante...Ciertamente, el cumplimiento obligatorio por un tercero se realiza mejor cuando se crea un conjunto de normas que luego se convierte en una variedad de constreñimientos efectivos. Sin embargo, los problemas de lograr el cumplimiento obligatorio de acuerdos por un tercer participante mediante un sistema judicial que aplica, quizá imperfectamente las normas, no sólo son muy mal comprendidos, sino que constituyen un gran dilema en el estudio de la evolución institucional".
North, D. (1993: 51-53).

En los intercambios mercantiles, o de bienes y servicios, no sólo se trasladan satisfactores entre oferentes y demandantes, igualmente se transfieren derechos de propiedad bajo la figura jurídica de contratos que tienen un soporte legal e institucional. Desde luego que el mejor destino de estos intercambios opera en mercados desarrollados y con instituciones legales eficientes que validan, ordinariamente, los derechos de propiedad. Aquí el desempeño eficiente y eficaz del Poder Judicial, en ese sistema al que alude North, cobra la mayor relevancia.

Los costos económicos de las empresas no solo comprenderían los costos explícitos de producción o de transformación, conforme a la teoría neoclásica tradicional, serían además incluidos los relativos a los costos de negociación, es decir, aquellos vinculados con la medición y los relativos al cumplimiento obligatorio de los contratos (cómo los contratos previamente firmados se les da el seguimiento y validación correspondiente al ser realmente cumplidos). No meter en esta última parte al Poder Judicial y sus acciones sería no entender cómo se transforma efectivamente el mercado en una transacción efectiva de derechos de propiedad y no de meros satisfactores destinados al consumo (sin la mediación de la circulación efectiva del capital, mercancías en capital o dinero valorizado, en términos de Marx).

2.8 EL ENFOQUE DE MARX Y LOS MARXISTAS SOBRE LOS COSTOS DE CIRCULACIÓN

El interés del pensamiento económico respecto del tema de los costos relacionados con el proceso de circulación y con las transacciones en los mercados no es exclusivo de los nuevos autores neoclásicos ni tampoco de los neo-institucionalistas, Valencia A. (2006) lo refiere en un artículo de enfoque marxista denominado "*Costos de transacción, un hallazgo no tan reciente. Aproximaciones a la teoría de los costos de circulación de Karl Marx*".

Para Valencia G. (2006: 64) lo "...paradójico es que este importante hallazgo neoinstitucionalista ya había sido expuesto un siglo antes por Karl Marx en el segundo tomo de *El Capital. Crítica de la Economía Política.* En el texto marxista sobre los costos de circulación (capítulo seis) se encuentra gran parte de las ideas por las cuales es reconocida hoy la nueva escuela institucional. Marx presenta en este escrito de manera original una forma de definir, identificar y clasificar los costos de circulación...". La manera como se pueden dividir los costos de circulación, en el enfoque de Marx, se puede apreciar en el siguiente cuadro:

Clasificación de los costos de circulación por K. Marx	
Tipo de gasto	**División**
Costos netos de circulación	Costos asociados al tiempo de compra y venta. Costos de contabilidad Costos del dinero
Costos de conservación	Costos de almacenamiento en general Costos del verdadero almacenamiento de mercancías
Costos de transporte	
Esquema apoyado en Valencia G. (2006:66).	

Son los **costos netos de circulación** los más importantes, y estos nos servirán para también medir la eficiencia en la impartición de la justicia federal, debido a que nos ayudarán a estudiar mejor los avatares de la transformación del capital mercancías (M) en capital dinero (D). Haremos uso de esta terminología y del enfoque de Marx presentado en el tomo II de *El Capital*. En esta perspectiva teórica, en la medida que existen más costos de circulación que costos de producción, Marx estima que se sacrifica una parte importante de la riqueza social (hay costos de transacción positivos o coste social según el enfoque teórico actual del neoinstitucionalismo). La precedencia y genialidad de Marx en el análisis de esta problemática salta a la vista.

Valencia D (2006:69), precisa a propósito de los costos netos de circulación lo siguiente:

"Una característica común de los costos netos de circulación es que estos **no agregan valor alguno a la mercancía final**. A pesar de costos en fuerza de trabajo y elementos objetivos para comprar y vender, contabilizar y producir dinero, no crean valor, sólo lo consumen. **Ocurre como en un proceso judicial donde no aumenta la magnitud del valor del objeto litigioso. Representan para el capitalista una disminución de sus ingresos, del rendimiento global, y no una creación o agregación de valor al producto**. A pesar de esto son necesarios, pues sin ellos el proceso de obtención de plusvalía no se lograría, lo que hace el capitalista es tratar de que sean los mínimos posibles".

Queda claro en este argumento que los costos netos de circulación son una carga para el capitalista productivo, pues parte de la ganancia se tendrá que destinar o distribuir a otras fracciones de la clase capitalista dedicada a la efectiva transformación del capital mercancías (M) en capital dinero (D). Estas fracciones de la clase capitalista se dedicarán a los procesos de financiamiento indispensables para aquellos capitales que esperan la metamorfosis final de las mercancías en capital dinero y en la continuación de nuevos procesos de producción, circulación y valorización. Es necesario retomar el enfoque de Marx sobre la distribución de la ganancia capitalista expuesto en los tomos II y III de *El Capital*, y no dejar de lado que la ganancia capitalista se distribuye entre estas fracciones de la clase capitalista: la vinculada al capital productivo, pero además a la del capital comercial, capital dinero, transporte y desde luego a los costos de los que se benefician por dar transformación efectiva al nuevo capital mercancía, hecho por el capital productivo, y su transformación en nuevo capital dinero valorizado (esto último con todos los inconvenientes vinculados con la realización efectiva de los contratos y los derechos de propiedad).

2.9 LAS PROXIMIDADES Y DIFERENCIAS ENTRE LOS DERECHOS DE PROPIEDAD EN EL ANÁLISIS DE MARX Y EL DE LOS NEOINSTITUCIONALISTAS. SUS ANTECEDENTES EN ADAM SMITH

Desde la década de los ochenta del siglo pasado apareció en el análisis económico el interés por comparar las cercanías y discrepancias teóricas de Marx con los autores de la nueva escuela del institucionalismo. Steve Pejovich, profesor norteamericano de la Universidad de Texas A.M, redactó en 1982 un interesante artículo denominado: "*Karl Marx, Escuela de los derechos de propiedad y el proceso de cambio social*".

No obstante que el precitado autor reconoce las diferencias teóricas sustanciales entre estos dos enfoques sobre los derechos de propiedad, considera pertinente hacer una comparación de estas dos visiones. Lo más importante para este analista es la comunión de estas escuelas en "...la percepción sobre la importancia de la estructura de los derechos de propiedad sobre el carácter de la vida económica" (Pejovich, 1982: 383).

Para Marx los **derechos** de propiedad, según Pejovich (1982: 383-384), pueden ser explicados como respuesta a los problemas sociales y halla su fuente en l**a escasez o en la necesidad, considerando cómo se van administrando éstas**. Aquí Marx pareciera ser, según este enfoque, un autor muy actual pues presentó el gran problema de la economía, aun antes que lo hubiera planteado décadas después la teoría económica neoclásica. Pejovich (1982: 384) nos dice:

"La actividad social implica interacción humana en dos niveles. El primer nivel de la actividad social es el desarrollo, modificación y especificación de las **estructuras institucionales**. Las instituciones son definidas aquí como arreglos legales y convencionales que surgen de la existencia y pertenencia del uso de los bienes escasos. Su función es definir las reglas del juego, cambios sociales y cambios en las reglas del juego".

Pejovich diferencia las reglas del juego del juego mismo, es decir, a las reglas de la vida económica. Una vida económica y social que cambia por variables **endógenas** y **exógenas** a ese sistema. Los cambios **endógenos** suponen variaciones creadas por individuos o grupos que a veces topan con reglas, usos, hábitos y tradiciones que no les favorecen y que se ven orillados a modificar. Esto lleva a modificar las reglas del derecho de la propiedad para esos individuos o grupos (se pone el ejemplo del cambio de la vieja propiedad de los señores feudales por las de los nuevos propietarios privados de la tierra, menos sujetos a las arbitrariedades del absolutismo los señores de la guerra, de los caballeros, en la Europa del siglo XII). Los cambios estructurales en las relaciones de la propiedad conllevan modificaciones en las reglas del juego, en las normas que no pocas veces cambian las relaciones y las formas de propiedad (otras regulaciones y reglas).

Los cambios vinculados a variables exógenas se relacionan, en el contexto de una economía de mercado capitalista y de acuerdo con Pejovich, a las presiones de grupos burocráticos, laborales y a las presiones ejercidas por segmentos de la clase capitalista (por ejemplo, de grupos vinculados al capital financiero).

ENFOQUE TEÓRICO DE PEJOVICH SOBRE LOS DERECHOS DE PROPIEDAD Y LOS COSTOS DE TRANSACCIÓN
En los últimos años se han producido algunos avances significativos en la dirección de una generalización de una teoría estándar; es decir, en la dirección general de ampliar el ámbito de su vigencia. El cuerpo de la literatura ha crecido en torno a la **noción de derechos de propiedad y sus estructuras**. Los conceptos clave que subyacen al enfoque de los derechos de propiedad para una generalización de la teoría estándar son: (1) el concepto de los derechos de propiedad privada no atenuados ya no se acepta como la única configuración relevante; y (2) costos de transacción se toman como positivos y variables con respecto a los cambios en el contenido de los derechos de propiedad prevalecientes, al poner énfasis en la interconexión de los derechos de propiedad, los incentivos y el comportamiento económico, el enfoque de los derechos de propiedad demuestra la interacción mutua del sistema legal y la vida económica, y proporciona una serie de proposiciones comprobables sobre el comportamiento económico. Los derechos de propiedad se definen como las relaciones de comportamiento entre hombres que surgen de la existencia de bienes escasos y pertenecen a su uso. Es importante señalar que **los derechos de propiedad describen las relaciones entre hombres con respecto al uso de bienes escasos, y no las relaciones entre los hombres y las cosas**. Así, los llamados derechos humanos son de hecho, derechos de propiedad. Las categorías de derechos de propiedad son muchas, pero el derecho mejor comprendido en Occidente es el de la propiedad. **Los dos elementos básicos del derecho de propiedad son la exclusividad de los derechos y la transferibilidad voluntaria de los derechos.** **Los derechos de propiedad afectan la vida económica a través de acuerdos contractuales (intercambio)**. Las personas entran en el intercambio porque esperan alcanzar un mayor nivel de satisfacción. El propósito del intercambio entonces es independiente de las estructuras institucionales de la comunidad. Sin embargo, los términos y la extensión del intercambio no lo son. Este punto enfatiza la relación entre los derechos de propiedad y la economía valor, así como la relación entre las reglas del juego y el juego en sí. La relación se infiere del hecho de que el intercambio existe no tanto para lograr la transferencia de bienes sino para permitir el intercambio de "paquetes" de derechos para hacer cosas con bienes que se negocian. El valor de cualquier bien que se intercambie depende del conjunto de derechos que lo acompañan. El valor de una casa para una persona es mayor si el conjunto de derechos adquiridos contiene el derecho para excluir gasolineras y fábricas de su barrio. De ello se deduce que los derechos de propiedad afectan la asignación de recursos, la producción, la mezcla y la distribución del ingreso. Además de demostrar que los derechos de propiedad prevalecientes afectan el comportamiento económico de formas específicas y predecibles, es decir, la propiedad. Los estudiosos de los derechos también han demostrado que muchos derechos de propiedad se desarrollan endógenamente en respuesta a los problemas sociales que se derivan de la escasez. Los factores que se han mencionado en la propiedad en la literatura de derechos humanos como la responsable más frecuente de los cambios en las asignaciones de propiedad en los recursos son el progreso técnico, la apertura de nuevos mercados y cambios en los precios relativos.
Pejovich, S. (1982: 391-392)

Marx y Engels caracterizaron en diversos trabajos el problema de que, a pesar de que el régimen de producción capitalista es el que más ha revolucionado las fuerzas productivas de la sociedad, **no ha resuelto el problema de la necesidad y por ende el de la escasez**. Determinaron que todas las sociedades, y hasta nuestros días, se insertan en el llamado "reino de la necesidad" (Engels, 1987) o la "escasez material" (Marx-Engels, 1974, a).[3] Sociedades que con todos sus adelantos materiales preceden a la del "reino de la libertad", es decir, aquella que según estos autores resolvería el ancestral problema de la necesidad.

Como se puede observar, es tan importante en Marx el tema de la escasez y por ende el de la necesidad, que en diversas partes de su obra le dedica interesantes reflexiones. Así, cuando el hombre en sentido social e histórico está sujeto a éstas, considera que vive en el **reino de la necesidad**, orden que, por cierto, pervive aún en el contexto del régimen capitalista de producción. Es importante retomar el análisis que al respecto presenta en el capítulo XLVIII del tomo III de *El Capital*.

---

3 Citado en Dialnet.unirioja.es

Del reino de la necesidad al reino de la libertad (enfoque de Marx)
"...La riqueza real de la sociedad y la posibilidad de ampliar constantemente el proceso de su reproducción no dependen de la duración del plustrabajo, pues, sino de su productividad y de las condiciones más o menos fecundas de producción en que aquél se lleva a cabo. De hecho, el **reino de la libertad** sólo comienza allí donde cesa **el trabajo determinado por la necesidad** y la adecuación a finalidades exteriores; con arreglo a la naturaleza de las cosas, por consiguiente, está más allá de la esfera de la producción material propiamente dicha. Así como el salvaje debe bregar con la naturaleza para satisfacer sus necesidades, para conservar y reproducir su vida, también debe hacerlo el civilizado, y lo debe hacer en todas las formas de sociedad y bajo todos los modos de producción posibles. Con su desarrollo se amplía este reino de la necesidad natural, porque se amplían sus necesidades; pero al propio tiempo se amplían las fuerzas productivas que la satisfacen. La libertad en este terreno sólo puede consistir en que el hombre socializado, los productores asociados, regulen racionalmente ese metabolismo suyo con la naturaleza, poniéndolo bajo su control colectivo, en vez de ser dominados por él como un poder ciego; que lo llevan a cabo con el mínimo empleo de fuerzas y bajo las condiciones más dignas y adecuadas a su naturaleza humana. Pero éste siempre sigue siendo un reino de la necesidad. **Allende el mismo empieza el desarrollo de las fuerzas humanas, considerado como un fin en sí mismo, el verdadero reino de la libertad, que sin embargo sólo puede florecer sobre aquel reino de la necesidad como su base**. La reducción de la jornada laboral es la condición básica".
Marx, K. (1981: 1044). *El Capital*, Tomo III, Vol. VIII, Siglo XXI, México.

De ahí que el tránsito del reino de la necesidad al de la libertad supone para Marx, además de un imponente desarrollo de las fuerzas productivas en aquellas sociedades de la civilización capitalista más adelantadas, la indispensable socialización de productores individuales asociados. Antes de todo eso se deben garantizar institucionalmente, en la estructura y superestructura jurídica-política, las relaciones de la propiedad privada capitalista y que, como se sabe, están implícitas en las relaciones de producción de ese modo de producción.

El problema aquí es que no en todas las naciones, como lo decía Adam Smith en 1776, en la obra Investigación sobre la naturaleza y causas de las riquezas de las naciones, se alcanzaba el escenario de fuerzas productivas avanzadas de mayor productividad y de riqueza. Al estudiar los gastos de justicia del "soberano" (o del poder público) en el precitado libro, este autor relaciona muy bien cómo estas erogaciones se vinculan a la indispensable garantía institucional del gobierno al derecho de la propiedad privada.

El enfoque de Adam Smith de los gastos de justicia y los derechos de propiedad
"El segundo deber del Soberano, que consiste en proteger, hasta donde sea posible, a los miembros de la sociedad contra las injusticias y opresiones de cualquier otro componente de ella, **o sea el deber de establecer una recta administración de justicia**, implica dos clases diferentes en periodos distintos de la sociedad. Entre las naciones de cazadores, que apenas conocen la propiedad o bien ésta no excede el valor de dos o tres días de trabajo, raras veces encontramos un magistrado establecido o una administración regular de justicia... Allí donde existen grandes patrimonios, hay también una gran desigualdad. Por un individuo muy rico habrá quinientos pobres, y la opulencia de pocos supone la indigencia de muchos. **La abundancia del rico excita la indignación del pobre, y la necesidad, alentada por la envidia, impele a éste a invadir las posesiones de aquél**. Sólo bajo la protección del magistrado civil podrá descansar tranquilamente durante el corto espacio de una noche el dueño de esa propiedad...En consecuencia, **la adquisición de grandes y valiosas propiedades exige necesariamente el establecimiento de un gobierno civil**. Mas allí donde no hay propiedad, o ésta no excede del valor de dos a tres días de trabajo, dicha institución no es tan necesaria".
Smith, A. (1999:629). *Investigación sobre la naturaleza y causas de las riquezas de las naciones*. FCE, México.

Smith, al igual que autores como Marx y Engels, vinculan a la propiedad privada con el avance de la actividad productiva, la mayor riqueza de las personas y de cómo el Estado o el llamado gobierno civil debe dar garantía efectiva a la propiedad privada. Dentro de ese gobierno civil, Smith (1999:635) ubica a la **administración de justicia**; por cierto, para este pensador "la justicia jamás se administró realmente gratis en país alguno", pues en su opinión hay gastos o costos privados (de abogados y procuradores) y públicos (del gobierno civil) que son para pagar a jueces y éstos no deben ser expuestos a la corrupción. La separación e independencia del Poder Judicial y el Ejecutivo es, en su opinión, lo más recomendable (Smith, 1999:639).

No habrá garantía a los derechos de la propiedad privada, de acuerdo con el enfoque de Smith, sin esa Administración de justicia eficaz y eficiente, y que sea verdaderamente autónoma e independiente de la rama ejecutiva del poder público.

Marx enfoca de manera opuesta a distintos enfoques teóricos del derecho el gran tema de la conformación de la propiedad privada (del derecho de la propiedad privada para ser más claros). La sociedad está conformada por dos grandes estructuras. En la base estructural se encuentran las fuerzas productivas y las relaciones de producción, en estas últimas están inmersas las relaciones de propiedad. No hay producción sin relaciones sociales y estás últimas no se dan sin saber a quién le corresponderá la función de participar como sujeto en la producción y sin estar ya determinadas o predeterminadas las reglas del juego de la distribución o del resultado de la actividad productiva. Las reglas del reparto se establecen en las mismas formas que se definen las reglas de la propiedad. Es en esta parte que se entrelaza la otra estructura que Marx denominó superestructura y que le da firmeza y normará a la propiedad y a sus formas.

En oposición a las ideas de Marx, están otros enfoques del Derecho, como el de Hans Kelsen, para quien el Estado es el creador del derecho y del derecho de la propiedad privada. No hay para este autor de la *Teoría pura del derecho* Estado sin derecho, ni derecho sin Estado, y por ende propiedad privada sin Estado y sin Derecho. Para Marx, en cambio, son las relaciones de producción de cada modo de producción o formación social en el proceso histórico lo que define las diversas propiedades y de la propiedad privada capitalista, en particular, y que por cierto se expresan de distinta manera en las distintas naciones. Esto último es una cuestión de la mayor trascendencia pues nos servirá mejor para entender los distintos grados y trayectorias de desarrollo capitalista que definen los problemas del desarrollo de nuestro tiempo. Igualmente, nos ayudará a estudiar mejor el desempeño del Poder Judicial en México en las funciones referidas por Marx y Adam Smith, respecto a cómo se relacionan en los procesos de producción y de mercado.

III. Administración presupuestal del Poder Judicial de la Federación, a partir de la instalación del Consejo de la Judicatura Federal (1995-2022)

3.1 LOS CAMBIOS DE LA REFORMA CONSTITUCIONAL PRESUPUESTARIA DEL PODER JUDICIAL DE LA FEDERACIÓN

Como es sabido, un relevante propósito o motivo que se consideró en la aprobación constitucional del Consejo de la Judicatura Federal el 31 de diciembre de 1994 fue la de que este nuevo órgano favoreciera la liberación de cargas administrativas de la Suprema Corte de Justicia, y para que la misma contara con mayor tiempo en el desahogo de sus funciones jurisdiccionales (Poder Judicial de la Federación, Consejo de la Judicatura Federal, Normas Fundamentales: 1996: 18).

La función administrativa debe ser evaluada con indicadores de **eficiencia** y **eficacia**, sin embargo –como lo he indicado con anterioridad– esto lo dificultan las limitaciones de la estadística judicial en ese órgano público (en particular los problemas de continuidad en los indicadores en el periodo de este estudio). El gasto en la impartición de la justicia debe concebirse como una erogación fiscal indispensable del Estado de Derecho, pues contribuye al desarrollo institucional y al adecuado funcionamiento de la economía. Por esto mismo, es fundamental que todos los gobernados o justiciables puedan acceder a este servicio público y para ello es necesario que exista un presupuesto suficiente para el cumplimiento de la función jurisdiccional. En el Libro blanco. Reforma Judicial, a propósito de la trascendencia que tiene el presupuesto para el Poder Judicial, se señala: Existe unanimidad en torno a considerar que la *cuestión presupuestaria es uno de los elementos críticos para lograr una verdadera independencia de los poderes* (Suprema Corte de Justicia de la Nación, *2006: 90-91).*

El Presupuesto de Egresos del Poder Judicial, Ramo III del Presupuesto de Egresos de la Federación, corre el siguiente proceso constitucional y administrativo:

a. Primeramente, las tres administraciones del Poder Judicial de la Federación: Suprema Corte de Justicia de la Nación (**SCJN**), Consejo de la Judicatura Federal (**CJF**), y Tribunal Electoral del Poder Judicial de la Federación (**TEPJF**), elaboran sus anteproyectos de presupuesto de gastos anual y a través del presidente de la Suprema Corte de Justicia lo entregan al Ejecutivo Federal (artículos 99 y 100 CPEUM). Conviene precisar que antes de que existiera el Consejo de la Judicatura Federal y el Tribunal Electoral, el presupuesto del Poder Judicial de la Federación lo administraba la Suprema Corte de Justicia, y en la propuesta de presupuesto que se enviaba a la Cámara de Diputados no intervenía el Poder Judicial, o su participación era muy limitada y su presupuesto era determinado, prácticamente, por el presidente de la República en turno.

b. Conforme a la normatividad vigente, el Ejecutivo Federal entrega a la Cámara de Diputados del Congreso de la Unión el Proyecto de Presupuesto de Egresos de la Federación, documento en el que se recoge la propuesta de proyecto de gasto del Poder Judicial de la Federación. La Cámara de Diputados examina la propuesta y, en su caso, la aprueba con las modificaciones que considere (fracción IV, artículo 74, CPEUM).

c. La Cámara de Diputados, a través de la Auditoría Superior de la Federación, fiscalizará en forma posterior los ingresos y egresos; el manejo, la aplicación de fondos y recursos de los Poderes de la Unión y de los entes públicos federales. Esta Auditoría Superior de la Federación revisará anualmente, en la Cuenta Pública, la manera como se ejercieron los recursos presupuestales aprobados por la Cámara de Diputados, incluyendo desde luego en esto al Poder Judicial de la Federación (artículo 79 CPEUM).

El proceso y ciclo presupuestal público federal mencionado, previamente, se expresa en el **Diagrama 19**, como se puede apreciar.

DIAGRAMA 19

PROCESO PRESUPUESTAL EN EL PODER JUDICIAL DE LA FEDERACIÓN

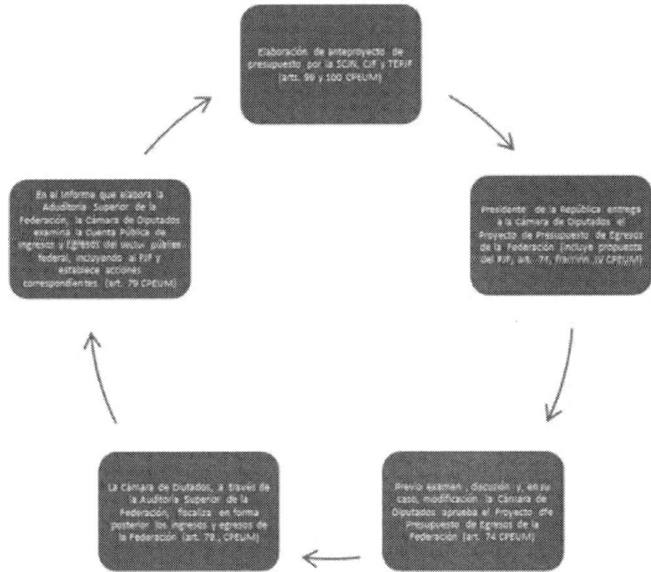

Fuente: elaboración propia.

Al examinar la evolución histórica del presupuesto público aprobado y asignado al Poder Judicial de la Federación de 1933 a 2022, se reconocen diversas tendencias:

- Por una parte, se aprecia cómo de 1933 a 1983 cayó la participación del presupuesto del Poder Judicial en el gasto público federal de 1.33% a 0.04%;

- En cambio, de 1983 al 2006, se observa cómo se revierte la anterior tendencia e inicia un proceso histórico en el que creció el peso de las erogaciones autorizadas al Poder Judicial de un 0.04% a un 1.19%, en el conjunto del presupuesto del gobierno federal.
- De 2007 a 2011, la participación del gasto del Poder Judicial de la Federación en el gasto público neto total del sector público federal se estabilizó en un promedio de 1.12%, deteniendo así su marcha ascendente del lapso previo de 1995-2006.
- Entre 2012 y 2017, en la mayor parte de la gestión presidencial de Enrique Peña Nieto, se observó una importante recuperación del gasto del Poder Judicial de la Federación, al presentar un peso ascendente en el gasto neto público federal (aumentó del 1.15 al 1.42%). En 2018, aunque el gasto jurisdiccional federal siguió aumentando en términos reales y absolutos, su peso en el total del gasto federal volvió a caer (1.25% del gasto neto total).
- El gasto para 2019, en la administración presidencial de Andrés Manuel López Obrador, retrocedió en el Poder Judicial Federal por primera vez su peso en décadas. Los niveles de gasto se colocaron en los promedios que tuvo en 2016 y la participación del gasto judicial federal en el gasto neto total retrocedió a lo observado en 2010. Todo esto con un crecimiento de las estructuras orgánicas jurisdiccionales y administrativas en este poder de la Federación.
- De 2020 a 2022 ha continuado descendiendo el peso del gasto del Poder Judicial Federal en el gasto neto total federal, como se puede apreciar en el **CUADRO 1**.

Para el ejercicio fiscal de 2019, al Poder Judicial de la Federación se le autorizó un presupuesto menor y aproximado de 63 mil seiscientos cincuenta y seis millones de pesos por la Cámara de Diputados. Casi la misma cantidad que se le autorizó en 2016 y todo esto con más órganos jurisdiccionales federales en funcionamiento. Es importante señalar que a partir de 2017 se crearon los centros de justicia penal federal en toda la República, y se incrementó el número de tribunales y juzgados de distrito. En 2019 se autorizó, formalmente, la creación de los tribunales laborales federales bajo la administración del Consejo de la Judicatura Federal. Hasta 2021 se da cuenta en la Estadística del Poder Judicial de la Federación el movimiento de asuntos tramitados por estos tribunales laborales.

Es conveniente señalar, como se verá adelante, a pesar de que de 2002 a 2022 la Cámara de Diputados del Congreso de la Unión no ha aprobado, totalmente, los montos solicitados por el Poder Judicial de la Federación en los proyectos anuales que envía el Ejecutivo Federal, las asignaciones presupuestales no han dejado de crecer anualmente, en términos reales, y de que cada vez se dedican más recursos públicos a la impartición de la justicia federal, como se aprecia en el **CUADRO 1 y GRÁFICA 1**.

CUADRO 1

PARTICIPACIÓN DEL PRESUPUESTO DEL PODER JUDICIAL EN EL PRESUPUESTO DE EGRESOS DE LA FEDERACIÓN			
(EN NUEVOS PESOS)			
Año	**Presupuesto de Egresos de la Federación (Gasto neto total autorizado)**	**Presupuesto Poder Judicial (Gasto neto total autorizado)**	**Porcentaje**
1933	$ 215,542	$ 2,859	1.33
1934	$ 242,733	$ 3,000	1.24
1935	$ 275,795	$ 3,150	1.14
1940	$ 448,769	$ 4,100	0.91
1945	$ 1,006,631	$ 6,105	0.61
1950	$ 2,746,057	$ 10,271	0.37
1955	$ 5,681,399	$ 29,277	0.52
1960	$ 10,256,341	$ 45,878	0.45
1965	$ 37,008,080	$ 67,352	0.18
1970	$ 72,229,308	$ 109,736	0.15

1975	$ 346,658,425	$ 265,358	0.08
1980	$ 1,683,412,335	$ 1,000,017	0.06
1981	$ 2,332,724,000	$ 1,600,000	0.07
1982	$ 3,320,569,238	$ 2,399,530	0.07
1983	$ 7,118,774,478	$ 2,783,752	0.04
1984	$ 12,023,366,406	$ 8,306,700	0.07
1985	$ 18,589,980,461	$ 15,168,687	0.08
1986	$ 32,224,612,700	$ 22,401,800	0.07
1987	$ 86,211,864,300	$ 42,810,800	0.05
1988	$ 208,879,100,000	$ 131,383,800	0.06
1989	$ 246,506,934,400	$ 171,146,000	0.07
1990	$ 197,009,066,200	$ 257,000,000	0.13
1991	$ 233,802,021,800	$ 394,823,500	0.17
1992	$ 249,245,241,400	$ 555,661,300	0.22
1993	$ 275,532,254,600	$ 727,190,000	0.26
1994	$ 309,676,900,000	$ 850,131,000	0.27
1995	$ 352,488,708,600	$ 1,385,915,000	0.39
1996	$ 553,718,000,000	$ 2,343,608,000	0.42
1997	$ 725,790,000,000	$ 3,830,198,000	0.53
1998	$ 871,567,800,000	$ 4,973,294,700	0.57
1999	$ 1,030,265,300,000	$ 5,553,996,244	0.54
2000	$ 1,195,313,400,000	$ 8,075,766,038	0.68
2001	$ 1,361,866,500,000	$13, 803,465,746	1.01
2002	$ 1,463,334,300,000	$ 15,363,610,906	1.05
2003	$ 1,524,845,700,000	$ 17,732,064,509	1.16
2004	$ 1,650,505,100,000	$ 19,400,049,908	1.18
2005	$ 1,818,441,700,000	$ 21,037,600,000	1.16
2006	$ 1,973,500,000,000	$ 23,389,312,933	1.19
2007	$ 2,260,412,500,000	$ 25,229,513,906	1.12
2008	$ 2,569,450,200,000	$ 29,963,249,983	1.17
2009	$ 2,846,697,000,000	$ 32,539,820,490	1.14

2010	$ 3,176,332,000,000	$ 34,023,540,217	1.07
2011	$ 3,438,895,500,000	$ 38,035,758,006	1.11
2012	$ 3,706,922,200,000	$ 42,582,776,139	1.15
2013	$ 3,956,361,600,000	$ 46,479,491,963	1.17
2014	$ 4,467,225,800,000	$ 50,241,566,172	1.12
2015	$ 4,676,237,100,000	$ 51,769,068,710	1.11
2016	$ 4,763,874,000,000	$ 63,616,316,565	1.34
2017	$ 4,888,892,500,000	$ 69,477,231,563	1.42
2018	$ 5,729,667,000,000	$ 71,366,389,337	1.25
2019	$ 5,838,059,700,000	$ 63,656,725,000	1.09
2020	$ 6,107,732,400,000	$ 67,305,100,703	1.10
2021	$ 6,295,736,200,000	$ 71,299,339,460	1.13
2022	$ 7,088,250,300,000	$ 73,723,020,424	1.03

Fuente: Elaboración propia, considerando datos de 1933 a 1996 de Cossío Díaz, José Ramón: Jurisdicción Federal y Carrera Judicial en México, UNAM, México 1996. Los datos relativos a 1997-2022 se tomaron del Decreto del Presupuesto de Egresos de la Federación o de la Cuenta de la Hacienda Pública Federal de cada uno de esos años.

GRÁFICA 1

PARTICIPACIÓN DEL PRESUPUESTO DEL PODER JUDICIAL EN EL PRESUPUESTO DE EGRESOS DE LA FEDERACIÓN. 1933-2022

(EN NUEVOS PESOS)

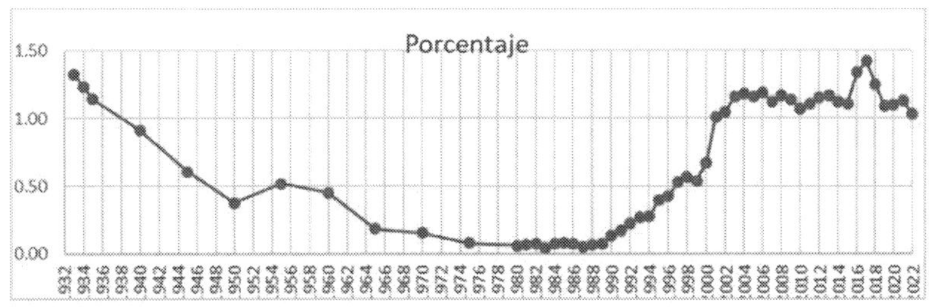

Fuente: Elaboración propia.

Para poder apreciar claramente la diferencia entre los montos presupuestales solicitados por el Poder Judicial de la Federación a la Cámara de Diputados del Congreso de la Unión, a través del Proyecto de Presupuesto de Egresos del Poder Ejecutivo Federal, convendrá observar las diferencias entre los montos solicitados y los autorizados por el Legislativo Federal al Poder Judicial de la Federación en el periodo 2000-2023. Esta comparación es importante debido a que la reforma constitucional de diciembre de 1994 le permitió al Poder Judicial de la Federación una relativa autonomía presupuestal al concederle la atribución de solicitar sus requerimientos económicos al Legislativo Federal a través del Proyecto de Presupuesto de Egresos Federal que integra el presidente de la República y que le presenta, anualmente, para su examen y aprobación a la Cámara de Diputados del Congreso de la Unión.

CUADRO 2 COMPARACIÓN ENTRE EL PRESUPUESTO SOLICITADO Y EL AUTORIZADO POR LA CÁMARA DE DIPUTADOS AL PODER JUDICIAL DE LA FEDERACIÓN (Millones de pesos corrientes)				
AÑO	PRESUPUESTO SOLICITADO POR EL PODER JUDICIAL DE LA FEDERACIÓN (PJF)	PRESUPUESTO AUTORIZADO POR LA CÁMARA DE DIPUTADOS.	DIFERENCIAS ENTRE PRESUPUESTO SOLICITADO Y AUTORIZADO	PORCENTAJE AUTORIZADO POR LA CÁMARA DE DIPUTADOS AL PJF
2000	9225.8	8,075.80	-1,150.00	87.53
2001	15303.5	13,803.50	-1,500.00	90.20
2002	20301.7	15,363.60	-4,938.10	75.68
2003	22906.7	17,732.10	-5,174.60	77.41
2004	23770.2	19,400.00	-4,370.20	81.61
2005	26537.6	21,037.60	-5,500.00	79.27
2006	28541.2	23,389.30	-5,151.90	81.95
2007	29420.9	25,229.50	-4,191.40	85.75
2008	32392.8	29,963.20	-2,429.60	92.50
2009	38039.8	32,539.80	-5,500.00	85.54
2010	40108.6	34,023.50	-6,085.10	84.83
2011	41522.8	38,035.80	-3,487.00	91.60
2012	45,832.80	42,582.80	-3,250.00	92.9
2013	52,241.60	46,479.50	-5,762.10	89.0
2014	54,241.60	50,241.60	-4,000.00	92.6
2015	56,269.10	51,769.10	-4,500.00	92.0
2016	68,116.30	63,616.30	-4,500.00	93.4
2017	75,477.20	69,477.20	-6,000.00	92.1
2018	77,266.40	71,366.40	-5,900.00	92.4
2019	65,356.70	63,656.70	-1,700.00	97.4

2020	68,632.50	67,305.1	-1,327.4	98.1
2021	72,429.33	71,299.4	-1,129.9	98.4
2022	76,723.02	73,723.02	-3,000.00	96.1
2023	79,969.63	77,544.50	2,425.13	96.9

Fuente: Elaboración propia con datos de los proyectos de presupuestos de egresos de la Federación que entregó la Secretaría de Hacienda y Crédito Público a la Cámara de Diputados, y que ésta examinó y aprobó en los decretos de presupuestos de egresos correspondientes, y que se publicaron en el Diario Oficial de la Federación o en la Cuenta de la Hacienda Pública Federal de los años referidos.

Como se puede observar en el **CUADRO 2**, la Cámara de Diputados no ha aprobado de 2000 a 2023 **todo** el presupuesto solicitado por el Poder Judicial de la Federación en el Proyecto de Presupuesto de Egresos de la Federación que integra y envía el presidente de la República, para su examen y, en su caso, para su aprobación correspondiente. Los años fiscales en los que los montos presupuestales autorizados por la Cámara de Diputados resultaron, significativamente, inferiores a los solicitados por el Poder Judicial Federal, fueron del lapso de 2002 a 2007 (veremos más adelante que una situación parecida se daría en años posteriores). En este periodo no se le autorizó al Poder Judicial, en promedio, la quinta parte de los montos solicitados, pese a ello se le incrementaron, invariablemente, los recursos presupuestales asignados en términos reales (es decir, siempre obtuvo un presupuesto por encima de la inflación ocurrida en cada uno de esos años).

Esa distancia reiterada, en el párrafo anterior, entre presupuesto solicitado y autorizado podría expresar, por un lado, problemas de planeación y programación presupuestal por parte del Poder Judicial; o, visto en otra perspectiva, desacuerdos de la Cámara de Diputados con las peticiones presupuestarias de la Suprema Corte de Justicia, Consejo de la Judicatura Federal y, más recientemente, del Tribunal Electoral del Poder Judicial de la Federación.

Otra manera de apreciar conceptualmente esta diferencia entre asignaciones de recursos públicos que solicita anualmente el Poder Judicial de la Federación y las que, finalmente, autoriza el órgano constitucional competente, la Cámara de Diputados en el lapso de 2000 a 2023, se puede hacer desde la Economía y haciendo uso de su concepto de *escasez (el presupuesto autorizado para 2019 y los de 2022 y 2023 son los únicos que escapan a esta caracterización por resultar inferiores en términos absolutos y reales, como se explicó con anterioridad).*

La *eficiencia económica* existe debido al manejo apropiado de los *recursos limitados,* el presupuesto público expresa, palmariamente, esta situación. Dice Héctor Fix-Fierro (2006: 39-40) que la expresión "eficiencia de la justicia", debe tomar de la Economía el concepto de *institución* (reglas que reducen la incertidumbre, puesto que inciden en la conducta de los individuos) y de la Administración el de *organización* ("conjunto de roles estructurados con objetivos comunes y modos estandarizados de operación para lograr dichos objetivos"). La importancia del concepto económico de *escasez* la ilustra más claramente Fix-Fierro, de la siguiente manera:

> "La economía... parece bien equipada para analizar (quizá en colaboración con la sociología) *otra dimensión* de los tribunales: su *dimensión operativa y organizacional.* En la medida que los tribunales son instituciones sociales que utilizan y manejan *recursos sociales escasos* caen bajo la competencia de la economía y son susceptibles de ser descritos y evaluados mediante el lenguaje económico. Por lo tanto, los tribunales se vuelven relevantes en términos de costos (tiempo y dinero), demanda y oferta, eficiencia de producción y asignación" (Fix-Fierro, H. 2006:110).

Con esta argumentación, del nexo entre las categorías de escasez y Tribunales jurisdiccionales, Fix-Fierro retoma las herramientas conceptuales de la Economía para poder evaluar la eficiencia de los tribunales del Poder Judicial de la Federación, y apreciar cómo esos recursos públicos limitados que les asigna la Cámara de Diputados deben ser aprovechados, óptimamente, para llevar a cabo el servicio de impartición de justicia a los gobernados.

3.2 EL PRESUPUESTO PÚBLICO JUDICIAL, LA POBLACIÓN Y LA ECONOMÍA NACIONAL (COMPARACIONES Y TENDENCIAS)

En los estudios más recientes de Economía y Derecho comparados se analiza la relación entre el presupuesto público destinado al Poder Judicial y el tamaño de la población; asimismo, se investiga la relación entre ese monto presupuestal y el Producto Interno Bruto, PIB (es decir, la riqueza neta que se genera en una economía en un periodo determinado, normalmente en un año).

En el **CUADRO 3** podemos apreciar, descontando los efectos de la inflación, primeramente, esa relación entre el presupuesto público federal destinado al Poder Judicial de la Federación y la población en México en el periodo 1930-2022.

CUADRO 3				
EVOLUCIÓN DEL PRESUPUESTO JUDICIAL FEDERAL PER CÁPITA. 1930-2022, (Año base 2010=100).				
Año	Presupuesto del PJF (a)	Presupuesto PJF (b)	Población	Presupuesto Judicial Federal Per cápita ©
1930	4,000	192,126,373	16,552,722	11.6
1940	4,100	160,905,845	19,653,552	8.2
1950	10,271	136,579,178	25,791,017	5.3
1960	45,878	347,638,640	34,923,129	10.0
1970	109,736	650,451,495	48,225,238	13.5
1980	1,000,017	1,181,837,387	66,846,833	17.7
1990	257,000,000	2,003,177,123	81,720,428	24.5
1995	1,385,915,000	4,623,254,217	89,969,752	51.4
2000	8,075,766,038	12,558,865,760	97,873,442	128.3
2005	21,037,600,000	26,231,291,981	105,442,402	248.8
2010	34,023,540,217	34,111,516,516	112,532,401	303.1
2015	51,769,086,710	44,486,626,029	120,149,897	370.3
2018	71,366,389,337	53,662,974,161	124,013,861	432.7
2019	63,656,700,000	61,444,691,120	125,085,311	491.2
2020	67,305,100,000	65,091,972,921	125,998,302	516.6
2021	71,299,400,000	67,454,493,851	126,705,138	532.4
2022	73,723,020,000	68,262,055,556	127,504,125	535.4
	(a) miles de pesos (precios corr	(b) precios constantes		(c) en pesos (precios constantes, 2010=100)

Fuente: Elaboración propia con datos de INEGI y Knoema.com

Se aprecia en el **CUADRO 3**, de 1930 a 1960, una caída del presupuesto *per cápita* destinado por el Congreso de la Unión al Poder Judicial de la Federación; esta tendencia se revirtió entre 1970 y 1990, recuperándose, en **términos reales,** esta participación. Con la Reforma Judicial constitucional de fines de 1994, se aprecia un incremento significativo en el monto monetario que por persona se asigna al Poder Judicial de la Federación, aumentando de

$50.72, en 1995, hasta $363.65, en el año 2010. Lo anterior muestra que la asignación de recursos presupuestales al Poder Judicial, por la Cámara de Diputados, se incrementó en poco más de seis veces en sólo 15 años, y todo esto en términos reales (es decir descontando la inflación acaecida en los años mencionados).

La tendencia ascendente en los recursos presupuestales públicos federales *per cápita*, siguió entre 2010 y 2022, como se aprecia en el **CUADRO 3**. Si comparamos los recursos públicos federales asignados, por persona, entre 1995 y 2022, advertimos que el Poder Judicial de la Federal obtuvo 9.4 veces más, en términos reales, durante el referido lapso. Una importante asignación de los recursos presupuestales para la impartición de justicia federal.

La relación estadística descrita en el **CUADRO 3**, relativa a la evolución histórica del Presupuesto del Poder Judicial de la Federación de 1930 a 2022, como parte del gasto federal, no siempre ha sido la misma. Como se verá a continuación en el siguiente **CUADRO 4**; el peso del presupuesto judicial en el total del gasto federal –comparándolo con el asignado a los Poderes Legislativo y Ejecutivo– descendió sensiblemente hasta los años setenta y, como se ha visto, operó una franca recuperación del presupuesto destinado a la justicia federal en la década de los años noventa. En esta evolución presupuestal de 1930 a 1979 se considera otra metodología estadística y una diversa clasificación del gasto público federal que no es posible extender hacia periodos subsecuentes, pero que nos ayudan a conocer los antecedentes de asignaciones presupuestarias al Poder Judicial de la Federación.

CUADRO 4

Evolución histórica del Presupuesto de Egresos del Gobierno Federal, según ramos administrativos

Año	TOTAL (Millones de pesos) Presupues-to de Egresos de la Federación (PEF)	Poder Legislativo Federal (PLF) Presupues-to	% PLF/ PEF	Poder Judicial de la Federación, Presupues-to (PJF)	% PJF/PEF
1930	279	5	1.79	4	1.43
1940	632	10	1.58	7	1.11
1950	3463	32	0.92	10	0.29
1960	20150	57	0.28	46	0.23
1970	109261	100	0.09	98	0.09
1979	1207796	345	0.03	819	0.07

Fuente: Elaboración propia apoyado en Estadísticas Históricas del INEGI.

En el **CUADRO 4** se observa cómo el peso presupuestal del Poder Legislativo Federal (Cámara de Senadores y Cámara de Diputados del Congreso de la Unión) superó desde 1930 hasta 1970 al presupuesto público destinado al Poder Judicial de la Federación. Desde fines de esta última década hasta la actualidad ha venido ganando mayor peso el gasto destinado al Poder Judicial, respecto al autorizado al Poder Legislativo.

Con el propósito de ponderar mejor el peso del presupuesto del Poder Judicial de la Federación dentro de la economía nacional (Producto Interno Bruto), en el periodo 1970-2022, veamos lo que nos muestra el **CUADRO 5.**

CUADRO 5					
EVOLUCIÓN DEL PRESUPUESTO DEL PODER JUDICIAL DE LA FEDERACIÓN Y SU RELACIÓN CON EL PRODUCTO INTERNO BRUTO. 1970-2022 (Año base, 2010=100)					
AÑO	Presupuesto del PJF (precios corrientes)	Presupuesto del PJF (precios 2010=100)	PIB (Millones de pesos, corrientes)	PIB (millones de pesos constantes, 2010=100)	Presupuesto PJF/PIB, a precios constantes.
					2010=100
1970	109,736	650,451,495	$444.3	$2,633,550	0.0002470%
1980	1,000,017	1,181,837,387	$4,470.1	$5,282,840	0.0002237%
1990	257,000,000	2,003,177,123	$738,897.5	$5,759,310	0.0003478%
1995	1,385,915,000	4,623,254,217	$1,837,019.1	$6,128,090	0.0007544%
2000	8,075,766,038	12,558,865,760	$5,497,435.6	$8,549,230	0.0014690%
2005	21,037,600,000	26,231,291,901	$9,251,737.0	$11,535,800	0.0022739%
2010	34,023,540,217	34,111,516,516	$13,805,954.0	$13,841,700	0.0024644%
2015	51,769,086,710	44,486,626,029	$18,551,459.0	$15,941,378	0.0027906%
2018	71,366,389,337	53,662,974,161	$23,798,022.0	$17,894,595	0.0029988%
2019	63,656,700,000	61,444,691,120	$24,698,563.0	$23,544,865	0.0026097%
2020	67,305,100,000	65,091,972,921	$24,333,531.0	$23,375,150	0.0027847%
2021	71,299,400,000	67,454,493,851	$25,803,508.1	$24,528,050	0.0027501%
2022	73,723,020,000	68,262,055,556	$28,535,440.7	$26,421,704	0.0025836%

Nota. El PIB a precios constantes de 2019 a 2022 se estima con el deflactor implícito del PIB.

Fuente: Elaboración propia.

Durante las décadas de los setenta y ochenta del siglo pasado, el peso del presupuesto del Poder Judicial de la Federación dentro del Producto Interno Bruto, descontando el impacto inflacionario, se mantuvo en niveles del 0.023%. Desde 1990 hasta 2010, como se aprecia en el **CUADRO 5**, ha operado una tendencia ascendente en la importancia del presupuesto judicial federal con respecto al Producto Interno Bruto, reforzada por la política pública y la Reforma Judicial de 1995, colocando en 2010 a este indicador en 0.25%. Para 2015 la referida participación cayó levemente, y para 2018 y años posteriores la disminución fue más relevante. No obstante, esto último, se aprecia en todo este periodo un cambio sustantivo que indica la importante cantidad de recursos públicos que se le ha asignado al Poder Judicial de la Federación en estos tres últimos lustros.

Las referencias estadísticas presupuestales del Poder Judicial de la Federación, en el lapso histórico tan prolongado que se ha descrito, de 1930 a 2022, se podrían entender mejor si se hace desde un enfoque comparado con otras economías y naciones que tienen semejanzas en cuanto al sistema político constitucional federalista. Si, por ejemplo, nos vemos en el espejo de otros países que, al igual que el nuestro, su Poder Judicial está conformado por un Poder o Rama Federal judicial y por poderes judiciales locales o estatales.

Por esa complejidad y diversidad de fueros y ámbitos espaciales o territoriales que caracterizan al Poder Judicial en México es necesario establecer comparaciones estadísticas con otros países. Un estudio que muestra una comparación estadística nacional más próxima fue realizado en 2010 y lo encontramos en el trabajo de Ana Laura Magaloni Kerpel y Carlos Elizondo Mayer-Serra, "La justicia de cabeza: la irracionalidad del gasto público en tribunales". Esta investigación, que refiere la estadística presupuestal judicial en Estados Unidos, Canadá, Brasil y Argentina, se muestra en la información de los **CUADROS 6 y 7**. Contiene información que nos permitirá entender mejor y en perspectiva comparada la evolución y situación del manejo presupuestal del Poder Judicial de la Federación, así como en el ámbito de la justicia local o estatal.

CUADRO 6				
Comparativo de gasto en justicia por país (pesos mexicanos 100=2010)				
País	Gasto en justicia (federal + local)	Gasto per cápita	Gasto en justicia como porcentaje del PIB/cápita	Gasto en justicia como porcentaje del gasto público
México	52856669894	471	0.40	1.66
Brasil	209787409002	1096	0.94	1.75

Argentina	39412249401	983	0.92	4.47
Estados Unidos	550782690159	1826	0.31	0.88
Canadá	54512463202	1633	0.29	1.84

Fuente: Ana Laura Magaloni Kerpel y Carlos Elizondo Mayer-Serra, "La justicia de cabeza: la irracionalidad del gasto público en tribunales". Serie El Uso y Abuso de los Recursos Públicos. Cuadernos de Debate núm.10., CIDE, México, octubre, 2011, pág., 2

CUADRO 7								
Comparativo de gasto en justicia federal y local (pesos mexicanos 100=2010)								
País	Justicia Federal	Gasto per cápita justicia federal	Gasto en justicia como % del PIB / cap	Gasto en justicia federal como % del gasto público	Justicia local	Gasto per cápita en justicia local	Gasto en justicia local como % del PIB / cap	Gasto en justicia local como % del gasto público
México	34023540217	303	0.26	1.07	18833129677	168	0.14	0.59
Brasil	58723053119	307	0.26	0.49	145035961090	758	0.65	1.22
Argentina	10963284659	273	0.25	1.24	28448964742	710	0.66	3.23
Estados Unidos	62409055488	207	0.04	0.10	488373634671	1619	0.28	0.79
Canadá	6384863787	191	0.03	0.22	48127599415	1442	0.26	1.63

Fuente: Magaloni A. y Elizondo Mayer-Serra C. (2011:3) "La justicia de cabeza: la irracionalidad del gasto público en tribunales"... Serie El Uso y Abuso de los Recursos Públicos, Cuadernos de Debate núm.10., CIDE, México, octubre

En la interesante comparación estadística de los indicadores de los **Cuadros 6 y 7** de Magaloni y Elizondo Mayer-Serra, se muestran para 2010 situaciones diversas y contradictorias. Veamos algunos casos:

- Una primera aproximación del gasto en justicia local en México nos dice que para 2010 fue de 18 mil, 331.3 millones de pesos (el del Poder Judicial de la Federación, 34 mil, 23.5 millones de pesos). Nuestro país es el único en el que se gasta más en justicia federal que en justicia local (esta última es, regularmente, la primera puerta de entrada de los gobernados a la solución jurisdiccional de sus controversias). El gasto en justicia federal de México de 2010 casi dobla el presupuesto destinado a los poderes judiciales estatales y del Distrito Federal. Esta situación la denominan Magaloni y Elizondo Mayer-Serra (2011:3): "pirámide del gasto en justicia está invertida", refiriendo esta situación:

"...en términos *per cápita* gastamos casi dos veces más en el aparato de justicia federal que lo que destinamos a los sistemas de justicia locales. En cambio, en el resto de los países comparados, la proporción es completamente inversa: Estados Unidos gasta ocho veces más en su justicia local que en la federal, Canadá siete veces y media más, mientras que en Brasil y Argentina la diferencia es más del doble... las diferencias entre el costo de los tribunales entre países nos obligan a discutir al menos dos preguntas:1) cuánto debería costar la justicia, y 2) cuáles problemas se pueden resolver con aumentos presupuestales y cuáles no..." "La justicia de cabeza: la irracionalidad del gasto público en tribunales".

Si bien el gasto *per cápita* en justicia en México, federal y local, es inferior al de los otros cuatro países, llama la atención que el gasto *per cápita* en justicia federal sea mayor en México, 303 pesos, que en los Estados Unidos, Canadá, Brasil y Argentina.

El gasto en justicia federal y local, como porcentaje del PIB, es mayor en México que en los Estados Unidos y Canadá, y menor, si nos comparamos con Brasil y Argentina.

Estos indicadores y comparaciones resultan muy interesantes y nos indican, una vez más, que la eficiencia jurisdiccional, como cualquier relación que involucra la connotación de la eficiencia económica, es –o debería ser– una relación entre recursos escasos y mejores resultados. Ha quedado demostrado que la dotación "ilimitada" de recursos, aparte de ser inviable o hasta imposible, no es la salida a los problemas y rezagos en la impartición de la justicia.

¿Cómo entender que México, Brasil y Argentina doten de mayores recursos a la justicia –federal y local– que Estados Unidos y Canadá, medidos como gastos en justicia con relación al PIB y no por ello no cuentan los países latinoamericanos con un mejor y eficiente sistema de justicia?

En el **CUADRO 7.1** se actualiza la información presupuestal para los poderes judiciales para 2018. De nueva cuenta se confirma la situación referida en años previos. La suma total del presupuesto público asignado a los poderes judiciales estatales y al de la Ciudad de México –antes Distrito Federal– representó en ese año la mitad del presupuesto que la Cámara de Diputados del Congreso de la Unión le destinó al Poder Judicial de la Federación. Situación que contrastó con los países referidos en los **CUADROS 6 y 7** y que, como se ha visto, les dan más presupuesto público a sus poderes judiciales locales.

CUADRO 7.1					
PRESUPUESTOS PÚBLICOS ESTATALES 2018					
	PARTICIPACIÓN EN EL GASTO TOTAL (millones de pesos)			**Población 2018**	**Gasto per cápita 2018**
	Presupuesto Poder Judicial	**Gasto neto gobierno**	%		
Aguascalientes	400.1	21115.8	1.9	1337800	299.07
Baja California	964.8	50629.5	1.9	3633800	265.51
Baja California Sur	306.9	16415.8	1.9	832800	368.52
Campeche	302.2	19590.9	1.5	948500	318.61
Chiapas	1022.4	89270.3	1.1	5445200	187.76
Chihuahua	1734.8	66850	2.6	3816900	454.50

Ciudad de México	6083.2	5279667	0.1	8788100	692.21
Coahuila de Zaragoza	834.4	47701.6	1.7	3063700	272.35
Colima	208	16730.4	1.2	759700	273.79
Durango	427.7	31648.7	1.4	1816000	235.52
Guanajuato	1670.9	81236.2	2.1	5952100	280.72
Guerrero	762.3	55522	1.4	3625000	210.29
Hidalgo	467.7	42147.4	1.1	2980500	156.92
Jalisco	1475.6	108309	1.4	8197500	180.01
México	3553.2	280706.2	1.3	17604600	201.83
Michoacán de Ocampo	1289.1	65631.7	2.0	4687200	275.03
Morelos	572.7	21516.4	2.7	1987600	288.14
Nayarit	327.4	21035.9	1.6	1290500	253.70
Nuevo León	1950	95655.9	2.0	5300600	367.88
Oaxaca	819.3	67019.8	1.2	4084700	200.58
Puebla	508.7	85881.8	0.6	6371400	79.84
Querétaro	816.3	40107.1	2.0	2091800	390.24
Quintana Roo	685.7	28415.7	2.4	1709500	401.11
San Luis Potosí	1102.1	43835.1	2.5	2825000	390.12
Sinaloa	549.3	51874.1	1.1	3059300	179.55
Sonora	1128.9	64017.1	1.8	3050500	370.07
Tabasco	461.9	48269	1.0	2454300	188.20
Tamaulipas	747.9	49858.6	1.5	3661200	204.28
Tlaxcala	220	18135.7	1.2	1330100	165.40
Veracruz	1722.8	113654.6	1.5	8220300	209.58
Yucatán	540.2	40813.2	1.3	2199600	245.59
Zacatecas	490	30463.4	1.6	1612000	303.97
Total	**34146.5**	**7093726**		**124737800**	**278.47**

Fuente: elaboración propia, apoyado con información estadística de diversas fuentes (Magaloni et.al).

En el estudio y cuantificación de la eficiencia presupuestal es importante, además, relacionar los montos presupuestales con los recursos humanos ocupados y la planta existente en los órganos jurisdiccionales federales. Por eso es indispensable conocer en un periodo histórico tan largo el incremento de los órganos jurisdiccionales y tratar de medir sus costos y resultados, no obstante las dificultades que nos provocan las fuentes estadísticas como referimos previamente.

En el **CUADRO 8** se aprecia la evolución de órganos jurisdiccionales federales en el periodo 1930-2018. Aquí no se consideran los nuevos centros de justicia penal federal, instalados después de 2016, y que incrementaron la capacidad del Poder Judicial de la Federación. En información complementaria se pueden apreciar los nuevos órganos jurisdiccionales creados de 2019 a 2022.

CUADRO 8

ÓRGANOS JURISDICCIONALES DEL PODER JUDICIAL DE LA FEDERACIÓN

AÑO	PRESIDENCIA SCJN	TRIBUNALES UNITARIOS	TRIBUNALES COLEGIADOS	JUZGADOS	TOTAL	VARIACIÓN HISTÓRICA EN ORG. JURISD. 1930=100	VARIACIÓN % EN ADMON. PRESID. SCJN
1930		6		46	52	100.0	
1940		6		46	52	100.0	
1950		6		46	52	100.0	
1951		6	5	46	57	109.6	
1960		6	6	48	60	115.4	
1970		6	13	55	74	142.3	
1980		12	23	89	124	238.5	
1982		16	24	98	138	265.4	
1985		18	30	102	150	288.5	
1988		25	57	131	213	409.6	
1990		29	65	146	240	461.5	

1991	Ulises Schmill	35	77	154	266	511.5	
1992	Ulises Schmill	39	78	156	273	525.0	
1993	Ulises Schmill	44	78	162	284	546.2	
1994	Ulises Schmill	46	82	169	297	571.2	23.8
1995	Vicente Aguinaco	47	83	176	306	588.5	
1996	Vicente Aguinaco	47	83	178	308	592.3	
1997	Vicente Aguinaco	49	90	185	324	623.1	
1998	Vicente Aguinaco	49	98	188	335	644.2	12.8
1999	Genaro Góngora	52	117	197	366	703.8	
2000	Genaro Góngora	55	138	217	410	788.5	
2001	Genaro Góngora	61	154	234	469	901.9	
2002	Genaro Góngora	65	166	264	495	951.9	47.8
2003	Mariano Azuela	65	167	286	518	996.2	
2004	Mariano Azuela	67	172	306	545	1048.1	
2005	Mariano Azuela	67	173	294	534	1026.9	
2006	Mariano Azuela	70	180	296	546	1050.0	10.3
2007	Guillermo Ortiz	70	182	302	554	1065.4	

2008	Guillermo Ortiz	75	188	322	585	1125.0	
2009	Guillermo Ortiz	89	207	359	655	1259.6	
2010	Guillermo Ortiz	89	220	362	671	1290.4	22.9
2011	Juan N. Silva	88	222	374	684	1315.4	
2012	Juan N. Silva	91	238	389	718	1380.8	
2013	Juan N. Silva	96	241	402	739	1421.2	
2014	Juan N. Silva	97	246	406	749	1440.4	11.6
2015	Luis. Ma. Aguilar	97	253	420	770	1480.8	
2016	Luis. Ma. Aguilar	97	256	428	781	1501.9	
2017	Luis Ma. Aguilar	99	262	430	791	1696.2	
2018	Luis Ma. Aguilar	100	269	446	815	1746.2	21.2

La estructura de órganos jurisdiccionales en 2019 se puede apreciar más claramente en el **CUADRO 8.1**. En esta tabla se detallan los órganos permanentes y auxiliares. Los Tribunales Colegiados de Circuito (T.C), Tribunales Unitarios de Circuito (T.U.) y Juzgados de Distrito (J.D.). Igualmente se indican los Centros de Justicia Penal Federal (C.J.P.), el Centro Especializado en Control de Técnicas de Investigación, Arraigo e Intervención de Comunicaciones (C.E.C.T.I.A.C.) y los Plenos de Circuito (P.C.). Faltarían en este cuadro los Juzgados Laborales Federales de creación posterior.

CUADRO 8.1				ÓRGANOS JURISDICCIONALES FEDERALES 2019						
	CIRCUITO	T.C.	T.U.	J.D.	C.E.C.T.I.A.C	C.J.P.	T.C.AUX	T.U.AUX	J. D AUX	P.C.
CD. MEXICO	1	65	9	80	1	3	2		3	5
EDO.MEXICO	2	16	8	31		2	2			5
JALISCO	3	22	6	34		1				4
NUEVO LEÓN	4	12	4	13		1				4
SONORA	5	6	6	13		1				1
PUEBLA	6	11	2	17		1	3			4
VERACRUZ	7	8	4	19		1	2		1	4
COAHUILA	8	7	3	13		1	4		3	1
SAN LIUIS POTOSÍ	9	4	1	9		1				1
TABASCO Y VER . SUR	10	7	2	12		1			1	1
MICHOACÁN	11	6	3	9		1			1	1
SINALOA	12	5	3	10		1	4	2	6	1
OAXACA	13	4	2	12		1				2
YUCATÁN	14	3	1	6		1	1			1
BAJA CALIF. Y SLRC	15	8	9	20		3				2
GUANAJUATO	16	9	4	12		1			1	4
CHIHUAHUA	17	7	4	11		2				1
MORELOS	18	6	2	9		1				2
TAMAULIPAS	19	6	7	15		2				1
CHIAPAS	20	4	2	13		2				1
GUERRERO	21	5	2	11		1	1	1	3	1
QUERETARO	22	4	1	9		1				1
ZACATECAS	23	1	1	3		1	2		4	
NAYARIT	24	2	2	8		1				1
DURANGO	25	4	1	3		1			1	
BAJA CALIFORNIA SUR	26	1	1	3		1	1			
QUINTANA ROO	27	3	2	9		1				1
TLAXCALA	28	2	1	4		1				
HIDALGO	29	3	1	4		1				1
AGUASCALIENTES	30	4	1	6		1				1
CAMPECHE	31	1	1	2		1				
COLIMA	32	1	1	2		1				
TOTAL		247	97	422	1	40	22	3	24	52

Fuente: elaboración propia.

Otro indicador de eficiencia jurisdiccional es el que mide la relación entre número de jueces y magistrados con respecto al tamaño de la población; la Comisión Europea para la Eficiencia de la Justicia, en el *Reporte de los Sistemas de Justicia Europeos, Eficiencia y Calidad de la Justicia,* de 2008, lo denomina "Jueces por cada 100,000 habitantes".

Si utilizamos este indicador que relaciona número de jueces y magistrados federales en México por cada 100,000 habitantes en el periodo 1950-2021, apreciamos una tendencia ascendente a favor de los justiciables, y que expresa la ampliación de la cobertura jurisdiccional federal en este lapso, como se aprecia en el siguiente **CUADRO 9:**

CUADRO 9			
RELACIÓN ENTRE NÚMERO DE JUECES Y MAGISTRADOS DEL PODER JUDICIAL DE LA FEDERACIÓN Y POBLACIÓN TOTAL EN MÉXICO			
Año	**Población en México**	**Jueces y Magistrados federales**	**Población/ Jueces y Magistrados Federales**
1950	25,791,017	67	384,941
1960	34,923,129	72	485,044
1970	48,225,238	100	482,252
1980	66,846,833	170	393,217
1990	81,249,645	370	219,594
1995	91,158,290	472	193,132
2000	97,483,412	686	142,104
2005	103,263,388	880	117,345
2010	112,336,538	1,099	102,217
2015	121,005,800	1,246	97,115
2018	124,737,800	1,425	87,535
2019	125,000,000	1,437	86,987
2020	126,014,024	1,443	87,328
2021	126,700,000	1,556	81,427

Fuente: Elaboración propia. Los datos de magistrados y jueces federales señalados en 1950 corresponden a 1951, año en que se crean los Tribunales Colegiados de Circuito.

Como se observa en el **CUADRO 9**, la relación entre jueces y justiciables en el fuero federal ha venido ganando terreno para una mejor cobertura de los gobernados en nuestro país en el periodo 1950-2021. En 1951 existía un juez o magistrado federal por cada 384 mil 941 habitantes; esta relación se mantuvo hasta la década de 1980, pero desde la creación del Consejo de la Judicatura

Federal, en 1995, la relación pasó de un juez o magistrado por cada 193 mil habitantes; siguió la de un juez por cada 99 mil 500 habitantes (2010) y a una relación similar en 2018. Recordemos que en esta relación no se consideran a jueces o magistrados de tribunales estatales, locales y federales no adscritos al Poder Judicial de la Federación. Tampoco se toma en cuenta a los centros de justicia penal federal.

Otro problema por estudiar es la gestión del ejercicio presupuestal en el Poder Judicial de la Federación. Después de la reforma constitucional del 31 de diciembre de 1994, el ejercicio del gasto público autorizado al Poder Judicial ha estado acompañado de diversos problemas. Los ejercicios presupuestales se han distanciado de los montos autorizados por la Cámara de Diputados: en algunos años en los gastos presupuestales se han dado subejercicios (se ha gastado menos que lo autorizado), y en otros años se han presentado mayores gastos derivados de recursos presupuestales que no se devolvieron a la Tesorería de la Federación, o porque se han venido dando transferencias de la Suprema Corte de Justicia de la Nación hacia el Consejo de la Judicatura Federal.

Para corroborar parte de lo señalado previamente, vale señalar observaciones consignadas en los dictámenes de la Cuenta de la Hacienda Pública Federal aprobados por la Cámara de Diputados, relativos al ejercicio del gasto en el Poder Judicial de la Federación entre 1995 y 2022, que reflejan situaciones de subejercicio y sobre-ejercicio presupuestal (esto si se compara el presupuesto autorizado por la Cámara de Diputados y el erogado efectivamente por el Poder Judicial). En este sentido, se observan los aspectos que se indican a continuación:

- Por una parte, los recursos presupuestales autorizados por la Cámara de Diputados no fueron ejercidos totalmente en los años de 1996 a 1998 (presidencia del ministro Vicente Aguinaco Alemán);
- De otro lado, se observó un mayor presupuesto ejercido respecto al autorizado en los años de 1999 a 2002 (Presidencia del ministro Genaro Góngora Pimentel).

- Posteriormente, es decir, a partir del 2003, encontramos situaciones de subejercicio en los recursos presupuestales en la Suprema Corte de Justicia –que por disposición constitucional tiene su propia administración– y que se traspasaron al Consejo de la Judicatura Federal (que tiene a su cargo el apoyo de Tribunales de Circuito y Juzgados de Distrito y el sostenimiento de la propia estructura administrativa del Consejo).

En el **CUADRO 10** se da seguimiento al modo como se compara el presupuesto ejercido por el Poder Judicial de la Federación con el autorizado por el Legislativo Federal, tal como se aprecia en la rendición de cuentas que consigna la Cuenta de la Hacienda Pública Federal, desde 1995 y hasta el año 2021 (aprobada en el 2022). La manera como se ejerció el presupuesto de un año fiscal se analiza, por la Cámara de Diputados, en meses avanzados del año siguiente. Como se puede apreciar en dicho análisis, se continúa generando un desfase, o rezago, en la revisión de la cuenta pública federal que realiza la Cámara de Diputados del Congreso de la Unión.

CUADRO 10			
COMP. ENTRE El PRESUP. AUTORIZADO Y EL EJERCIDO EN EL PODER JUD. DE LA FED.			
(millones de pesos corrientes)			
AÑO	PRESUPUESTO AUTORIZADO	PRESUPUESTO EJERCIDO	Diferencia
1995	1,718.60	1,588.30	-130.3
1996	2,343.60	2,273.90	-69.7
1997	3,830.20	3,207.90	-622.3
1998	4,973.30	4,692.30	-281
1999	5,554.00	6,713.40	1,159.40
2000	8,075.80	9,907.40	1,831.60
2001	13,803.50	13,920.70	117.2
2002	15,363.60	15,427.10	63.5
2003	17,732.10	17,896.40	164.3

2004	19,400.00	19,471.80	71.8
2005	21,037.60	21,504.90	467.3
2006	23,389.30	23,800.30	411
2007	25,229.50	25,115.20	-114.3
2008	29,963.20	29,977.90	14.7
2009	32,539.80	31,380.00	-1159.8
2010	34,023.50	33,892.20	-131.3
2011	38,035.80	37,814.10	-221.7
2012	42,582.80	39,716.40	-2,866.40
2013	46,479.50	43,100.70	-3,378.80
2014	50,241.60	48,875.00	-1,366.60
2015	51,769.10	49,390.80	-2,378.30
2016	63,616.30	57,981.70	-5,634.60
2017	69,477.20	60,203.80	-9,273.40
2018	71,366	64,817.10	-6,549.30
2019	63,657	63,775.10	118.4
2020	67,305	66,429.00	-876
2021	71,299	71,075.00	-224
2022	73,723		

Fuente: Elaboración propia. Con información obtenida del Presupuesto de Egresos de la Federación y de la Cuenta de la Hacienda Pública Federal. El dato de presupuesto autorizado de 1995 se tomó de la Cuenta Pública de ese año y reconoce una modificación neta adicional de 332.7 millones de pesos a los inicialmente autorizados por la Cámara de Diputados. Los datos correspondientes a 1999 y 2003, en lo relativo al presupuesto ejercido, proceden de información obtenida de la Subsecretaría de Egresos de la SHCP. Son datos presupuestales de todo el Poder Judicial de la Federación (SCJN, CJF Y TEPJF).

De la comparación observada en el **CUADRO 10** se reflejan problemas en la administración del Poder Judicial de la Federación, en particular en el Consejo de la Judicatura Federal. En tal virtud la Cámara de Diputados presentó diversas observaciones y recomendaciones al Poder Judicial de la Federación, destacando las correspondientes a los ejercicios fiscales 1997, 1999 y de 2000 a 2017 (relativas a obra pública, adquisiciones, arrendamientos, retraso en el funcionamiento de nuevos órganos, contratación de personal, subsidios y transferencias a instituciones de beneficencia pública, entre otras). En los últimos años se han presentado diversas indagatorias judiciales respecto a presuntos usos indebidos de los recursos públicos en la gestión administrativa del Poder Judicial de la Federación.

A pesar de que entre 2001 y 2011 decreció la tendencia en el sobre-ejercicio presupuestal en el Poder Judicial de la Federación, esta situación reapareció en el lapso de 2012 a 2017 como se aprecia en el **CUADRO 10**. Los subejercicios presupuestales del precitado lustro reflejan, como se ha dicho, problemas en la planeación y presupuestación de recursos en este poder de la Federación.

Otro problema presentado en la gestión presupuestal es el de que la Suprema Corte de Justicia de la Nación le ha transferido recursos al Consejo de la Judicatura Federal, lo que ha sido cuestionado por los especialistas en la materia, debido a que los recursos presupuestales –autorizados por la Cámara de Diputados– se asignan y distribuyen separadamente de la SCJN, Tribunal Electoral y Consejo de la Judicatura Federal.

Otra dificultad derivada de los recursos presupuestales no ejercidos por el Poder Judicial de la Federación y resultante ya sea del presupuesto autorizado por la Cámara de Diputados, o del modificado en el ejercicio fiscal anual, es la de los remanentes presupuestarios, mismos que, al no retornar a la Tesorería de la Federación, contribuyeron parcialmente a fondear los fideicomisos del PJF y en particular del CJF. Un tema que ha generado conflictos en 2023 entre los poderes ejecutivo, legislativo y judicial.

Al 31 de diciembre de 2022, todo el Poder Judicial de la Federación, tenía un saldo en sus fideicomisos de $20,516,842,197 (veinte mil quinientos dieciséis millones, ochocientos cuarenta y dos mil ciento noventa y siete pesos). De los cuales $8,835,460,765, le corresponden al Consejo de la Judicatura Federal (el restante lo tiene la Suprema Corte de Justicia y el Tribunal Electoral). En el **CUADRO 10.1** se desglosan los detalles de los saldos de los fideicomisos del CJF en información registrada en el Diario Oficial de la Federación (DOF).

CUADRO 10.1. SALDOS DE LOS FIDEICOMISOS DEL CONSEJO DE LA JUDICATURA FEDERAL AL 31 DE DICIEMBRE DE 2022

DOF: 27/01/2023

INFORMACIÓN relativa a los ingresos, egresos, saldos y destino de los Fideicomisos en los que participa el Consejo de la Judicatura Federal, en cumplimiento a lo que establece el artículo 772 del Acuerdo General del Pleno del Consejo de la Judicatura Federal que establece las disposiciones en materia de actividad administrativa del propio Consejo, así como lo señalado en el artículo 12 de la Ley Federal de Presupuesto y Responsabilidad Hacendaria.

Al margen un sello con el Escudo Nacional, que dice: Estados Unidos Mexicanos.- Poder Judicial de la Federación.- Consejo de la Judicatura Federal.

INFORMACIÓN relativa a los ingresos, egresos, saldos y destino de los Fideicomisos en los que participa el Consejo de la Judicatura Federal, en cumplimiento a lo que establece el artículo 772 del Acuerdo General del Pleno del Consejo de la Judicatura Federal que establece las disposiciones en materia de actividad administrativa del propio Consejo, así como lo señalado en el artículo 12 de la Ley Federal de Presupuesto y Responsabilidad Hacendaria.

Movimientos del 30 de septiembre de 2022 al 31 de diciembre de 2022

Fideicomisos	Saldos al 30 de septiembre de 2022	Aportaciones 1	Ingresos 2	Egresos 3	Saldos al 31 de diciembre de 2022
80692-Fideicomiso pensiones complementarias de Magistrados y Jueces Jubilados.	$ 4,405,965,698.21	$ 0.00	$ 113,375,307.88	$ 14,606,706.23	$ 4,504,734,299.86
80693-Fideicomiso para el mantenimiento de casas habitación de Magistrados y Jueces.**4**	$ 66,742,081.30	$ 6,337,050.10	$ 2,595,061.48	$ 7,077,310.55	$ 68,596,882.33
80694-Fideicomiso de apoyos médicos complementarios y de apoyo económico extraordinario para los servidores públicos del Poder Judicial de la Federación, con excepción de los de la Suprema Corte de Justicia de la Nación.**5**	$ 64,886,073.15	$ 8,500.00	$ 1,661,985.78	$ 376,500.69	$ 66,180,058.24
80695-Fideicomiso para el Desarrollo de Infraestructura que implementa las Reformas Constitucionales en Materia de Justicia Federal.**6**	$ 4,337,616,561.37	$ 0.00	$ 106,690,539.39	$ 246,357,576.35	$4,197,949,524.41

Nota: El destino de los Fideicomisos corresponde al de su denominación.

1 Corresponden a aquellas aportaciones y transferencias, que se realizan de conformidad con la normatividad aplicable y los Acuerdos Generales que rigen a cada uno de los fideicomisos del Consejo de la Judicatura Federal.

2 Corresponde a ingresos por recuperación, penalización, indemnización, rendimientos y devolución de pagos en exceso.

3 Son aquellos egresos para la propia operación y fin por el cual fueron creados, así como servicios bancarios (honorarios pagados al fiduciario y/o comisiones).

4 Se financia con fondos de carácter privado, producto de las aportaciones a través de descuentos por vía nómina que se efectúan a los Magistrados y Jueces.

5 Fideicomiso en el que participan como fideicomitentes el Consejo de la Judicatura Federal y el Tribunal Electoral del Poder Judicial de la Federación.

6 Los egresos se componen por los pagos realizados por contratos de obra, conservación y mantenimiento, mobiliario, bienes informáticos, software, así como servicios bancarios (honorarios pagados al fiduciario).

Ciudad de México, a 20 de enero de 2023.- El Director General de Programación, Presupuesto y Tesorería.- Licenciado **César Javier Campa Campos**.- Rúbrica.

En varias revisiones anuales de la Cuenta de la Hacienda Pública Federal que ha realizado la Auditoría Superior de la Federación, órgano técnico de la Cámara de Diputados del Congreso de la Unión, se han presentado observaciones y recomendaciones relativas al funcionamiento de los fideicomisos del PJF; aquí se pueden apreciar las relativas al ejercicio presupuestal del 2018 y que significan una continuidad de varios años.

RESULTADO DE UNA AUDITORÍA AL EJERCICIO PRESUPUESTAL DE 2018 AL CJF Y SCJN
"Cuenta Pública de 2018, señalando un problema en el uso de los recursos de los fideicomisos. El fideicomiso núm. 80692 "Pensiones Complementarias de Magistrados y Jueces Jubilados", al 1° de enero de 2018, mantenía un saldo de 3,323.0 millones de pesos, y durante ese ejercicio registró erogaciones por 21.7 millones de pesos, de los cuales 15.6 millones de pesos corresponden al pago de pensiones complementarias, importe último que representa, por un lado, tan sólo el 0.47% del saldo disponible del citado fideicomiso, y por el otro, el 5.0% de la nómina de pago de pensiones complementarias, mientras que **el restante 95.0% de dicha nómina se liquidó con cargo al propio presupuesto del CJF. Por lo antes señalado, se considera que la operación de los fideicomisos de la SCJN y del CJF no se ajusta a criterios de racionalidad, dada la muy baja utilización de sus recursos, lo cual ha sido una constante en los últimos 10 años, ya que, en promedio, solo se ha utilizado el 4.8% de sus disponibilidades**, destacando los fideicomisos relativos a pensiones complementarias, **cuyo financiamiento ha sido efectuado mayormente con recursos de los propios presupuestos de dichos órganos, en lugar de hacer uso de los recursos disponibles con los que cuentan dichos instrumentos financieros, originando ello que las disponibilidades se hayan incrementado casi 4 veces en los últimos 10 años, lo cual representa un incremento de 11,538.2 millones de pesos."**
Fuente: Auditoría Superior de la Federación-Cámara de Diputados, "Cuenta de la Hacienda Pública Federal, 2018.

En este resultado de la auditoría presupuestal hecho por el órgano técnico constitucional competente al PJF, se puede apreciar un problema, como dice el documento precitado, de **racionalidad presupuestal** y de que no se hizo el uso indicado normativamente de los fideicomisos públicos referidos para cubrir las erogaciones relativas al pago de pensiones de magistrados y jueces jubilados, pues la mayor parte de esas erogaciones desde hace por lo menos diez años anteriores a 2018 se hicieron a cargo del presupuesto anual autorizado por la Cámara de Diputados del Congreso de la Unión. Un tema de la mayor relevancia en la evaluación de la eficiencia presupuestal pública de este Poder Federal.

IV. Eficiencia presupuestaria jurisdiccional en el Poder Judicial de la Federación

4.1. RELACIÓN ENTRE PRESUPUESTO PÚBLICO DESTINADO Y PERSONAL OCUPADO

Si para efectos del análisis se distribuye el monto presupuestal del Poder Judicial de la Federación a precios constantes de 2010, entre el dato histórico de plazas del personal ocupado, se aprecia una tendencia ascendente:

- En 1990 existían 11,356 plazas a las que les correspondían en promedio 176 mil 398 pesos;
- En 1994 se ocupaban 14,955 plazas, a las que en promedio les tocaba del presupuesto la suma de 287 mil 407 pesos;
- En el ejercicio de 1997 se presupuestaron 14,672 plazas, con un promedio de asignación de 589 mil 295 pesos.
- Para el presupuesto del 2000 se consideraron alrededor de 21 mil plazas, mismas que costaron el importe promedio de 598 mil 41 pesos.
- El número de las plazas informadas por quien fungió como ministro presidente, Mariano Azuela, hacia finales de 2005 en el Consejo de la Judicatura Federal era de 27 mil 879 (monto semejante al de 2004 y ligeramente superior al de un año atrás). El total de las plazas ocupadas en el Consejo de la Judicatura Federal en 2006 fue de 28 mil 494, según auditoría practicada en 2007 a este organismo público por parte de la Auditoría Superior de la Federación (*Informe del Resultado de la Revisión y Fiscalización Superior de la Cuenta Pública, 2006*, pág., 189).

- En 2012 las plazas autorizadas en el Consejo de la Judicatura Federal, que como se sabe no incluye a las de la Suprema Corte de Justicia de la Nación y a las del Tribunal Electoral Federal, ascendieron a 35 mil 331. De las cuales 28 mil 85 estaban en órganos jurisdiccionales federales y 7 mil 246 en áreas administrativas del Consejo de la Judicatura Federal. De este último dato se desprende que de 1997 a 2012 se incrementaron las plazas en 141 por ciento en los órganos jurisdiccionales y administrativos del Consejo de la Judicatura Federal.
- En 2017 la plantilla de servidores públicos adscritos al Consejo de la Judicatura Federal ascendió a 40 mil 537. La Suprema Corte de Justicia de la Nación tenía adscritos 3 mil 509 y el Tribunal Electoral del Poder Judicial de la Federación, por su parte, contaba con mil 573 servidores públicos (datos de INEGI recabados en el **Censo** Nacional de Impartición de Justicia Federal, 2018*)*.

En los casos anteriores se miden los costos de plazas descontando la inflación del periodo de referencia. De donde se colige que el incremento presupuestal público superó al incremento de plazas ocupadas y refleja, en términos económicos, una menor eficiencia administrativa en el Poder Judicial Federal.

En el siguiente **CUADRO 10.1** se pueden apreciar datos más actualizados del personal en el Poder Judicial de la Federación, correspondientes a los años de 2020 y 2021.

CUADRO 10.1						
PERSONAL DEL PODER JUDICIAL DE LA FEDERACIÓN						
ÓRGANO		(31 DIC 2020)			(31 DIC 2021)	
	TOTAL	ORG JURISD	ORG. ADMVOS	TOTAL	ORG JURISD	ORG. ADMVOS
TOTAL	50999	38061	12938	53160	39973	13187
SCJN	3621	1028	2593	3725	1014	2711
TRIBUNAL ELECTORAL DEL PJF	1501	893	608	1830	1200	630
CONSEJO DE LA JUDICATURA FEDERAL	45877	36140	9737	47605	37759	9846
Fuente: Elaboración propia y con datos del Censo Nacional de Impartición de Justicia Federal 2020 y 2021. INEGI						

Por otra parte, si se vincula el monto del presupuesto de egresos autorizado por la Cámara de Diputados entre los órganos jurisdiccionales del Poder Judicial existentes, descontando el impacto de los precios y tomando como índice base el año de 2010 (**CUADRO 11**), se aprecian en el periodo de 1990 a 2018 las siguientes tendencias:

- En 1990 había un total 240 órganos jurisdiccionales federales, a los que en promedio les correspondían 8 millones 347 mil pesos.
- Para 1994 los órganos jurisdiccionales sumaban 297 y se les asignaba un promedio de 14 millones 511 mil pesos.
- En 1997 existieron 324 órganos jurisdiccionales, a los cuales les pertenecerían 26 millones 685 mil pesos.
- En el 2000, de acuerdo con el presupuesto autorizado y considerando a 410 órganos jurisdiccionales, el reparto creció a 30 millones 631 mil pesos en promedio.
- Para 2003 cada uno de los 518 órganos jurisdiccionales le correspondió en promedio más de 46 millones 395 mil pesos. Cayó ligeramente el promedio repartido en 2004; sin embargo, esta asignación de reparto se mantuvo en una tendencia ascendente entre 2005 y 2008 (subiendo hasta 55 millones 500 mil pesos).
- Más adelante, en el bienio 2009-2010, debido a la creación de diversos órganos jurisdiccionales federales disminuyó el reparto promedio asignado a éstos (50 millones 837 mil pesos), en niveles cercanos a los de 2005.
- La tendencia al crecimiento de estos órganos jurisdiccionales federales continuó entre 2011 y 2022, y a pesar de ello el despacho de los asuntos que atendieron se fue encareciendo.

Esta distribución, desde luego, es hipotética, debido a que no todo el presupuesto se destinó a las funciones jurisdiccionales; empero, la parte del gasto público que reciben las áreas administrativas y auxiliares del Consejo de la Judicatura Federal obedece a que están realizando funciones de apoyo a las áreas jurisdiccionales.

CUADRO 11			
DISTRIBUCIÓN PRESUPUESTAL EN EL PODER JUDICIAL DE LA FEDERACIÓN, A PRECIOS CONSTANTES (2010=100)			
AÑO	PRESUPUESTO AUTORIZADO	TOTAL, DE ÓRGANOS JURISDICCIONALES	REPARTO HIPOTÉTICO POR ÓRGANO
1990	2,003,177,123	240	8,346,571
1991	2,590,552,759	266	9,738,920
1992	3,257,029,468	273	11,930,511
1993	3,946,378,607	284	13,895,699
1994	4,309,667,423	297	14,510,665
1995	4,623,254,217	306	15,108,674
1996	6,121,937,641	308	19,876,421
1997	8,646,141,455	324	26,685,622
1998	9,465,142,003	335	28,254,155
1999	9,411,017,950	366	25,713,164
2000	12,558,865,760	410	30,631,380
2001	20,560,789,155	469	43,839,636
2002	21,650,502,491	495	43,738,389
2003	24,032,485,988	518	46,394,761
2004	24,995,641,381	544	45,947,870
2005	26,231,291,981	531	49,399,797
2006	28,027,553,911	546	51,332,516
2007	29,137,392,087	554	52,594,571
2008	32,483,764,101	585	55,527,802
2009	34,059,931,635	655	51,999,896
2010	34,111,523,356	671	50,836,846
2011	36,731,425,101	684	53,700,914

2012	39,705,701,042	718	55,300,419
2013	41,682,652,333	739	56,404,130
2014	43,289,676,951	749	57,796,631
2015	43,675,183,672	770	56,721,018
2016	51,925,328,788	781	66,485,696
2017	53,111,870,810	791	67,145,222
2018	53,662,570,653	815	65,843,645
2019	61,444,691,120	804	76,423,745
2021	65,091,972,921	809	80,459,793
2021	67,454,493,851	828	81,466,780
2022	68,262,055,556	913	74,766,764

Fuente: Elaboración propia con información obtenida del Presupuesto de Egresos de la Federación y de los Informes de Labores del presidente de la Suprema Corte de Justicia de la Nación y del Consejo de la Judicatura Federal. Se descuenta el impacto inflacionario, conforme al Índice Nacional de Precios al Consumidor del Banco de México (o considerando el deflactor implícito del PIB). Se incluyen los Juzgados B y Tribunales y Juzgados Auxiliares creados recientemente

En el **CUADRO 11** no se consideran, para efectos de comparación estadística, los Centros de Justicia Penal Federal, igualmente adscritos al Consejo de la Judicatura Federal, y que se originaron como resultado de la reforma legislativa penal federal de 2016. Hacia finales de 2018 existían 40 de los referidos organismos jurisdiccionales en materia penal. De integrarlos a esa estimación estadística implicaría una ligera reducción en el "reparto hipotético por órgano". El crecimiento adicional de estos órganos, más los que se agregaron años adelante, los nuevos Juzgados Laborales a la administración y vigilancia del Consejo de la Judicatura Federal, favoreció una disminución en el costo promedio de estos órganos jurisdiccionales.

4.2 EL COSTO PRESUPUESTAL DE LA IMPARTICIÓN DE JUSTICIA FEDERAL

Otra manera de medir la eficiencia presupuestal en la función jurisdiccional es comparando la evolución del presupuesto global del Poder Judicial de la Federación en el periodo de 1990 a 2022, en términos reales (descontando el impacto inflacionario), respecto del número de asuntos que han egresado de los Tribunales Colegiados y Unitarios de Circuito, así como de los Juzgados de Distrito en el mismo periodo. Ahí se aprecia un mayor gasto en promedio para el manejo de dichos asuntos. En 1990, al gobierno federal le significaba a cada asunto concluido la cantidad de 6 mil 64 pesos; para 1994, subió el costo promedio de asunto despachado a 15 mil 639 pesos (**CUADRO 12**). A finales de 1994 se creó el Consejo de la Judicatura Federal, órgano constitucional que administra el presupuesto de egresos autorizado para el Poder Judicial de la Federación, con excepción del correspondiente a la Suprema Corte de Justicia de la Nación.

Después de 1994 se mantuvo la tendencia ascendente de este costo promedio por asuntos egresados en estos órganos jurisdiccionales; en los años de 1995 a 1998 representaron una cantidad, promedio, cercana a los 22 mil 300 pesos. Para 1999, ante el menor crecimiento presupuestal, y la creación de más órganos jurisdiccionales, disminuyó este costo promedio; sin embargo, entre los años de 2000 y 2003 volvió a incrementarse este promedio, en importes de 37 mil 872 pesos. Entre el 2004 y 2007 se estabiliza el costo por asunto en 41 mil pesos, esta tendencia se mantiene hasta 2010; sólo en 2008 y 2009 repunta ligeramente el costo por asunto en poco más de 43 mil pesos en promedio.

Como se desprende del análisis previo, el costo presupuestal de la impartición de justicia federal se incrementó de 1994 a 2010 –en la administración del Consejo de la Judicatura Federal– en un 153 por ciento, es decir se encareció significativamente el gasto por asunto egresado respecto al periodo en que la Suprema Corte de Justicia de la Nación administraba el presupuesto total del Poder Judicial de la Federación.

CUADRO 12

Costo presupuestal en el Poder Judicial de la Federación de asuntos que egresaron, a precios constantes (2010=100)

Año	Presidente de la SCJN	Presupuesto autorizado	Total de asuntos que egresaron de los órganos jurisdiccionales	Costo promedio de asunto egresado
1990	Carlos del Río	2,003,177,123	330,320	6,064
1991	Ulises Schmill	2,590,552,759	326,789	7,927
1992	Ulises Schmill	3,257,029,468	323,123	10,080
1993	Ulises Schmill	3,946,378,607	322,951	12,220
1994	Ulises Schmill	4,309,667,423	275,579	15,639
1995	Vicente Aguinaco	4,623,254,217	317,162	14,577
1996	Vicente Aguinaco	6,121,937,641	339,625	18,026
1997	Vicente Aguinaco	8,646,141,455	362,843	23,829
1998	Vicente Aguinaco	9,465,142,003	382,175	24,767
1999	Genaro Góngora	9,411,017,950	433,339	21,717
2000	Genaro Góngora	12,558,865,760	433,670	28,959
2001	Genaro Góngora	20,560,789,155	510,506	40,275
2002	Genaro Góngora	21,650,502,491	546,449	39,620
2003	Mariano Azuela	24,032,485,988	563,698	42,634
2004	Mariano Azuela	24,995,641,381	623,550	40,086
2005	Mariano Azuela	26,231,291,981	660,054	39,741
2006	Mariano Azuela	28,027,553,911	668,029	41,956
2007	Guillermo Ortiz	29,137,392,087	695,563	41,890
2008	Guillermo Ortiz	32,483,764,101	732,178	44,366
2009	Guillermo Ortiz	34,059,931,635	776,772	43,848
2010	Guillermo Ortiz	34,111,523,356	858,917	39,715
2011	Juan N. Silva	36,731,425,101	881,998	41,646
2012	Juan N. Silva	39,705,701,042	963,085	41,228
2013	Juan N. Silva	41,682,652,333	956,580	43,575

2014	Juan N. Silva	43,289,676,951	974,249	44,434
2015	Luis. Ma. Aguilar	43,675,183,672	1,002,181	43,580
2016	Luis. Ma. Aguilar	51,925,328,788	1,029,145	50,455
2017	Luis Ma. Aguilar	53,111,870,810	1,046,820	50,736
2018	Luis Ma. Aguilar	53,662,570,653	1,046,269	51,289
2019	Arturo Záldivar	61,444,691,120	1,149,659	53,446
2020	Arturo Záldivar	65,091,972,921	712,366	91,374
2021	Arturo Záldivar	67,454,493,851	991,353	68,043
2022	Arturo Záldivar	68,262,055,556	1,285,953	53,083

De 2011 a 2018 se mantuvo la tendencia ascendente en el costo promedio por asunto egresado en los órganos jurisdiccionales administrados por el referido Consejo de la Judicatura. El costo pasó de 41 mil 646 pesos, en 2011, a 51 mil 289 pesos en el año de 2018. El año 2020, el más grave de la pandemia del Covid, elevó a casi el doble el costo promedio por asunto egresado (medido en 91 mil 374 pesos por asunto y a precios constantes de 2010). Esto último se explica por la disminución significativa de asuntos egresados en estos órganos jurisdiccionales.

Es necesario aclarar que en el cálculo de los costos promedios de la función jurisdiccional se tomaron en cuenta únicamente los asuntos despachados por los Tribunales de Circuito, Unitarios y Colegiados, y de los Juzgados de Distrito, excluyéndose los resueltos por la Suprema Corte de Justicia de la Nación y el Tribunal Electoral Federal; asimismo, se consideró para efectos de análisis estadístico todo el presupuesto del Poder Judicial Federal. Cuando aparecen los Centros de Justicia Penal Federal y los Juzgados Laborales Federales se agregan los asuntos que despacharon y se calcula el costo promedio de los asuntos egresados, como se puede apreciar en el **Cuadro 12**.

El ejercicio presupuestal del Consejo de la Judicatura Federal en 1995 y 1996 presentó los problemas de una transición administrativa. Lo anterior reflejó dificultades en la planeación y programación presupuestal. Como se ha visto, no se utilizaron plenamente los recursos presupuestales autorizados por el Congreso de la Unión, como ha sucedido entre 1995 y 1998, y, en los años de 1999 a 2001, se sobrepasó el gasto autorizado.

Los recursos presupuestales que se aprobaron por la Cámara de Diputados a solicitud del Poder Judicial de la Federación y del Ejecutivo Federal, se dieron para ejercitarse en determinados objetivos programáticos y para el cumplimiento de metas específicas.

De este análisis presupuestal se desprende una importante lección: es necesario llevar a cabo una profunda reforma presupuestal en el Poder Judicial de la Federación, en particular en el Consejo de la Judicatura, partiendo de un serio diagnóstico de sus estructuras administrativas, de impulsar la actualización de la normatividad y de una práctica institucional más apropiada para enfrentar los problemas de planeación, programación, presupuestación, ejercicio y control.

Otra lección podría ser la de simplificar y unificar las estructuras administrativas, a efecto de reforzar el presupuesto a la función estrictamente jurisdiccional. Es muy oneroso sostener tres estructuras orgánicas administrativas en el Poder Judicial de la Federación. Aparte de las que están a cargo del Consejo de la Judicatura Federal, coexisten las de la Suprema Corte de Justicia de la Nación y las del Tribunal Electoral Federal.

Como ya se ha señalado, desde 1995 se estableció, como consecuencia de la reforma constitucional judicial de diciembre de 1994, una administración presupuestal separada en el Poder Judicial de la Federación: por un lado, un presupuesto para la Suprema Corte de Justicia de la Nación, y, por otro lado, un presupuesto exclusivo, para los órganos jurisdiccionales y administrativos a cargo del Consejo de la Judicatura Federal. La separación presupuestal en el Poder Judicial de la Federación quedó establecida, formalmente, en esa reforma de finales de 1994; sin embargo, fue hasta años posteriores en que se precisó en el Decreto del Presupuesto de Egresos de la Federación. En el **CUADRO 13** se puede apreciar la manera en que, gradualmente, la Cámara de Diputados definió con mayor claridad dicha repartición presupuestal en el Poder Judicial Federal.

DISTRIBUCIÓN DEL PRESUPUESTO DE EGRESOS AUTORIZADO EN EL PODER JUDICIAL DE LA FEDERACIÓN (MILLONES DE PESOS CORRIENTES)							
AÑO	PRESUP. TOTAL AUT. (RAMO III)	SCJN	%	CJF	%	TRIB. ELECTORAL	%
	Millones de pesos		Presup. PJF		Presup. PJF		Presup. PJF
2000	8,075.80	1,196.71	14.8	5,526.63	68.4	1352.42	16.7
2001	13,803.50	1,667.50	12.1	11540.3	83.6	595.7	4.3
2002	15,363.60	1,855.98	12.1	12,844.63	83.6	663	4.3
2003	17,732.10	1,869.23	10.5	14,858.66	83.8	1,004.17	5.7
2004	19,400.00	2,206.31	11.4	16,281.20	83.9	912.53	4.7
2005	21,037.60	2,929.64	13.9	16,932.45	80.5	1,175.56	5.6
2006	23,389.31	2,939.12	12.6	19,403.76	83.0	1,046.43	4.5
2007	25,229.51	3,170.36	12.6	20,930.39	83.0	1,128.77	4.5
2008	29,963.20	3,808.32	12.7	24,720.77	82.5	1,434.17	4.8
2009	32,539.82	3,563.97	11.0	26,977.97	82.9	1,997.89	6.1
2010	34,023.50	4,476.18	13.2	27,637.46	81.2	1,909.91	5.6
2011	38,035.80	4,653.88	12.2	31,383.02	82.5	1,998.86	5.3
2012	42,582.78	4,656.44	10.9	35,557.37	83.5	2,368.96	5.6
2013	46,479.49	4,664.04	10.0	39,663.04	85.3	2,152.41	4.6
2014	50,241.57	4,553.89	9.1	43,199.10	86.0	2,488.62	5.0
2015	51,769.07	4,655.00	9.0	44,052.00	85.1	3,062.00	5.9
2016	63,616.32	5,087.50	8.0	55,872.10	87.8	2,656.70	4.2
2017	69,477.23	5,488.05	7.9	60,863.91	87.6	3,125.30	4.5
2018	71,366.39	5,635.11	7.9	61,838.10	86.7	3,893.20	5.5
2019	63,656.73	4,657.90	7.3	56,460.19	88.7	2,538.60	4.0
2020	67,305.10	4,821.9	7.2	59,834.6	88.9	2,648.6	3.9
2021	71,299.40	5,090.4	7.1	63,178.6	88.6	3,030.3	4.3
2022	73,723.02	5,284.9	7.2	65,640.9	89.0	2,797.1	3.8

Fuente: Elaboración propia, con información del Decreto de Presupuesto de Egresos de la Federación de cada año.

Se podrá observar en este **CUADRO 13** que el mayor flujo de recursos presupuestales hacia el Poder Judicial de la Federación se ha estabilizado y concentrado en el Consejo de la Judicatura Federal a partir de 2011 y hasta 2022. Igualmente, se aprecia que el presupuesto asignado en ese periodo a la Suprema Corte de Justicia de la Nación y al Tribunal Electoral se ha mantenido con un ligero cambio a la baja.

Si nos proponemos una explicación más rigurosa del costo presupuestal de asuntos egresados en los órganos que administra el Consejo de la Judicatura Federal, es decir, de asuntos egresados solamente de Tribunales de Circuito y Juzgados de Distrito, tendríamos que comparar, exclusivamente, tales asuntos despachados con el Presupuesto de Egresos autorizado al Consejo de la Judicatura Federal. Tal relación la podríamos apreciar sólo a partir de que la Cámara de Diputados separó en el Decreto de Presupuesto del Ramo III, Poder Judicial de la Federación, la parte correspondiente del Consejo de la Judicatura Federal (que administra tribunales de circuito y juzgados de distrito) y el asignado a la Suprema Corte de Justicia de la Nación y, más adelante, al Tribunal Electoral Federal (ver **CUADRO 13**).

Una apreciación más cercana de cómo se ejerció el presupuesto en todo el Poder Judicial de la Federación en 2021, según datos de INEGI, la podemos apreciar en el **CUADRO 13.1**. Ahí nos podemos percatar del enorme peso que tienen las instancias administrativas (con función adjetiva) respecto a las propiamente jurisdiccionales (sustantivas) en este poder y que tiene como función principal la impartición de justicia. En la SCJN la parte administrativa representó el 78.5% del gasto total, por encima de la jurisdiccional (21.5%); en el caso del CJF lo administrativo significó sólo el 34.9% del total asignado. Lo anterior implica un punto relevante que debería ser examinado para impulsar los recursos en funciones propiamente jurisdiccionales.

CUADRO 13.1 Presupuesto ejercido por el Poder Judicial de la Federación, por órgano	
2021	
Pesos	
Órgano	**Total**
Total	**74 051 757 252**
Suprema Corte de Justicia de la Nación	**4 944 500 889**
Pleno	0
Primera Sala	543 662 881
Segunda Sala	519 158 605
Órganos y/o unidades administrativas	3 881 679 403
Tribunal Electoral del Poder Judicial de la Federación	**2 972 322 737**

Sala Superior	853 761 110
Salas regionales	727 179 348
Sala especializada	153 593 146
Órganos y/o unidades administrativas	1 237 789 133
Consejo de la Judicatura Federal	**66 134 933 627**
Órganos jurisdiccionales	49 043 119 636
Tribunales Colegiados de Circuito	19 821 010 567
Tribunales Unitarios de Circuito	3 515 152 506
Juzgados de Distrito	18 188 720 313
Centros de Justicia Penal Federal	2 655 706 679
Centros Nacionales de Justicia especializados	247 988 406
Tribunales Laborales Federales	633 219 508
Plenos de Circuito	27 675 028
Otros órganos jurisdiccionales	3 953 646 628
Órganos y/o unidades administrativas	17 091 813 991
Nota: la información corresponde al presupuesto ejercido reportado por los órganos del Poder Judicial de la Federación, del 1 de enero al 31 de diciembre. El Pleno de la Suprema Corte de Justicia de la Nación no cuenta con una unidad administrativa para ejercer recursos. Se incluye el presupuesto ejercido por la Defensoría Pública Electoral para Pueblos y Comunidades Indígenas y por el Instituto Federal de Defensoría Pública.	
Fuente: INEGI Censo Nacional de Impartición de Justicia Federal 2022. Tabulados básicos	

4.3 FUNCIÓN DE VIGILANCIA POR EL CONSEJO DE LA JUDICATURA FEDERAL

De conformidad con el segundo párrafo del artículo 94 de la CPEUM, aparte de la función de administración que le compete al CJF, se le agregaron las de **vigilancia** y **disciplina** en el PJF (con excepción de la SCJN). En este trabajo se seleccionarán sólo algunos indicadores de la estadística institucional que tienen que ver con la función de vigilancia y en menor medida de disciplina, pues el objeto central del estudio tiene que ver con la eficiencia en la administración que lleva a cabo el CJF desde 1995.

En este apartado se hará uso de información estadística del INEGI contenida en el Censo Nacional de Impartición de Justicia Federal de 2022 y que integra indicadores anuales del año calendario 2021. En el **CUADRO 13.2** se presentan las denuncias recibidas por incumplimiento de obligaciones de los servidores públicos en el PJF, en sus tres partes o estructuras, y sin especificar si los denunciados son de áreas administrativas o jurisdiccionales.

Como se puede apreciar en el precitado **CUADRO 13.2,** en 2021 se dio un alto número de denuncias derivadas del incumplimiento de obligaciones de servidores públicos en la SCJN y CJF; empero, la procedencia de ésta resultó mínima: solamente fue de 8.1% y 3.9% respectivamente. En cambio, llama la atención que la procedencia de las denuncias en el Tribunal Electoral fue absoluta. Por otra parte, un elevado número de denuncias en el CJF se turnaron para su atención a otra autoridad competente (casi la quinta parte).

CUADRO 13.2 Denuncias recibidas por incumplimiento de las obligaciones de los servidores públicos del Poder Judicial de la Federación, por estatus según órgano

2021

Estatus	Total	Suprema Corte de Justicia de la Nación	Tribunal Electoral del Poder Judicial de la Federación	Consejo de la Judicatura Federal
Total	**4 766**	**334**	**183**	**4 249**
Procedentes	376	27	183	166
No procedentes	3 437	234	0	3 203
Derivadas a otra autoridad	914	67	0	847
Pendientes (de atención)	39	6	0	33
Otro	0	0	0	0

Nota: la información se refiere a las denuncias recibidas derivadas del incumplimiento de las obligaciones de los servidores públicos adscritos al Poder Judicial de la Federación, del 1 de enero al 31 de diciembre.

Fuente: Censo Nacional de Impartición de Justicia Federal 2022, Tabulados básicos

Resulta sorprendente que solamente se dio por concluida una investigación por responsabilidad administrativa en servidores públicos adscritos a órganos jurisdiccionales y administrativos en el CJF en 2021, como se puede apreciar en el **CUADRO 13.3**. Las investigaciones concluidas en la SCJN y Tribunal Electoral del Poder Judicial de la Federación (TEPJF) fueron muy superiores, a pesar de que su peso en recursos humanos y presupuestales es muy inferior. De esa manera, en el CJF no se encontró un presunto responsable de falta administrativa en 2021, mientras que en la SCJN fueron 16 y en el TEPJF 62.

CUADRO 13.3 Investigaciones concluidas por la presunta responsabilidad de faltas administrativas cometidas por los servidores públicos del Poder Judicial de la Federación, por tipo de conclusión según órgano				
2021				
Tipo de conclusión	Total	Suprema Corte de Justicia de la Nación	Tribunal Electoral del Poder Judicial de la Federación	Consejo de la Judicatura Federal
Total	120	35	84	1
Acuerdos de conclusión y archivo d	42	19	22	1
Informes de presunta responsabilid	78	16	62	0
Otro	0	0	0	0
Nota: la información se refiere a las investigaciones concluidas por la presunta responsabilidad de faltas administrativas cometidas por los servidores públicos del Poder Judicial de la Federación, del 1de enero al 31de diciembre.				
Fuente: INEGI Censo Nacional de Impartición de Justicia Federal 2022. Tabulados básicos				

Contrastando con la anterior información, destaca el elevado número de investigaciones por responsabilidad administrativa en el CJF, como se puede constatar en el **CUADRO 13.4**. La proporción respecto a los otros entes del PJF es de llamar la atención. Se registran, en el CJF, más de 500 casos de responsabilidad administrativa en 2021 y en ningún caso se dictaminó una presunta responsabilidad (aquí se podría explicar que en 2020 las actividades se vieron seriamente disminuidas por las circunstancias de la pandemia del Covid).

CUADRO 13.4 Procedimientos de responsabilidad administrativa iniciados y servidores públicos sujetos a procedimientos en el Poder Judicial de la Federación, según órgano			
2021			
Total	Suprema Corte de Justicia de la Nación	Tribunal Electoral del Poder Judicial de la Federación	Consejo de la Judicatura Federal
Procedimientos de responsabilidad administrativa iniciados	14	42	501
Servidores públicos sujetos a procedimientos de responsabilidad administrativa inicia	28	44	545
Nota: la información se refiere a los procedimientos de responsabilidad administrativa iniciados, así como a los servidores públicos sujetos a procedimientos de responsabilidad administrativa iniciados por las áreas substanciadoras de los órganos del Poder Judicial de la Federación, del 1 de enero al 31 de diciembre. En un mismo procedimiento pudieron haber estado involucrados uno o más servidores públicos.			
INEGI Censo Nacional de Impartición de Justicia Federal 2022. Tabulados básicos			

La recuperación de actividades jurisdiccionales y administrativas, en 2021, favoreció la tramitación de procedimientos de responsabilidad administrativa en el PJF. Esto se puede observar en el **CUADRO 13.5**. Ahí se destaca al CJF con el mayor número de procedimientos de responsabilidad administrativa (537), a la SCJN (15) y al TEPJF (22). La determinación de la existencia de resoluciones con responsabilidad administrativa en el CJF se dio, en 2021, de esta manera: faltas no graves, 152 (28.3%), y graves 8 (1.5 %). En la SCJN todas las 15 faltas se consideraron como no graves. En el TEPJF la mayoría de las faltas administrativas resultaron no graves (18 de 22).

CUADRO 13.5 Procedimientos de responsabilidad administrativa concluidos en el Poder Judicial de la Federación,			
por tipo de conclusión según órgano			
2021			
Tipo de conclusión	Suprema Corte de Justicia de la Nación	Tribunal Electoral del Poder Judicial de la Federación	Consejo de la Judicatura Federal
Total	15	22	537
Resolución de existencia de responsabilidad administrativa (faltas no graves)	15	18	152
Resolución de no existencia de responsabilidad administrativa (faltas no graves)	0	1	43
Envío del expediente al Tribunal competente (faltas graves)	0	2	8
Improcedencia	0	0	1
Sobreseimiento	0	1	4
Otro	NA	0	329
Nota: la información se refiere a los procedimientos de responsabilidad administrativa concluidos por las áreas substanciadoras de los órganos del Poder Judicial de la Federación, del 1 de enero al 31 de diciembre. En un mismo procedimiento pudieron haber estado involucrados uno o más servidores públicos.			
NA: no aplica el tipo de conclusión.			
INEGI Censo Nacional de Impartición de Justicia Federal 2022. Tabulados básicos			

Como se señaló previamente, la función de vigilancia en los órganos del PJF se reactivó en el año 2021. Así, en el CJF se determinaron 389 sanciones: 296, en órganos jurisdiccionales, y 93 en órganos de unidades administrativas. La mayoría de las sanciones fueron aplicadas a faltas no graves, como se puede apreciar en el **CUADRO 13.6**. Solamente en órganos adscritos al CJF se sancionaron faltas estimadas como graves.

CUADRO 13.6 Servidores públicos del Poder Judicial de la Federación sancionados por su responsabilidad				
en la comisión de faltas administrativas, por órgano según tipo de falta				
2021				

Órgano	Total	Por faltas administrativas no graves	Por faltas administrativas graves	Por faltas administrativas no graves y graves
Total	**419**	**290**	**129**	**0**
Suprema Corte de Justicia de la Nación	**11**	**11**	**0**	**0**
Órganos jurisdiccionales	0	0	0	0
Órganos y/o unidades administrativas	11	11	0	0
Tribunal Electoral del Poder Judicial de la Federación	**19**	**19**	**0**	**0**
Órganos jurisdiccionales	0	0	0	0
Órganos y/o unidades administrativas	19	19	0	0
Consejo de la Judicatura Federal	**389**	**260**	**129**	**0**
Órganos jurisdiccionales	296	217	79	0
Órganos y/o unidades administrativas	93	43	50	0
Nota: la información se refiere a los servidores públicos adscritos al Poder Judicial de la Federación sancionados por las autoridades resolutoras establecidas en la Ley General de Responsabilidades Administrativas, incluidos, de ser el caso, aquellos sancionados por el Tribunal competente (faltas graves), del 1 de enero al 31 de diciembre.				
INEGI Censo Nacional de Impartición de Justicia Federal 2022. Tabulados básicos				

El tipo de sanciones aplicadas en 2021 en las tres estructuras orgánicas del PJF se puede apreciar en el **CUADRO 13.7**. De nueva cuenta sobresale el número de sanciones al CJF, pues ahí se encuentra, como se ha dicho, el mayor número de recursos humanos y presupuestales. Del total de sancionados, el CJF concentra el 92% del total del PJF. Así, en el CJF se encuentran todos los casos de suspendidos en el empleo, cargo o comisión (44); destituidos (21), y la inmensa mayoría de los inhabilitados (34 de un total de 36). En resumen, en el CJF se concentra la mayoría de las faltas graves con sanciones administrativas del PJF.

CUADRO 13.7 Sanciones impuestas a servidores públicos del Poder Judicial de la Federación, por órgano según tipo

2021

Órganos	Total	Sanciones administrativas							Sanciones económicas
		Total	Amonestación pública	Amonestación privada	Suspensión del empleo, cargo o comisión	Destitución	Inhabilitación temporal	Otra	
Total	[illegible]	[illegible]	[illegible]	[illegible]	[illegible]	[illegible]	[illegible]	[illegible]	[illegible]
Suprema Corte de Justicia de la Nación	[illegible]	[illegible]	[illegible]	[illegible]	[illegible]	[illegible]	[illegible]	[illegible]	[illegible]
Órganos jurisdiccionales	[illegible]	[illegible]	[illegible]	[illegible]	[illegible]	[illegible]	[illegible]	[illegible]	[illegible]
Órganos y/o unidades administrativas	[illegible]	[illegible]	[illegible]	[illegible]	[illegible]	[illegible]	[illegible]	[illegible]	[illegible]
Tribunal Electoral del Poder Judicial de la Federación	[illegible]	[illegible]	[illegible]	[illegible]	[illegible]	[illegible]	[illegible]	[illegible]	[illegible]
Órganos jurisdiccionales	[illegible]	[illegible]	[illegible]	[illegible]	[illegible]	[illegible]	[illegible]	[illegible]	[illegible]
Órganos y/o unidades administrativas	[illegible]	[illegible]	[illegible]	[illegible]	[illegible]	[illegible]	[illegible]	[illegible]	[illegible]
Consejo de la Judicatura Federal	[illegible]	[illegible]	[illegible]	[illegible]	[illegible]	[illegible]	[illegible]	[illegible]	[illegible]
Órganos jurisdiccionales	[illegible]	[illegible]	[illegible]	[illegible]	[illegible]	[illegible]	[illegible]	[illegible]	[illegible]
Órganos y/o unidades administrativas	[illegible]	[illegible]	[illegible]	[illegible]	[illegible]	[illegible]	[illegible]	[illegible]	[illegible]

Nota: [illegible]

INEGI Censo Nacional de Impartición de Justicia Federal 2022. Tabulados básicos

Los servidores públicos adscritos al CJF que fueron denunciados por la presunta comisión de un delito en 2021, se registran en el **CUADRO 13.8**. Ahí se refieren los tipos de delitos por los que fueron denunciados. Se puede observar que en ese año solamente un servidor público del CJF fue denunciado ante la autoridad competente (en la SCJN se presentaron los otros 2 servidores públicos). De ahí que, en ese lapso, solamente tres servidores públicos de todo el CJF fueron denunciados, por la presunta comisión de algún tipo de delito. Del único caso denunciado por parte del CJF no se precisa cuál fue el tipo de delito, como se puede observar en esta estadística institucional.

Como antecedente inmediato, en 2020 se habían presentado 15 denuncias de presuntos delitos cometidos por servidores públicos del CJF, según datos del Censo Nacional de Impartición de Justicia del INEGI de 2021, la mayoría de estos pertenecieron al CJF (10), a la SCJN (1) y al TEPJF (4). De los 10 casos del CJF, 1 fue por abuso de autoridad; 3 por ejercicio indebido del servicio público; 3 por enriquecimiento ilícito, y otros 3 por tipos penales no especificados.

CUADRO 13.9 Servidores públicos del Poder Judicial de la Federación denunciados por la presunta comisión de algún delito en el ejercicio de sus funciones, por órgano según tipo de delito 2021										
Órgano	Total[1]	Abuso de autoridad	Cohecho	Delitos cometidos contra la administración de justicia	Ejercicio abusivo de funciones	Ejercicio indebido del servicio público	Enriquecimiento ilícito	Peculado	Tráfico de influencias	Otros
Total	3	0	0	0	0	0	0	2	0	3
Suprema Corte de Justicia de la Naci	2	0	0	0	0	0	0	2	0	2
Órganos jurisdiccionales	NA	NA	NA	NA	NA	NA	NA	NA	NA	NA
Órganos y/o unidades administrativos	2	0	0	0	0	0	0	2	0	2
Tribunal Electoral del Poder Judicial	0	0	0	0	0	0	0	0	0	0
Órganos jurisdiccionales	NA	NA	NA	NA	NA	NA	NA	NA	NA	NA
Órganos y/o unidades administrativos	NA	NA	NA	NA	NA	NA	NA	NA	NA	NA
Consejo de la Judicatura Federal	1	0	0	0	0	0	0	0	0	1
Órganos jurisdiccionales	1	0	0	0	0	0	0	0	0	1
Órganos y/o unidades administrativos	NA	NA	NA	NA	NA	NA	NA	NA	NA	NA

Nota: la información se refiere a los servidores públicos denunciados por la presunta comisión de algún delito en el ejercicio de sus funciones en el Poder Judicial de la Federación, del 1 de enero al 31 de diciembre. Se consideran los servidores públicos denunciados por las autoridades competentes establecidas en la Ley General de Responsabilidades Administrativas (incluyendo, de ser el caso, la Secretaría de la Función Pública y la Auditoría Superior de la Federación), derivado de la aplicación de normatividad relacionada con la responsabilidad en el ejercicio de sus funciones como sentencia. Las columnas por tipo de delito son independientes entre sí.

[1] El total puede no corresponder con la suma de las columnas por tipo de delito, toda vez que un servidor público pudo haber sido denunciado por la presunta comisión de más de un delito.

NA: no aplica, debido a que se reportó que no se presentaron denuncias derivado de algún presunto delito cometido por los servidores públicos.

Otro tema importante vinculado con el control interno y las funciones de vigilancia es el relativo a la entrega, en tiempo y forma, de las declaraciones patrimoniales de los servidores públicos obligados del Poder Judicial de la Federación (inicial, modificación y conclusión). En el **CUADRO 13.9** se puede apreciar la información estadística institucional relativa al cumplimiento de esta obligación en el año 2021 en el CJF.

CUADRO 13.9 Servidores públicos del Poder Judicial de la Federación obligados y que incumplieron con la obligación de presentar declaración patrimonial y de intereses, por órgano según tipo de declaración 2021							
Órgano	Declaración patrimonial					Declaración de intereses	
	Obligados	Que incumplieron con la obligación[1]				Obligados	Que incumplieron con la obligación
		Total	Declaración inicial	Declaración de modificación	Declaración de conclusión		
Suprema Corte de Justicia de la Nación	4 006	191	105	0	98	964	22
Tribunal Electoral del Poder Judicial de la Federación	2 140	237	108	2	127	1 182	55
Consejo de la Judicatura Federal	53 875	5 752	2 764	647	2 341	53 875	5 752

Fuente: INEGI Censo Nacional de Impartición de Justicia Federal 2022. Tabulados básicos

Nota: la información se refiere a los servidores públicos del Poder Judicial de la Federación que estuvieron obligados a presentar declaración patrimonial y de intereses, así como a aquellos que incumplieron con esta obligación, del 1 de enero al 31 de diciembre. Las columnas por tipo de declaración son independientes entre sí.

[1] Los tipos de plazo son independientes entre sí. El total puede no corresponder con la suma de las columnas subsecuentes, toda vez que un mismo servidor público pudo incumplir dos de los plazos de declaración listados.

INEGI Censo Nacional de Impartición de Justicia Federal 2022. Tabulados básicos

Como se puede constatar en este **CUADRO 13.9,** el número de servidores públicos que faltaron en su obligación de presentar declaraciones patrimoniales y de intereses en el PJF fue muy alto. Los servidores públicos obligados de hacerlo en el CJF, ya sea en órganos jurisdiccionales o administrativos, y que incumplieron en el año 2021 fue de 5,752 (10.7% del total). En la SCJN sólo se presentaron 189 casos de incumplimiento (4.7%); y en el TEPJF 237 (11% de obligados).

La Ley General de Responsabilidades Administrativas, en su artículo 33, establece los procedimientos y las sanciones a los que se hacen acreedores los servidores públicos obligados que incumplen con las obligaciones de entregar en tiempo y forma sus respectivas declaraciones patrimoniales.

Ley General de Responsabilidades Administrativas
Artículo 33. La declaración de situación patrimonial deberá presentarse en los siguientes plazos: **I.** Declaración inicial, dentro de los sesenta días naturales siguientes a la toma de posesión con motivo del: *a*) Ingreso al servicio público por primera vez; *b*) Reingreso al servicio público después de sesenta días naturales de la conclusión de su último encargo; **II.** Declaración de modificación patrimonial durante el mes de mayo de cada año, y **III.** Declaración de conclusión del encargo, dentro de los sesenta días naturales siguientes a la conclusión. En el caso de cambio de dependencia o entidad en el mismo orden de gobierno, únicamente se dará aviso de dicha situación y no será necesario presentar la declaración de conclusión. La Secretaría o los Órganos internos de control, según corresponda, podrán solicitar a los Servidores Públicos una copia de la declaración del Impuesto Sobre la Renta del año que corresponda; si éstos estuvieren obligados a presentarla o, en su caso, de la constancia de percepciones y retenciones que les hubieren emitido alguno de los entes públicos, la cual deberá ser remitida en un plazo de tres días hábiles a partir de la fecha en que se reciba la solicitud. **Si transcurridos los plazos a que se refieren las fracciones I, II y III de este artículo, no se hubiese presentado la declaración correspondiente, sin causa justificada, se iniciará inmediatamente la investigación por presunta responsabilidad por la comisión de las Faltas administrativas correspondientes y se requerirá por escrito al Declarante el cumplimiento de dicha obligación.** Tratándose de los supuestos previstos en las fracciones I y II de este artículo, **en caso de que la omisión en la declaración continúe por un periodo de treinta días naturales siguientes a la fecha en que hubiere notificado el requerimiento al Declarante, las Secretarías o los Órganos internos de control, según corresponda, declararán que el nombramiento o contrato ha quedado sin efectos, debiendo notificar lo anterior al titular del Ente público correspondiente para separar del cargo al servidor público.** **El incumplimiento por no separar del cargo al servidor público por parte del titular de alguno de los entes públicos será causa de responsabilidad administrativa en los términos d**e esta Ley. Para el caso de omisión, sin causa justificada, en la presentación de la declaración a que se refiere la fracción III de este artículo, se inhabilitará al infractor de tres meses a un año. Para la imposición de las sanciones a que se refiere este artículo deberá sustanciarse el procedimiento de responsabilidad administrativa por faltas administrativas, previsto en el Título Segundo del Libro Segundo de esta Ley.
Fuente: Cámara de Diputados del H. Congreso de la Unión.

Se puede apreciar, en el marco legal precitado, las sanciones a las que son sujetos quienes incumplen en la presentación, en tiempo y forma, de sus declaraciones patrimoniales. Asimismo, se precisan las responsabilidades en las que incurran los servidores públicos encargados de los órganos de control interno y vigilancia, al ser omisos en no hacer cumplir la normativa dispuesta en este marco legal y en otros relacionados con el mismo. El número tan elevado de servidores públicos del PJF que incumplieron, en 2021, con esta obligación legal debió expresarse en las correspondientes investigaciones administrativas y, en su caso, en las faltas administrativas y sanciones establecidas en el marco normativo vigente y aplicable.

V. Una aproximación en la evaluación de la productividad jurisdiccional federal (1995-2022)

5.1. CARGA DE TRABAJO, INGRESOS Y EGRESOS DE ASUNTOS TOTALES EN LOS ÓRGANOS JURISDICCIONALES DEL PODER JUDICIAL DE LA FEDERACIÓN (TRIBUNALES DE CIRCUITO Y JUZGADOS DE DISTRITO, PRINCIPALMENTE)

Una visión retrospectiva del funcionamiento jurisdiccional en el Poder Judicial de la Federación, con apoyo en la estadística histórica, topa con serios obstáculos. De principio el registro estadístico de los servicios prestados por ese poder público a los justiciables es relativamente reciente. Este recuento comenzó hacia finales de la década de los ochenta del siglo pasado. Además, las variables que se registran en series de tiempo cambian, no pocas veces, de un año a otro. No hay, por ende, continuidad y consistencia en la estadística judicial federal publicada del periodo 1995-2022. En el último lustro el INEGI se ha sumado a la tarea de hacer ese recuento de la estadística judicial federal y nacional.

No obstante las dificultades que se observan en las fuentes estadísticas judiciales federales y nacionales, se intentará aprovechar los registros disponibles y así poder llevar a cabo una evaluación del desempeño jurisdiccional en el periodo de referencia. Las variables que están, invariablemente, registradas en el lapso de estudio (1995-2022), e incluso un poco más atrás (1987-1994), son las siguientes: **carga de trabajo** y **egreso de asuntos** despachados en los órganos jurisdiccionales del Poder Judicial de la Federación (Tribunales Colegiados, Tribunales Unitarios y Juzgados de Distrito). Con estas variables y otras más que se han integrado a la estadística jurisdiccional de este poder público, propongo el objetivo de evaluar la eficiencia jurisdiccional de los órganos mencionados.

A efecto de determinar indicadores globales o agregados en la impartición de justicia federal, de inicio se consideran de la estadística judicial federal los conceptos de **carga de trabajo,** de **egresos** y los **pendientes** en el despacho de asuntos. Por **carga de trabajo** anual se entiende los **ingresos** de **expedientes** y/o **causas** en el año, más los asuntos **pendientes** del periodo previo. Por **egresos** se comprende el total de asuntos judiciales resueltos en un año, sean éstos sentencias definitivas, sentencias interlocutorias, recursos, autos, incidentes, decretos o proveídos, entre otros. Los llamados pendientes son esos mismos asuntos que no quedan resueltos en el mismo año (sea porque su ingreso fue avanzado en ese año, o debido a su complejidad o a que el mismo expresa una dilación o rezago en su despacho o resolución). Los conceptos de carga de trabajo y de egresos, en tribunales de circuito y juzgados de distrito, así como en otros órganos jurisdiccionales federales que se integran a este Poder Judicial, se ilustran en los **diagramas 20 y 21** que se muestran a continuación.

DIAGRAMA 20

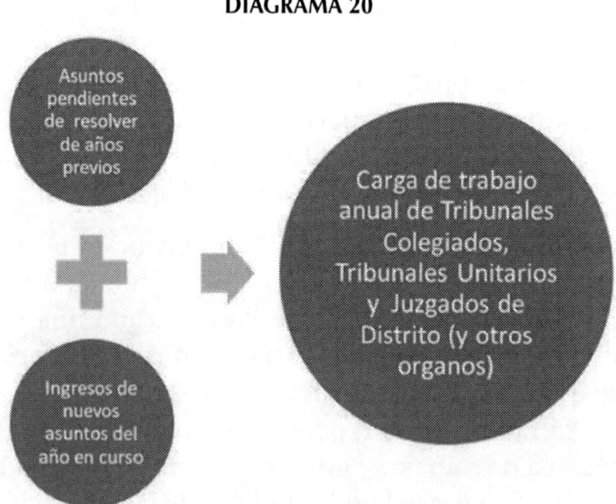

DIAGRAMA 21

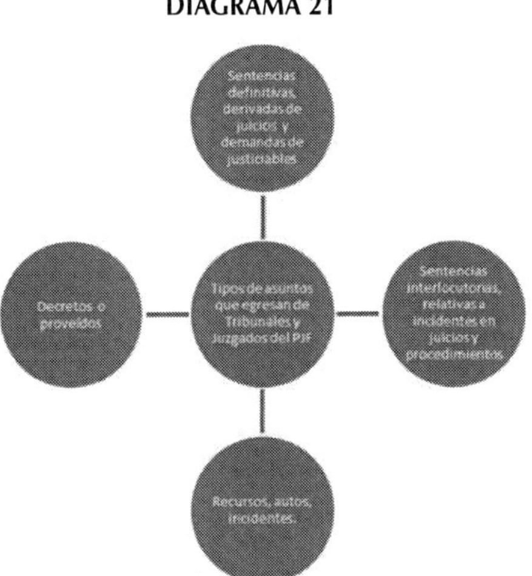

Fuente: elaboración propia.

Las variables estadísticas mencionadas previamente se examinan de manera agregada o total, y separadamente, es decir, considerando los tipos de asuntos despachados en los juzgados de distrito y tribunales de circuito –colegiados unitarios– y otros, en el periodo 1987 a 2022. Su seguimiento y análisis está determinado, como se ha señalado previamente, por la disponibilidad de datos estadísticos institucionales, pues, como se ha dicho, esta base cuantitativa no resulta homogénea.

Es necesario resaltar que para fines de análisis estadístico se toma como año base 1987, debido a que, en el Informe Anual del presidente de la Suprema Corte de Justicia de 1986, y en otros previos, no se detallan los asuntos judiciales despachados y los pendientes correspondientes a los mismos.

La especialización por materia judicial es una tendencia que se ha venido expandiendo desde 1995, tanto en los Tribunales Colegiados y en los Juzgados de Distrito. Esto se puede observar claramente en el periodo 1987-2000, en los **CUADROS 14** y **15.** Aquí va llamando la atención el incremento de tribunales colegiados en materia penal y administrativa, así como el aumento sustantivo de los juzgados de distrito relacionados con procesos penales federales. Esta tendencia se viene a confirmar a partir de 2016, con la creación y extensión de cuarenta centros de justicia penal federales y más adelante con la Reforma Laboral de 2019. Como se podrá observar, los criterios de clasificación en la especialización por materia jurídica de los órganos jurisdiccionales cambiaron a partir de 2001, y el carácter mixto de los órganos jurisdiccionales del Consejo de la Judicatura Federal los modifica a partir de las necesidades de impartición de justicia en cada uno de los circuitos que lo conforman. Esto se puede comprobar en los siguientes cuadros:

CUADRO 14 EVOLUCIÓN DE TRIBUNALES COLEGIADOS DE CIRCUITO POR MATERIA						
	ADMINIS-TRATIVA	CIVIL	LABORAL	MIXTA	PENAL	TOTAL
1987	8	14	10	35	7	74
1988	8	14	10	36	7	75
1989	8	14	10	36	7	75
1990	8	14	10	37	7	76
1991	8	14	10	38	7	77
1992	8	14	10	39	7	78
1993	8	14	10	39	7	78
1994	8	14	10	43	7	82
1995	8	14	10	44	7	83
1996	8	14	10	44	7	83
1997	9	16	11	45	9	90
1998	10	16	13	50	9	98
1999	12	21	15	58	11	117
2000	18	26	16	63	14	137

CUADRO 14 (continuación)

EVOLUCIÓN DE TRIBUNALES COLEGIADOS DE CIRCUITO POR MATERIA

AÑO	ADMINIS-TASTIVOS	ADMINIS-TASTIVOS Y TRABAJO	PENAL Y CIVIL	CIVIL	ADMIN. Y CIVIL	TRABAJO	MIXTOS	PENALES	CIVIL Y TRABAJO	ADMIN. Y PENAL	TRABAJO Y PENAL	AUXILIARES	TOTAL
2001	18	5		26	0	20	63	15	0	0	0		154
2002	24	2		30	0	23	65	20	0	0	0		166
2003	24	2		32	0	23	60	20	2	2	0		167
2004	26	2		32	2	22	61	21	2	2	1		172
2005	27	2		32	2	22	50	21	6	7	2		172
2006	28	4		34	4	22	47	29	6	7	3		183
2007	30	3		33	3	22	49	21	6	8	5		182
2008	32	3		32	3	22	50	21	8	8	5	5	168
2009	32	7		34	5	23	38	22	10	11	7	19	207
2010	33	21		34	32	23	11	7	5	7	11	29	207

Fuente: Elaboración propia conforme al Sistema Integral de Seguimiento de Expedientes (SISE) del Consejo de la Judicatura Federal

CUADRO 15 EVOLUCIÓN DE JUZGADOS DE DISTRITO POR MATERIA						
	ADMIMISTRATIVA	CIVIL	LABORAL	MIXTA	PENAL	TOTAL
1987	11	8	3	79	16	117
1988	12	8	3	90	16	129
1989	12	8	3	95	16	134
1990	13	8	3	105	18	147
1991	13	8	2	112	19	154
1992	13	8	2	114	19	156
1993	13	8	2	118	21	162
1994	13	8	2	125	21	169
1995	13	8	2	131	21	175
1996	13	8	2	134	21	178
1997	13	12	2	137	21	185
1998	13	12	2	140	21	188
1999	13	16	2	152	24	197
2000	13	18	3	156	27	217

Fuente: Elaboración propia.

CUADRO 15 (continuación)

EVOLUCIÓN DE JUZGADOS DE DISTRITO POR MATERIA

AÑO	ADMINISTRATI-VOS	"A"	"B"	AMPARO PENAL	"A"	"B"	AMPARO Y JUICIOS CIVILES FEDERALES	"A"	"B"	CIVIL	"A"	"B"	TRABAJO	"A"	"B"	MIXTOS
2001	12			3	3	3	2			15	1	1	1	2	2	159
2002	16	1	1	1	5	5	0	2	2	15	1	1	3			153
2003	16	9	9	1	6	6	4			15	3	3	4	1	1	153
2004	24			1	6	6	4			16	1	1	3	1	1	175
2005	24			12			4			16	1	1	3	1	1	180
2006	24			12			5			18			6			185
2007	24			14			5			18			6			188
2008	24			14			5			18			6			194
2009	24			16			6			18			6			187
2010	24			16			6			18			6			188

Fuente: Elaboración propia, conforme al Sistema Integral de Seguimiento de Expedientes (SISE) del Consejo de la Judicatura Federal

Cada año va cambiando la distribución por materia en los órganos jurisdiccionales del Poder Judicial de la Federación que son administrados por el CJF (tribunales colegiados y juzgados de distrito, principalmente). De ahí que resulta muy complejo establecer una tabla o cuadro estadístico que refleje las continuidades y variaciones en la composición y especialización de esos órganos.

En el Censo Nacional de Impartición de Justicia Federal 2022, apartado de Tabulados Básicos, se da cuenta la existencia de 91 órganos jurisdiccionales que administra el CJF.

Los 273 Tribunales Colegiados de Circuito se integraron en 2021 de la siguiente manera, en atención a sus diversas especializaciones:

- Administrativa, 48.
- Administrativa y de Trabajo, 5.
- Civil, 42.
- Civil y Administrativa, 11.
- Trabajo, 43.
- Mixta, 56.
- Penal, 31.
- Civil y Trabajo, 13.
- Penal y Administrativa, 15.
- Penal y Trabajo, 5.
- Administrativa especializada en Competencia Económica, Radiodifusión y Telecomunicación, 2.
- Penal y Civil, 2.

Los Tribunales Unitarios durante muchos años fueron considerados como eminentemente penales. En 2021 estos órganos jurisdiccionales se conformaron de la siguiente manera, atendiendo a sus diferentes especializaciones:

- Mixta, 89.

- Penal, 8.
- Civil, administrativa y especializado en competencia económica, radiodifusión y telecomunicación, 4.

Con relación a los Juzgados de Distrito, los tipos de especialización son más diversos. En el año 2021, los 449 juzgados se conformaron de esta manera:

- En materia administrativa, 20.
- En amparo y materia penal, 34.
- En amparo y juicios federales, 31.
- En materia civil, 14.
- De trabajo, 9.
- Mixta, 237 (el mayor número).
- Penal, 5.
- Procesos penales y federales, 24.
- Civil y Trabajo, 5.
- Amparo Civil, Administrativa, de Trabajo y de Juicios Federales, 12.
- Mercantil, cuantía menor, 4.
- Administrativa, civil y de trabajo, 19.
- Administrativa especializada en competencia económica, radiodifusión y telecomunicaciones, 3.
- Procesos penales federales y de amparo en materia penal, 4.
- Procesos penales federales y de amparo, 2.
- Ejecución de penas, 6.
- Mercantil, 14.
- Extinción de dominio con competencia, juicios orales mercantiles en la República Mexicana, 6.

Los órganos jurisdiccionales más recientes y en administración del CJF, en 2021, son los siguientes:

- Centros de Justicia Penal Federal, 41.
- Centros Nacionales de Justicia Especializados, 1.
- Tribunales Laborales Federales, 43.

También se contabilizan los Plenos de Circuito, en 2021 estos eran los niveles de especialización:

- Administrativa, 1.
- Administrativa y de Trabajo, 2.
- Amparo en materia penal, 2.
- Amparos y juicios federales, 2.
- Mixta, 6.

Si comparamos la información del año 2021 consignada en el *Censo Nacional de Impartición de Justicia Federal 2022*, con la mencionada en el **CUADRO 15**, se aprecia un notable crecimiento de los órganos jurisdiccionales federales a partir de 1995 y de una mayor especialización de éstos.

Una evaluación del **movimiento total** de los asuntos que se tramitaron en los tribunales colegiados, tribunales unitarios y juzgados de distrito entre 2003 y 2010, según una metodología más homogénea, se puede apreciar en el **CUADRO 16** (ésta es una etapa de dicho análisis). En primer lugar, se puede comprobar el importante peso de la materia penal en los ingresos y en las resoluciones, o en los egresos de estos órganos jurisdiccionales federales, pues representan más de la tercera parte del total de los asuntos. En segundo lugar, sobresalen en importancia los asuntos relativos a la materia administrativa. En tercer lugar, aparecen los asuntos civiles, y, finalmente, encontramos los vinculados a la materia del trabajo.

Una clasificación resumida de las materias de los juicios federales y locales en México la podemos encontrar en una publicación de la Suprema Corte de Justicia de la Nación denominada: ¿Qué es el Poder Judicial de la Federación?, conforme a ésta se presenta en el **CUADRO 16.**

CUADRO 16

CLASIFICACIÓN GENERAL DE JUICIOS POR MATERIA

Materia	**Características principales**
CIVIL	Estos juicios tienen como objeto solucionar, fundamentalmente, controversias vinculadas con la persona, la familia o el patrimonio, es decir, conflictos relacionados con el domicilio, el estado civil, la adopción, la patria potestad, la tutela, las propiedades, las sucesiones, las obligaciones y los contratos, entre otros. Una de las características de las controversias civiles es que, cuando interviene una autoridad como una de las partes en conflicto, no lo hace con imperio, pues el particular no está subordinado a ella, sino que se encuentran en el mismo nivel, con iguales derechos y obligaciones. Los juicios en materia mercantil tienen por objeto decidir las controversias que deriven.
MERCANTIL	Los juicios en esta materia tienen por finalidad decidir las controversias que deriven de actos considerados comerciales por las leyes de la materia.
PENAL	Los juicios tienen por objeto establecer si se cometió o no un delito, y determinar la responsabilidad de una persona en su ejecución, así como resolver, en su caso, sobre la aplicación de las penas que correspondan. Las partes que intervienen en un juicio penal son el presunto responsable o procesado, auxiliado de su defensor; el Ministerio Público y el ofendido o la víctima, quienes pueden coadyuvar con el Ministerio Público cuando así lo soliciten.
TRABAJO	Los juicios en esta materia tienen como propósito principal solucionar toda controversia que se presente derivada de una relación laboral. Estos juicios se tramitan [o se tramitaron antes de la reforma laboral] ante las Juntas de Conciliación y Arbitraje cuando, por ejemplo, un patrón injustificadamente despide o reduce el salario a uno de sus empleados, o no se le respetan sus derechos de seguridad social, conforme a la normatividad vigente.
ADMINIS-TRATIVA	Los juicios en materia son los que se tramitan por particulares cuando estiman que un acto de autoridad administrativa –por ejemplo, una clausura– es injusto o no reúne las formalidades legales. Se gestionan ante tribunales especializados para buscar la nulidad o modificación del acto

FISCAL	Los juicios en esta materia son aquellos promovidos en contra de resoluciones definitivas dictadas por autoridades fiscales, en que se determine la existencia de obligaciones fiscales, se nieguen devoluciones de impuestos, se impongan multas, o bien, las que se dicten en materia de pensiones, entre otras.
CONSTITUCIONAL	Los juicios constitucionales en materia federal son instrumentos a través de los cuales se busca mantener o defender el orden creado por la Constitución Política de los Estados Unidos Mexicanos. En ella se encuentran previstos: el juicio de amparo, las controversias constitucionales, las acciones de inconstitucionalidad y los procesos jurisdiccionales en materia electoral.
AGRARIA	Los juicios en esta materia tienen como objeto resolver fundamentalmente controversias derivadas de la tenencia de la tierra ejidal, comunal y de la pequeña propiedad; de los límites de terrenos: de la restitución de tierras, bosques y aguas, así como de la sucesión de derechos comunales y ejidales.

Fuente: Elaboración propia, con base en información del texto ¿Qué es el Poder Judicial de la Federación?, Suprema Corte de Justicia de la Nación, Quinta Edición, México, 2009, pp. 17-19.

No hay duda, como se aprecia en la estadística referida con anterioridad, que en una parte importante del periodo de este estudio las cuestiones penales tuvieron un importante peso en los juicios que se resolvieron en el Poder Judicial de la Federación; esto se observa, especialmente, en el lapso de 2003 a 2012.

Entre 2013 y 2016 **se aprecia una importante disminución de los asuntos penales** en los órganos jurisdiccionales federales. Cuestión que debe llamar poderosamente la atención, sobre todo si la confrontamos con las tendencias negativas en la inseguridad y criminalidad en estos años. A partir de 2016 y con el establecimiento de los Centros de Justicia Penales Federales, muchos de los asuntos penales se tuvieron que despachar bajo las nuevas reglas y en los órganos de justicia de reciente creación en esta materia. Esto último nos puede ayudar a entender parte de los motivos por los cuales disminuyeron los asuntos penales, que se reflejan en el **CUADRO 16**. En 2018 los Centros de Justicia Penal Federal recibieron 17 mil 891 asuntos y resolvieron 5 mil 739.

El Fiscal General de la República, Alejandro Gertz Manero, señaló en mayo de 2019 que la Procuraduría General de la República descuidó, durante la gestión presidencial de Enrique Peña Nieto, alrededor de trescientos mil expedientes penales.[1] Un factor que podría explicar, en gran medida, esa situación anómala de que en una fase de mayor criminalidad en el país se diera al mismo tiempo una caída en el despacho de los asuntos penales en órganos jurisdiccionales federales, y que se reflejan en la estadística judicial en el **CUADRO 17**.

CUADRO 17

MOVIMIENTO TOTAL DE ASUNTOS EN TRIBUNALES COLEGIADOS, UNITARIOS Y JUZGADOS DE DISTRITO, POR MATERIA

AÑO	INGRESOS Total	EGRESOS Total	INGRESOS Mat. Adm.	EGRESOS Mat. Adm	INGRESOS Mat. Penal	EGRESOS Mat. Penal	INGRESOS Mat. Trabajo	EGRESOS Mat. Trabajo	INGRESOS Mat. Civil	EGRESOS Mat. Civil
2003	610642	601745	165730	161288	227237	236630	78523	75944	139183	140883
2004	639755	629122	182935	178107	233572	231615	80992	79815	142256	139571
2005	664646	660054	192595	190446	238252	239773	87540	85344	146259	144491
2006	670611	668029	181551	182260	244575	243649	95218	94410	149267	147710
2007	707639	695563	200472	194762	252823	253357	100896	97961	153448	149483
2008	768450	732178	225937	197041	261196	260520	115993	113049	165324	161568
2009	793155	776772	221643	223554	270410	264327	129924	123225	171178	165666
2010	863080	858917	225575	238000	296113	292410	153405	146862	187987	181645
2011	906623	881998	246965	237530	295045	290843	167747	161734	196866	192251
2012	958788	963085	247398	259278	308730	307000	191463	189189	211197	207618
2013	989473	956580	283543	260204	283589	284179	209014	199750	212327	212447
2014	1013188	974249	302500	282309	280608	274135	208505	202154	221575	215651
2015	1023874	1002181	322432	301104	277482	274572	197885	202632	226075	223873
2016	1033200	1029145	324156	319974	262119	266349	209817	210376	237108	232446
2017	1042135	1046820	333887	340296	237129	246174	218865	213121	252254	247229
2018	1026998	1046269	311873	323993	217149	226773	233536	231796	264440	265707

Fuente: Elaboración propia

El nivel de eficiencia parece ser muy aceptable en el movimiento total de asuntos de tribunales colegiados, unitarios y juzgados de distrito entre 1993 y 2018, si ésta es medida en términos de tasa de

---

1 Esto puede verse en notas periodísticas del 7 de mayo de 2019, de *El Universal, Reforma* y *La Jornada.*

resolución jurisdiccional (cociente que resulta de dividir egresos entre ingresos), y en el indicador de relación ingresos totales entre egresos totales (que ayuda a medir el congestionamiento judicial).

La tasa de resolución jurisdiccional en el movimiento total de asuntos, sin considerar una materia judicial específica, se acerca al nivel máximo que es la unidad, o el cien por ciento. Solamente en 1998 se cuantifica en 0.95 (o, 95 por ciento). Por su parte, en ese año mencionado el congestionamiento judicial, determinado en la relación de ingresos entre egresos totales, fue de 1.05 (o, de un 5% de ingresos que excedieron a los egresos).

La materia judicial que mostró mayores problemas de eficiencia, considerando los indicadores mencionados en el periodo 1993-2018, fue la administrativa. Por ejemplo, en 1988 la tasa de resolución jurisdiccional fue de 0.87 (o, de 87%), y el congestionamiento de 1.146 (14.6%). Para el Consejo de la Judicatura Federal las características sustantivas de los juicios federales en materia administrativa se expresan en los siguientes rasgos:

"La nota distintiva de esta clase de asuntos es que su hipótesis de procedencia está enmarcada, en términos generales, a actos legislativos, los provenientes de autoridades administrativas no jurisdiccionales y de actos de tribunales administrativos ejecutados dentro de juicio, fuera de él o después de concluido, o cuando se afecten a personas extrañas al juicio. De esta forma, los actos impugnables en estos juicios son, entre otros, leyes y reglamentos de carácter administrativo, procedimientos seguidos por autoridades administrativas, funcionamiento de giros mercantiles, aseguramiento y embargo de bienes, concesiones para la prestación del servicio público de transporte, visitas domiciliarias, cobro de impuestos, fianzas, aspectos sobre derechos de autor, propiedad intelectual, propiedad industrial, rescisión de contratos de obra pública, licitaciones públicas, cese de los miembros de los cuerpos de seguridad pública, etcétera." (Poder Judicial de la Federación. Consejo de la Judicatura Federal, 2010: 31-32.)

En el año 2009 la materia laboral reflejó un problema de menor resolución y de un relativo congestionamiento, con tasas de 0.95 y

1.05, respectivamente. En materia de trabajo, y conforme al Consejo de la Judicatura Federal en el precitado texto, se comprende:

"La procedencia de los juicios en materia de trabajo está relacionada sustancialmente con actos de las autoridades que de diversos modos intervienen en el campo de las relaciones de trabajo, ya sea entre los particulares o entre éstos y el Estado-patrón, pudiendo ser éstas individuales o colectivas, y determinaciones emitidas por tribunales de trabajo. Así, dentro de los asuntos que ingresan a los órganos jurisdiccionales federales en esta materia, se encuentran controversias de carácter sindical, laudos que implican la afectación del patrimonio de las empresas, conflictos individuales o colectivos de trabajo, riesgos de trabajo, pensiones, despidos, reconocimiento de antigüedad, actos de tribunales de trabajo ejecutados en el juicio, fuera de éste o después de concluido, o que afecte a personas extrañas al juicio, leyes y demás disposiciones de observancia general, etcétera." (Poder Judicial de la Federación. Consejo de la Judicatura Federal, 2010:40.)

Es sabido que la normatividad aplicable en materia laboral se modificó después de 2010, como consecuencia de cambios constitucionales y legales posteriores establecidos en la Reforma laboral de 2019; empero, se toma como criterio de interpretación el referido en la cita previa.

En materia penal se alcanzaron, en el lapso de 2003 a 2015, y como se aprecia en el **CUADRO 17**, altos niveles de resolución jurisdiccional, que superaron en algunos años la unidad o el 100 por ciento de asuntos ingresados y que, por ende, no propiciaron problemas de congestionamiento severos. En los asuntos de la materia penal federal el Consejo de la Judicatura Federal señala:

"Debe destacarse que en esta materia están incluidos los juicios que se tramitan a través del proceso penal federal respecto de los delitos del orden federal, entre los que destacan los delitos contra la salud, delincuencia organizada, portación de armas de uso exclusivo del ejército y fuerzas armadas, los previstos en leyes federales y tratados internacionales, los cometidos por y contra servidores públicos o empleados federales en ejercicio de sus funciones o con motivo de ellas, el aseguramiento o embargo de bienes, los cometidos en el extranjero por los agentes diplomáticos, personal oficial de las representaciones de la República y cónsules mexicanos, aquéllos en los que la Federación sea sujeto pasivo, entre otros; también se consideran los asuntos cuya tramitación es relativa a los juicios de amparo de naturaleza penal, el cual es procedente para combatir, entre otros, actos que afecten la libertad personal o importen peligro de privación de la vida, destierro o alguno de los prohibidos por el artículo 22 de la Constitución, resoluciones del orden penal, resoluciones dictadas en los incidentes de reparación del daño exigible a personas distintas de los inculpados o en los que haya responsabilidad civil, normas generales en materia penal, etcétera." (Poder Judicial de la Federación. Consejo de la Judicatura Federal, 2010:36.)

Después de 2010 la materia penal federal tuvo cambios en los procedimientos y en la definición de aspectos sustantivos. Para efectos de registro y de evaluación de la estadística judicial federal se retoman los elementos de la cita anterior, pues comprenden la mayor parte de los años de este estudio.

Por su parte, la materia civil reflejó entre 2008 y 2010 un congestionamiento de 1.03 (3%). Se entiende que en algunos años los egresos o resoluciones de asuntos pudieron ser mayores a los ingresos en el mismo lapso, como consecuencia de que se estuvieron resolviendo asuntos acumulados de años anteriores, es decir, de que se estuvo atendiendo el denominado rezago judicial. En la definición de los asuntos civiles, el Consejo de la Judicatura Federal, considera lo siguiente:

"La característica fundamental de estos juicios, es que los actos reclamados derivan de juicios del orden federal, del orden común o de procedimientos mercantiles, de suerte que los juicios en materia civil están relacionados con temas tales como arrendamiento de inmuebles, medidas de apremio, procedimientos de ejecución de sentencias, derechos reales, pensión alimenticia, remates, terminación y rescisión de contratos, juicios hipotecarios, ejecutivos mercantiles, arrendamientos financieros, leyes y disposiciones de carácter general en materia civil, etc."(Poder Judicial de la Federación. Consejo de la Judicatura Federal, 2010:36.)

Para el registro del movimiento de todos los asuntos en los órganos jurisdiccionales a cargo del Consejo de la Judicatura Federal, de 2019 a 2021, se consideran adicionalmente a los Centros de Justicia Penal Federal y se toma como fuente estadística institucional a los Censos Nacionales de Impartición de Justicia Federal del INEGI (2020, 2021 y 2022). Información que registra los asuntos del 1° al 31 de diciembre de cada año (los Informes del presidente de la SCJN y CJF refieren del 16 de noviembre al 15 de noviembre de cada año). En el **CUADRO 17.1** se da cuenta de los movimientos de asuntos totales en ese lapso y se agregan a las materias administrativa, penal, trabajo, civil y la mercantil.

CUADRO 17.1. MOVIMIENTO TOTAL DE ASUNTOS EN TRIBUNALES COLEGIADOS, UNITARIOS, JUZGADOS DTO. Y CENTROS DE JUSTICIA PENAL POR MATERIA

AÑO	INGRESOS	EGRESOS	INGRESOS	EGRESOS	INGRESOS	EGRESOS	INGRESOS	EGRESOS	INGRESOS	EGRESOS	INGRESOS	EGRESOS	NO ESPECIF	NO ESPECIF
	Total	Total	Admin.	Admin.	Penal	Penal	Trabajo	Trabajo	Civil	Civil	Mercantil	Mercantil	INGRESOS	EGRESOS
2019	1174386	1147988	358931	359237	273815	249302	260254	261615	238384	234522	48002	43812		
2020	689269	659812	221923	217443	154129	137651	143398	141123	132195	130655	35302	29722	2322	2737
2021	1066829	983249	369380	331060	209849	189555	241138	227229	197640	189254	49321	46150		

Fuente: Censo Nacional de Impartición de Justicia Federal 2020, 2021 y 2022. Tabulados básicos

5.2 EFICIENCIA JURISDICCIONAL EN LOS TRIBUNALES COLEGIADOS DE CIRCUITO

Según la Asociación Mexicana de Impartidores de Justicia, agrupación que integra a la mayoría de los órganos jurisdiccionales del país, tanto en el fuero federal y local, la **función principal** de los Tribunales Colegiados de Circuito (TCC): "...se centra principalmente en el conocimiento de recursos en el fuero constitucional (amparo). Al efecto, conocen tanto de recursos interpuestos en contra de resoluciones emitidas por juzgados federales en la tramitación de amparos indirectos, como de amparos directos interpuestos en contra de resoluciones definitivas emitidas tanto por órganos jurisdiccionales federales como de las entidades federativas...". Esta función de los Tribunales Colegiados de Circuito se puede apreciar en el **Diagrama 22**.

DIAGRAMA 22

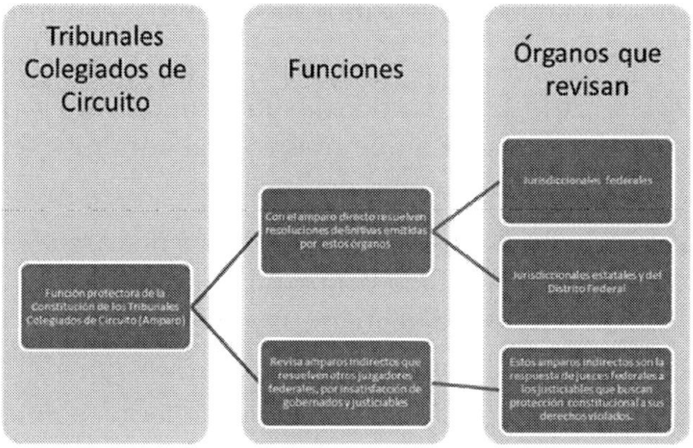

En los tribunales colegiados de circuito se aprecia, entre 1987 y 2010, el siguiente comportamiento en las **cargas de trabajo promedio,** para este tipo de órganos jurisdiccionales (**CUADRO 18**):

- Un incremento de 20.1% de 1987 a 1990.
- Un crecimiento similar ocurrió entre 1990 y 1994 (19.3%).
- Una aceleración en el ritmo de crecimiento se presentó entre 1994 y 1998, al crecer 88 puntos. En este lapso inició el Consejo de la Judicatura Federal y se apreció un mayor acceso a la justicia.
- Se presentó una disminución entre 1998 y 2000 de 13 puntos, misma que pudo ser resultante de la instalación de nuevos tribunales colegiados.
- En el lapso que va de 2000 a 2003 disminuyó la carga de trabajo promedio de 1843 a 1603 asuntos. Como en los años previos, subió el número de órganos jurisdiccionales.
- En el bienio 2004-2005, tal carga de trabajo subió a 1710 asuntos. Un lustro después, en 2010, esta carga se elevó a 1784 asuntos en promedio.

De 2011 a 2022 se apreciaron estas tendencias en la carga de trabajo de los tribunales colegiados de circuito, según el **CUADRO 18.** Veamos:

- De 2011 a 2017 la carga de trabajo se mantuvo en promedios muy parecidos. Lo que mostró una administración de asuntos estable en este tipo de órganos.
- En 2018 se volvió a disparar el promedio de carga de trabajo, cayó en 2019 y en 2020 lo hizo aún más como consecuencia de la menor actividad en ese año de pandemia de Covid.
- En el bienio 2021 y 2022 se recuperó el promedio de carga de trabajo y alcanzó los niveles previos a la referida pandemia.

CUADRO 18 EVOLUCIÓN DE LA CARGA DE TRABAJO EN LOS TRIBUNALES COLEGIADOS DE CIRCUITO 1987 2022						
	TOTAL	XISTENCIA INICIAL	INGRESOS	TOTAL	CARGA DE TRABAJO ANUAL	
año	TRIB. COLEG.		CARGA DE TRABAJO			1987=100
1987	74	16946	46756	63702	861	100
1988	75	16947	55427	72374	965	112.1
1989	75	17286	55612	72898	972	112.9
1990	76	16196	62357	78553	1034	120.1
1991	77	16966	69511	86477	1123	130.4
1992	78	13420	74406	87826	1126	130.8
1993	78	11691	78866	90557	1161	134.8
1994	82	11067	87171	98238	1199	139.3
1995	83	12863	99821	112684	1358	157.7
1996	83	15703	112648	128351	1445	167.8
1997	90	9198	146897	156095	1885	218.9
1998	98	37030	161559	198589	1958	227.4
1999	117	53158	189653	242811	2075	241
2000	137	64421	188081	252502	1843	214.1
2001	154	58893	208793	267686	1738	201.9
2002	166	42329	211478	253807	1529	158.4
2003	167	35651	233441	269092	1603	164.9
2004	172	23041	244720	267761	1655	170.2
2005	173	48191	247808	295999	1710	175.9
2006	180	52805	248724	301529	1675	194.5
2007	102	54826	248609	303435	1667	193.6
2008	188	58132	266801	324933	1728	200.1
2009	207	60925	288686	349611	1689	196.2
2010	220	80101	312476	392577	1784	207.2
2011	222	86880	337551	424431	1912	222.1
2012	238	92295	350573	442868	1861	216.1
2013	241	85609	378277	463886	1925	223.6
2014	246	93635	388127	481762	1958	227.5
2015	253	117706	385723	503429	1990	231.1
2016	256	122748	413506	536254	2095	243.3
2017	262	146206	426932	573138	2188	254.1
2018	243	169121	419077	588198	2421	281.1
2019	249	-11972	442224	430252	1728	200.7
2020	251	-4396	243919	239523	954	110.8
2021	263	-33507	370369	336862	1281	148.8
2022	254	43820	481276	525096	2067	240.1

Fuente: Elaboración propia

En la evolución histórica de los **egresos** judiciales de los tribunales colegiados se presentó una situación similar a la descrita previamente, como se aprecia en el **CUADRO 19**. El promedio de asuntos judiciales **pendientes** en este tipo de órganos se mantuvo prácticamente en el mismo nivel de 1987 a 1990; bajó entre 1990 y 1994; se elevó significativamente entre 1994 y 1999, y, de 2000 a 2003, disminuyó el rezago judicial. Como se puede observar, en 2010 los pendientes de estos asuntos, en dichos tribunales, fueron muy superiores a los de 1995, año en que se estableció el Consejo de la Judicatura Federal.

Es pertinente mencionar que la instalación de nuevos tribunales colegiados en el bienio 1999-2003 favoreció el abatimiento del rezago en estos entes de impartición de justicia. En este lapso el rezago promedio cayó de 551 a 231 asuntos.

En 2004 los asuntos que egresaron de los 172 tribunales colegiados fueron 236 mil 430 y, finalmente, en 2005 se despacharon 246 mil 194 asuntos en 173 órganos.

La situación descrita en egresos y pendientes de asuntos tramitados en tribunales colegiados se vio afectada en el año 2020, al igual que la carga de trabajo como se ha visto, como derivación de la menor actividad jurisdiccional en este tipo de órganos. Los egresos cayeron significativamente y los asuntos pendientes de resolución llegaron a los niveles más bajos de los que se tiene registro histórico en la estadística judicial. En el bienio 2021-2022 se fueron recuperando estos indicadores y gradualmente retornaron a sus niveles previos (todo esto en el contexto del Covid).

CUADRO 19						
TRIBUNALES COLEGIADOS DE CIRCUITO						
EVOLUCIÓN DE CARGAS DE TRABAJO, EGRESOS Y PENDIENTES						
	PROMEDIO DE CARGA DE TRABAJO ANUAL		PROMEDIO DE EGRESOS EN EL AÑO		PROMEDIO	
Año		1987=100		1987=100	DE PENDIEN-TES EN EL AÑO	1987=100
1987	861	100	632	100	229	100
1988	965	112.1	735	116.3	231	100.9
1989	972	112.9	756	116.6	216	94.3
1990	1034	120.1	810	128.2	223	97.4

1991	1123	130.4	949	150.2	173	75.5
1992	1126	130.8	976	154.4	150	65.5
1993	1161	134.8	1019	161.2	142	62
1994	1199	139.3	1041	164.7	157	68.6
1995	1358	157.7	1168	184.8	189	82.5
1996	1445	167.8	1190	188.3	255	111.4
1997	1885	218.9	1323	209.3	416	181.7
1998	1958	227.4	1465	231.8	493	215.3
1999	2075	241	1525	241.3	551	240.6
2000	1843	214.1	1413	223.6	430	187.8
2001	1738	180.1	1463	231.5	275	120.4
2002	1529	158.4	1417	224.2	112	49
2003	1603	164.9	1372	217.1	231	101
2004	1655	170.2	1375	217.6	280	122.4
2005	1710	175.9	1406	222.5	304	133
2006	1675	194.5	1371	216.9	305	133.2
2007	1667	193.6	1348	213.3	319	139.3
2008	1728	200.1	1393	220.4	336	146.7
2009	1689	196.2	1309	207.1	380	166
2010	1784	207.2	1390	219.9	394	172.1
2011	1912	222.1	1482	234.5	430	187.7
2012	1883	218.7	1516	239.9	325	142
2013	1886	219.1	1532	242.4	392	171.1
2014	1915	222.5	1447	228.9	469	204.7
2015	1966	228.4	1473	233.1	493	215.4
2016	2053	238.5	1476	233.5	578	252.2
2017	2195	255	1521	240.6	659	287.8
2018	2188	254.1	1573	248.9	615	268.6
2019	1728	200.7	1794	208.3	187	81.5
2020	954	110.8	1105	128.4	34	14.9

2021	1281	148.8	1242	144.2	199	86.9
2022	2067	240.1	1671	194.1	430	187.8

Fuente: Elaboración propia. En varios años de esta tabla se hacen cálculos propios para inferir los datos mostrados.

Otra manera de medir la eficiencia en los tribunales es mediante el uso de la *tasa de resolución jurisdiccional*; con ella se puede cuantificar la capacidad de respuesta que brindan los servicios judiciales a los denominados justiciables. Se hace uso de esta importante herramienta para evaluar el desempeño en los órganos jurisdiccionales pertenecientes al Poder Judicial de la Federación.

En el caso de los Tribunales Colegiados de Circuito podemos apreciar la manera como se comportó la tasa de resolución jurisdiccional en el periodo de 1987 a 2022 (**CUADRO 20**). Se observa, en el lapso referido, una tasa muy próxima a la unidad (o al 100 por ciento). Los años en que la tasa presentó una situación que podría considerarse crítica o problemática comprenden de 1996 a 1999 (en los primeros años del Consejo de la Judicatura Federal). Ahí encontramos una tasa que merodea entre el 0.90 y 0.94.

En general, pueden apreciarse varias tendencias en la tasa de resolución jurisdiccional de los Tribunales Colegiados. Entre 1988 y 1995, un lapso que antecede a la creación del Consejo de la Judicatura Federal, se manifestó una tasa que en promedio rebasó a la unidad (o el 100 por ciento), lo que exhibe una eficiencia plena en esos años. De 1996 a 2004, en cambio, se mostró una reducción en la tasa de resolución de asuntos despachados, debido a que disminuyó a un promedio anual de 0.975. Si se considera en su conjunto el lapso de 1996 a 2010, la tasa promedio en el periodo fue muy similar a la anterior, al ser de 0.976. Por ello se colige que la tasa de resolución jurisdiccional de los años previos a la conformación del Consejo de la Judicatura Federal resultó ligeramente superior a los años más recientes.

Llama la atención que esta eficiencia jurisdiccional en los tribunales colegiados de circuito, de acuerdo con esta comparación estadística, tuvo una significativa caída en el bienio 2021-2022 (promedio 0.88). La tasa de resolución más baja en la estadística judicial federal para este tipo de órganos (y de la que se cuenta con registro institucional).

CUADRO 20			
TASA DE RESOLUCIÓN JURISDICCIONAL EN LOS TRIBUNALES COLEGIADOS DE CIRCUITO			
Año	Egresos (E.)	Ingresos (I)	Tasa (E/I)
1987	46755		
1988	55088	55427	0.99
1989	56702	55612	1.02
1990	61587	62357	0.99
1991	73057	69511	1.05
1992	76135	74406	1.02
1993	79490	78866	1.01
1994	85375	87171	0.98
1995	96981	99821	0.97
1996	105594	112648	0.94
1997	132256	146897	0.9
1998	145433	161559	0.9
1999	178390	189653	0.94
2000	193609	188081	1.03
2001	225357	208793	1.08
2002	221037	211478	1.05
2003	229041	233441	0.98
2004	236430	244720	0.97
2005	243194	247808	0.98
2006	246703	248724	0.99
2007	245303	248609	0.99
2008	261827	266801	0.98
2009	270878	288686	0.94

2010	305844	312476	0.98
2011	328992	337551	0.97
2012	360840	353134	1.02
2013	369166	377377	0.98
2014	355869	378125	0.94
2015	372680	380074	0.98
2016	377755	403034	0.94
2017	398455	425431	0.94
2018	423111	414492	1.02
2019	446620	442224	1.01
2020	277426	243919	1.14
2021	326549	370369	0.88
2022	424394	481276	0.88

Fuente: Elaboración propia.

Otro indicador de desempeño jurisdiccional es el que determina la *Relación Ingresos-Egresos* de asuntos despachados en los tribunales y juzgados. Con este indicador se pretende medir el nivel de **saturación** del sistema judicial, o también la línea de espera o de **congestionamiento** en los procesos y procedimientos judiciales. Este indicador es, matemáticamente, la inversa de la *tasa de resolución jurisdiccional*, explicada y mostrada con anterioridad.

La *Relación Ingresos-Egresos* de asuntos despachados en los Tribunales Colegiados de Circuito, de 1988 a 2010, se puede observar en el **CUADRO 21**. Se puede comprobar en la relación estadística mencionada cómo los ingresos sobrepasan en el periodo, ligeramente, a los egresos en los Tribunales Colegiados de Circuito. Por ende, no se encuentran en un nivel de congestionamiento estos órganos, salvo en un rango moderado en 1995, 2001 y 2002.

El año 2020, atípico por ser el de mayor efecto de la pandemia del Covid, se dio una entrada o ingreso de asuntos muy menor al de los egresos. De ahí que la tasa sea la más baja de la estadística institucional de 1987 a 2022.

CUADRO 21			
Tasa de relación ente ingresos y egresos en TCC 1987-2022			
Año	Ingresos (I)	Egresos (E.)	Tasa (I/E)
1987		46755	
1988	55427	55088	1.01
1989	55612	56702	0.98
1990	62357	61587	1.01
1991	69511	73057	0.95
1992	74406	76135	0.98
1993	78866	79490	0.99
1994	87171	85375	1.02
1995	99821	96981	1.03
1996	112648	105594	1.07
1997	146897	132256	1.11
1998	161559	145433	1.11
1999	189653	178390	1.06
2000	188081	193609	0.97
2001	208793	225357	0.93
2002	211478	221037	0.96
2003	233441	229041	1.02
2004	244720	236430	1.04
2005	247808	243194	1.02
2006	248724	246703	1.01
2007	248609	245303	1.01
2008	266801	261827	1.02
2009	288686	270878	1.07
2010	312476	305844	1.02
2011	337551	328992	1.03
2012	353134	360840	0.98
2013	377377	369166	1.02
2014	378125	355869	1.06

2015	380074	372680	1.02
2016	403034	377755	1.07
2017	425431	398455	1.07
2018	414492	423111	0.98
2019	442224	446620	0.99
2020	243919	277426	0.88
2021	370369	326549	1.13
2022	481276	424394	1.13

Fuente: Elaboración propia.

Una evaluación en el **movimiento total** de los asuntos que se tramitaron en los tribunales colegiados de circuito entre 1999 y 2022, tomando en consideración una metodología más homogénea, se puede apreciar en el **Cuadro 22**. Ahí se pueden observar las siguientes situaciones:

- Un incremento significativo en el total de asuntos del peso de la materia administrativa. De 1999 a 2010, los egresos subieron del 21.6% al 35.7%. En materia del trabajo se dio un ligero aumento en la participación de los asuntos al crecer, en el mismo lapso, los egresos del 23.5 al 25.4%.
- En contrapartida, en esos años descendió el peso de la materia civil en el global de asuntos, del 37.9% al 24%. En cuanto a los asuntos penales tramitados en los tribunales colegiados, el peso relativo de sus egresos en el total pasó del 16.9% al 12.4%.

De lo anterior, y de lo que ilustra el **CUADRO 22**, se desprende una tendencia ascendente del peso absoluto y relativo de la materia administrativa en los tribunales colegiados de circuito. De 1999 a 2010 se dio un incremento en los egresos en materia administrativa de 188%.

De 2011 a 2017 los ingresos de asuntos en materia administrativa, según los datos del **CUADRO 22**, crecieron de manera sostenida a una tasa promedio anual de 5%. En 2018 cayeron un 12%, y para 2019 se volvieron a recuperar en los niveles de 2017.

Como se ha visto, el año 2020, el de mayor efecto de la pandemia del Covid, es cuando los ingresos de asuntos cayeron un 48%. En el bienio 2020-2022 se fueron recuperando los niveles previos en este indicador.

Llama la atención que, en un país como México, en el que va creciendo el problema de la criminalidad, los asuntos en los tribunales colegiados de circuito crezcan a menor ritmo que el ingreso de los asuntos en materia penal. Por ejemplo, de 2011 a 2017 aumentaron en un promedio anual de 4,3%. En el bienio 2017-2019 cayeron un -3.7%. En el 2020, año de mayor pandemia, los ingresos descendieron un -45.2%. Más adelante, en los años 2021 y 2022, se recuperaron los ingresos de esta materia, pero teniendo un nivel, en términos absolutos, muy parecido a los de 2017.

Los ingresos en materia de trabajo mantuvieron otras tendencias. De 2011 a 2017 crecieron a una tasa media anual de 2,2%. De 2017 a 2019 aumentaron, en promedio, un 5.6%. Como se ha visto en otras materias, los ingresos de asuntos disminuyeron en el 2020 (-48.6%). En los años 2021 y 2022 se recuperó el nivel de ingresos, aunque sin lograr los montos previos a la pandemia.

En lo que atañe a la materia civil, el número total de ingresos de asuntos en estos tribunales colegiados creció a un promedio anual del 4%, en el lapso de 2011 a 2017. En el bienio 2017-2019 creció un 12.3% en promedio anual. Más adelante, en 2020, cayó un 51%. En 2021 se recuperaron e incluso se elevaron los ingresos de asuntos en esta materia.

CUADRO 22

MOVIMIENTO TOTAL DE ASUNTOS EN TRIBUNALES COLEGIADOS, POR MATERIA

AÑO	INGRESOS	EGRESOS	INGRESOS	EGRESOS	INGRESOS	EGRESOS	INGRESOS	EGRESOS	INGRESOS	EGRESOS
	Total	Total	Mat. Adm	Mat. Adm	Mat. Penal	Mat. Penal	Mat. Trabajo	Mat. Trabajo	Mat. Civil	Mat. Civil
1999	189653	178390	44305	38615	32754	30181	42618	41986	70876	87608
2003	233441	226468	74406	69837	35648	34931	54772	52564	68615	69136
2004	244720	236430	85925	82111	36510	34764	52527	51696	69758	67859
2005	247808	243194	87157	85185	36728	36412	54300	52657	69620	68940
2006	248724	246703	83615	82698	37914	37394	57473	57169	68034	69442
2007	248609	245303	84774	83210	36754	36928	59047	57065	68100	68100
2008	266801	261827	92213	88763	38037	38593	67007	64857	69544	69614
2009	288686	270878	105126	96437	38489	37265	74722	69011	70349	68165
2010	312476	305844	109401	111514	41535	39695	84554	79597	76986	75038
2011	337551	328992	125421	120895	39911	40307	91363	89050	80856	78740
2012	353134	360840	118216	128234	41917	43002	107233	104350	85768	85254
2013	377377	369166	133567	126611	42872	42643	113241	111866	87697	88046
2014	378125	355869	124817	122989	44714	41211	118803	106314	89791	85355
2015	380074	372680	139820	129312	47774	45452	100729	107635	91751	90281
2016	403034	377755	150675	134138	50021	47410	105689	103746	96649	92461
2017	425431	398455	168199	150206	51269	50175	103903	100794	102060	97280
2018	414492	423111	150174	156925	51954	53570	107055	105949	105309	106667
2019	447851	454482	170278	174788	47570	49939	115794	118309	114209	111446
2020	237373	266717	88552	104637	26083	28317	59558	65879	63180	67884
2021	384701	340653	157512	135957	39088	36208	97181	83254	90920	85234
2022	478917	420075	204263	176948	47624	43661	109609	97373	117421	104093

Los datos de 2021, 2020 y 2019 son de INEGI, Censo Nacional de Impartición de Justicia Federal

Los datos de 2022 se obtuvieron de la Esatdística Judicial del Informe Anual de la SCJN y CJF (al 15 de noviembre de ese año)

Fuente: Elaboración propia.

La eficiencia de los tribunales colegiados por materia de especialización, medida en términos de **tasa de resolución jurisdiccional** (egresos/ingresos) y de la relación cuantitativa de **ingresos entre egresos**, arrojó los siguientes resultados en el lapso 2003-2011:

- La tasa de resolución jurisdiccional en materia **administrativa** se acercó a la eficiencia más alta al aproximarse a la unidad (o al 100%) en la mayoría de esos años, con excepción de 2003 y 2009, en donde se observa un 0.93 y 0.91, respectivamente. En esos mismos años, por ende, se manifestó un congestionamiento en la relación ingresos-egresos en dichos órganos en esta materia, de 1.07 y 1.09.

- En materia penal, la tasa de resolución jurisdiccional tuvo niveles de eficiencia altos, cercanos o superiores a la unidad (o al 100 por ciento), con excepción de 2004 (0.94) y el bienio 2009-2010, en donde se tuvo una tasa promedio de 0.96. En estos años la relación ingresos-egresos fue de 1.05.

- En materia laboral, se logró para el mismo periodo, en la tasa de resolución jurisdiccional, un promedio de 0.96 y, en la relación ingresos-egresos de 1.04. Los años que reflejaron menor eficiencia resolutiva y mayor congestionamiento fueron 2009 y 2010; en ellos la tasa resolutiva tuvo un promedio de 0.93 y la de relación ingresos-ingresos de 1.07.
- En materia civil, la tasa de resolución jurisdiccional y la relación de ingresos observó en el mismo periodo, en promedio, una tasa de 0.99 y de 1.01 respectivamente. Lo que indica un alto nivel de eficiencia y en la práctica una inexistencia del congestionamiento judicial.

Como se ha señalado, los tribunales colegiados de circuito son competentes para conocer de los juicios de **amparo directo** contra sentencias definitivas y laudos que pongan fin al juicio; de recursos de revisión contra autos y resoluciones que dicten los jueces de distrito; del recurso de queja contra ciertos actos y resoluciones de jueces y autoridades; del **recurso de revisión en las sentencias** emitidas por jueces de distrito y tribunales unitarios; de conflictos de competencia que se susciten entre tribunales unitarios y en los juzgados de distrito; de los impedimentos y excusas de magistrados y jueces; y de los recursos de reclamación, entre otros asuntos.

En la evaluación estadística del presente estudio sólo se hace referencia al comportamiento cuantitativo, en el periodo 2003-2022, del juicio de amparo directo y del recurso de revisión de sentencias emitidos por jueces de distrito. En la medida en que la disponibilidad de las fuentes estadísticas del Poder Judicial de la Federación lo permiten, se hace el análisis correspondiente de años previos, procurando que se comparen las mismas variables y sobre todo de que resulten de una metodología estadística común.

La variación cuantitativa de los amparos directos tramitados en los tribunales colegiados de circuito en el periodo 1990-2022, se refleja en el **CUADRO 23.** Ahí se registran ingresos, egresos y existencia final de asuntos que se dejaron pendientes al finalizar cada uno de los años de dicho lapso.

CUADRO 23 MOVIMIENTO DE AMPAROS DIRECTOS EN TRIBUNALES COLEGIADOS					
	CARGA TRABA.	INGRESOS	EGRESOS	EXIST. INICIA	EXIST. FINAL
AÑO		TOTAL			
1990	50028	39116	38388	10912	11640
1991	55528	43888	46136	11640	9391
1992	56704	47313	48657	9391	8047
1993	57825	49778	50706	8047	7119
1994	63457	56338	4963	7119	8494
1995	71579	63085	61505	8494	10074
1996	80860	70786	66090	10074	14770
1999	147403	113460	106482	33943	40921
2000	151794	110873	114254	40921	37540
2003	141531	123113	120060	18418	21811
2004	144345	123164	118869	21181	26105
2005	153441	127336	125332	26105	28149
2006	158070	129921	129177	28149	28893
2007	158534	129641	127922	28893	30612
2008	167451	136839	135565	30612	31886
2009	180241	149919	140026	30322	41729
2010	207241	165895	161268	41346	46272
2011	223761	177731	170043	46030	53718
2012	242128	188506	187018	53622	55110
2013	262192	207152	200998	55040	61194
2014	265840	206306	188165	59534	77675
2015	273332	194178	196592	79154	76740
2016	276861	201496	195496	75365	81365
2017	284300	201626	191090	82674	93210
2018	291007	197762	202346	93245	88661
2019	291174	202513	207120	88661	84054
2020	195324	111270	125141	84054	70183
2021	237095	166912	146253	70183	90842
2022	282104	192513	164853	89591	117251

Datos de 2019 a 2021 corresponden a los obtenidos en el Censo Nacional de Impartición de Justicia de INEGI y referidos en el portal web scjn.gob.mx

De 2019 a 2021 son datos al finalizar el año, los previos eran mencionados en el Informe de Labores del presidente de la SCJN (Anexo Estadístico).

Los datos de 2022 se encuentra en la estadistica judicial del CJF (15 de noviem

El movimiento estadístico de 1990 a 2022 de los amparos directos que se muestra en el cuadro anterior, fue muy consistente en el periodo. Crecieron la carga de trabajo, los ingresos y egresos. La carga de los movimientos de estos amparos se dio en un promedio anual de 7.4% (de 1990 a 2011). Por su parte, la variación promedio anual de los amparos directos pendientes de resolver, igualmente, reflejaron en el mismo lapso una tasa de incremento promedio anual de 7.6%. Esto último refleja un rezago ascendente en la impartición de justicia en este tipo de juicios.

Para el periodo 2011 a 2018 la carga de trabajo en juicios de amparo directo mostró un crecimiento promedio anual menor de 3.8%. Los juicios pendientes de resolver en este tipo de asuntos mantuvieron una tasa promedio de crecimiento muy alta: del 7.4% (muy similar a la del periodo anterior). De 2018 a 2022 la carga total de trabajo en juicios de amparo directo disminuyó un -3.1% y los asuntos pendientes, en cambio, aumentaron un 32%. Debe tomarse en cuenta la fuerte caída de la carga de trabajo de amparos directos, en 2020, como consecuencia de la pandemia del Covid (-32.9%).

Lo referido en el párrafo anterior se reafirma en el **CUADRO 24,** ahí se da cuenta de los movimientos relativos en los juicios de amparo directo en el mismo lapso 1990-2022. Considerando como base de referencia el año de 1990, se apreció una variación muy similar en la carga de trabajo de trabajo, ingresos, egresos y pendientes de este servicio jurisdiccional, en los tribunales colegiados de circuito. Asimismo, se observó una tasa alta de resolución jurisdiccional (relación egresos/ingresos) y limitados problemas de congestionamiento judicial en la resolución de los amparos directos en dicho periodo (relación ingresos frente a egresos).

En varios años, como se puede apreciar, los niveles de eficiencia jurisdiccional, y por ende de un relativo congestionamiento, se pueden considerar como niveles por debajo del promedio en el periodo.

CUADRO 24
MOVIMIENTO DE AMPAROS DIRECTOS EN TRIBUNALES COLEGIADOS
VARIACIONES Y RELACIONES FUNCIONALES (AÑO BASE, 1990=100)

	CARGA DE TRABAJO	INGRESOS	EGRESOS	TASA RESOLUCIÓN	INGRE. / EGRES.	PENDIENTES
AÑO	1990=100	1990=100	1990=100	E/I	I/E	PEND. 1990=100
1990	100	100	100	1.10	0.91	100
1991	108.6	120.2	112.6	1.03	0.97	77.6
1992	108.9	136.0	107.8	0.87	1.15	67.3
1993	112.3	138.0	119.2	0.95	1.05	63.7
1994	116.0	144.4	129.2	0.99	1.01	70.4
1995	131.3	139.9	125.9	0.99	1.01	84.8
1996	139.7	153.8	143.2	1.03	0.97	114.3
1999	200.7	168.0	152.2	1.00	1.00	247.1
2000	178.2	170.9	157.5	1.02	0.98	192.8
2003	155.0	211.6	207.1	1.08	0.93	103.6
2004	160.1	222.0	203.4	1.01	0.99	125.6
2005	165.4	223.9	200.8	0.99	1.01	136.3
2006	162.0	231.1	204.1	0.97	1.03	136.8
2007	161.2	227.3	207.9	1.01	0.99	143.0
2008	167.1	236.6	218.4	1.02	0.98	150.7
2009	163.3	238.0	215.7	1.00	1.00	170.4
2010	172.5	280.0	251.8	0.99	1.01	176.7
2011	184.9	258.8	231.7	0.99	1.01	192.8
2012	182.1	265.7	245.7	1.02	0.98	145.7
2013	182.4	243.7	215.4	0.97	1.03	175.8
2014	185.2	234.7	219.2	1.03	0.97	210.3
2015	190.1	229.6	209.5	1.01	0.99	221.1

2016	198.5	205.6	176.5	0.95	1.06	259.2
2017	212.3	173.4	151.3	0.96	1.04	295.5
2018	211.6	162.4	145.2	0.99	1.02	275.8
2019	167.1	154.4	136.9	0.98	1.02	83.9
2020	92.3	89.6	78.1	0.96	1.04	15.2
2021	123.9	104.4	94.8	1.00	1.00	89.2
2022	199.9	135.7	117.9	0.96	1.04	192.8

Fuente: Elaboración propia.

La especialización por materia en amparo directo de los Tribunales Colegiados de Circuito se puede reflejar en los ingresos de este servicio jurisdiccional en el **CUADRO 25.** Así, se observa que en el lapso de 1999 a 2022 se incrementó sustancialmente el peso absoluto y relativo de los ingresos de amparos directos en materia administrativa y laboral. De igual manera, se apreció la menor importancia de los amparos directos en materia penal en este lapso, así como una similar participación de los relacionados con la materia civil.

CUADRO 25

MOVIMIENTO DE INGRESOS DE AMPAROS DIRECTOS EN TRIBUNALES COLEGIADOS

AÑO	INGRESOS	PENAL	%	ADMVA	%	CIVIL	%	LABORAL	%
1999	113460	18181	16	15727	13.9	43571	38.4	35981	31.7
2000	110873	17165	15.5	16094	14.5	40957	36.9	36657	33.1
2005	127336	19550	15.4	24242	19	40787	32	42787	33.6
2006	129921	20436	15.7	23627	18.2	40945	31.5	44913	34.6
2007	129641	19451	15	23857	18.4	40021	30.9	46312	35.7
2008	136839	19766	14.4	24889	18.2	40794	29.8	51390	37.6
2009	149919	19642	13.1	31502	21	41829	27.9	56946	38
2010	165895	20273	12.2	37215	22.4	46474	28	61933	37.3
2011	177731	20016	11.3	40979	23.1	48937	27.5	67799	38.1
2012	188506	19554	10.4	42312	22.4	51490	27.3	75150	39.9
2013	207152	19264	9.3	53721	25.9	51652	24.9	82515	39.8
2014	206306	19387	9.4	42783	20.7	51394	24.9	92742	45
2015	194178	18752	9.7	43608	22.5	52522	27	79296	40.8
2016	201496	17352	8.6	51052	25.3	54232	26.9	78860	39.1
2017	201626	15572	7.7	52390	26	55466	27.5	78198	38.8
2018	197762	13896	7	46670	23.6	55164	27.9	82032	41.5
2019	447851	47570	10.6	170278	38.0	114209	25.5	115794	25.9
2020	237373	26083	11.0	88552	37.3	63180	26.6	59558	25.1
2021	384701	39088	10.2	157512	40.9	90920	23.6	97181	25.3
Fuente: elaboración propia									

Fuente: Elaboración propia.

Este marcado énfasis laboral y administrativo de los Tribunales Colegiados se puede corroborar igualmente, a manera de ejemplo, en el origen de las demandas de amparo ingresadas entre 2006 y 2008, contra resoluciones definitivas en algunos órganos de impartición de justicia del fuero federal y local, como se aprecia en el **CUADRO 26.**

CUADRO 26

EVOLUCIÓN DE LAS DEMANDAS DE AMPARO DIRECTO INGRESADAS RESPECTO DE RESOLUCIONES Y SENTENCIAS DEFINITIVAS EN DIVERSOS ÓRGANOS

ÓRGANO JURISDICCIONAL	2006	2007	2008
TRIBUNALES SUPERIORES DE JUSTICIA	54475	53245	52952
JUNTAS FEDERALES DE CONCILIACIÓN Y ARBITRAJE	25436	25618	28569
JUNTAS LOCALES DE CONCILIACIÓN Y ARBITRAJE	15645	17070	18150
TRIBUNALES BUROCRÁTICOS DE CONCILIACIÓN Y ARBITRAJE.	2646	3277	4301
TRIBUNALES DE JUSTICIA FISCAL Y ADMINISTRATIVA	16206	15994	17017
TRIBUNALES AGRARIOS	3878	3394	4147
TRIBUNAL CONTENCIOSO ADMINISTRATIVO	3071	3002	3452
SISTEMA DE JUSTICIA PARA ADOLESCENTES	167	110	256
TOTAL	121524	121710	128844

Fuente: Asociación Mexicana de Impartidores de Justicia, Anuario Estadístico, Judicial, 2008.

En opinión de Magaloni Kerpel A. y Elizondo Mayer-Serra C. (2011:8), hay una gran centralización del Poder Judicial de la Federación en los asuntos relacionados con los Tribunales Superiores de Justicia. Ello se refleja en el enorme peso que han venido teniendo los amparos directos tramitados en contra de resoluciones o sentencias emitidas por los poderes judiciales de las entidades federativas, así como respecto a los amparos que se seguían, en el lapso referido, con respecto a las Juntas Federales y Juntas Locales de Conciliación y Arbitraje (autoridades jurisdiccionales en materia laboral). Estos mismos autores, empero, sostienen: "... En cuanto a los amparos concedidos se aprecia... que tratándose del Sistema de Justicia para Adolescentes la tasa de revocación es más del 50%, mientras que en el caso de los Tribunales Superiores de Justicia la tasa de revocación es del 23%. Sin embargo, en general la tasa de revocación es alta, lo cual revela la importancia que tiene la justicia federal sobre la local". La **tasa de revocación** es una relación que mide el número de los amparos concedidos con relación al total de los amparos ingresados en órganos jurisdiccionales del Poder Judicial de la Federación en un periodo determinado. En el **CUADRO 27** se puede apreciar, a guisa de ejemplo para 2008, este importante indicador.

CUADRO 27

INGRESOS Y RESOLUCIONES DE AMPAROS DIRECTOS SEGÚN AUTORIDAD RESPONSABLE, 2008

ÓRGANOS DE IMPARTICIÓN DE JUSTICIA	**INGRESOS**	**AMPAROS CONCEDIDOS (fondo y efectos)**	**TASA REVOCACIÓN**
	1	2	½ (%)
TRIB. SUP. DE JUSTICIA	52952	12430	23
JUNTAS FEDERALES DE CONCILIACIÓN Y ARB.	28569	12823	45
JUNTAS LOCALES DE CONCILIACIÓN Y ARB.	18150	8744	48
TRIB. BUR. CONC. Y ARB.	4301	1924	45
TRIBUNALES DE JUSTICIA FISCAL Y ADMVA.	17017	5798	34
TRIBUNALES AGRARIOS	4147	1459	35
TRIB. CONT. ADMVO.	3452	1005	29
SISTEMA DE JUSTICIA PARA ADOLESCENTES	256	145	57
TOTAL	128844	44328	34

Fuente: Magaloni K., A.y Elizondo Mayer-Serra, Carlos, "*La justicia de cabeza: la irracionalidad del gasto público en los tribunales.*, p., 8

En lo que concierne a los sentidos resolutorios de los amparos directos que egresaron en los últimos años, y según datos disponibles, estos se pueden apreciar en el **CUADRO 28**. En parte de este estudio, 2004-2022, se muestran regularidades estadísticas. Así, en casi todos los años se amparó positivamente a una tercera parte de quienes solicitaron el amparo directo de la justicia federal.

CUADRO 28
SENTIDO RESOLUTORIO DE LOS EGRESOS EN AMPAROS DIRECTOS EN TRIBUNALES COLEGIADOS

	EGRE-SOS	AMPA-RA	%	NO AMPA-RA	%	SOBRESEE	%	DESECHA-DOS
AÑO								
2004	118869	38834	32.7	56805	47.8	6426	5.4	6201
2006	129177	43034	33.3	61902	47.9	7231	5.6	6709
2007	127922	42307	33.1	61762	48.3	7452	5.8	6513
2008	135565	44931	33.1	63991	47.2	8044	5.9	7009
2009	140026	47115	33.6	64824	46.3	7999	5.7	7305
2010	161268	54326	33.7	76521	47.4	8751	5.4	7695
2011	170043	55699	32.8	82447	48.5	9392	5.5	9311
2012	187018	65711	35.1	88219	47.2	9800	5.2	9455
2013	200988	71430	35.5	91954	45.8	10862	5.4	11773
2014	188165	67967	36.1	83530	44.4	10592	5.6	12047
2015	196592	71512	36.4	89860	45.7	10465	5.3	11278
2016	195496	69948	35.8	88243	45.1	10609	5.4	12254
2017	191090	65297	34.2	88589	46.4	10328	5.4	12740
2018	202346	66859	33	96129	47.5	11544	5.7	13255
2019	203307	68388	33.6	94111	46.3	11676	5.7	13496
2020	128800	44287	34.4	61231	47.5	7463	5.8	7238
2021	141937	47433	33.4	62688	44.2	8672	6.1	11051
2022	164853	53020	32.2	72248	43.8	10140	6.2	14107

Nota. No se incluyen todos los tipos de egresos en este juicio de amparo directo, sino los resultados más importantes. Faltarían los egresos de estos por incompetencia o impedimento.

Fuente: Elaboración propia.

En algunos años contamos con datos estadísticos relativos a los ingresos de las demandas de amparo directo, por origen de procedencia, considerando si corresponden al fuero federal o al fuero local. Estos registros los he tomado de los Anuarios Estadísticos de la Asociación Mexicana de Impartidores de Justicia.

Como un ejemplo de lo referido con anterioridad, en 2007, de las 129 mil 641 demandas de amparo que ingresaron a los Tribunales Colegiados de Circuito, 50 mil 949 eran del fuero federal (39.3%) y 78 mil 692 eran del fuero local (60.7%). En 2008 la distribución de los 136 mil 839 ingresos de amparos directos se dio del siguiente modo: 54 mil 451 correspondieron al fuero federal (39.9%), y 82 mil 298 al fuero local (60.1%).

Una manera de medir la **eficacia (no confundir con eficiencia)**, o cumplimiento efectivo de las resoluciones que otorgaron el amparo de la justicia federal a los gobernados que la demandaron, podría ser el registro del cumplimiento de las sentencias de amparo directo por parte de las autoridades responsables de ejecutarlas. Solamente en el Informe del presidente de la Suprema Corte de Justicia de la Nación, y el Consejo de la Judicatura Federal correspondiente a 2007, se puede saber que 30 mil 845 sentencias de amparo concedidas se ejecutaron por las autoridades responsables competentes. En ese mismo año de 2007 se concedieron a los justiciables 42 mil 307 amparos, lo que representa que sólo el 72.9% del total de amparos favorables a los gobernados que ganaron su amparo se ejecutaron en ese periodo (no se toma en cuenta que la ejecución de los amparos se deben dar en cualquier circunstancia, ya sea que se ganen, se pierdan o se desechen).

En información recabada en el Sistema Integral de Expedientes de la Dirección General de Estadística Judicial del Consejo de la Judicatura Federal, se puede conocer el número de sentencias cumplidas en la que los Tribunales Colegiados otorgaron el amparo (**CUADRO 28.1**), en el periodo 2001-2010. Ese movimiento de cumplimiento de sentencias se puede confrontar con el total de las sentencias que otorgaron el amparo a los justiciables y ayudará a evaluar la **eficacia jurisdiccional**.

Si se acumula en varios años el número de amparos concedidos y se evalúa su ejecución por parte de las autoridades responsables y competentes, se puede apreciar que entre 2006 y 2010 hay un nivel de incumplimiento promedio de 15 por ciento (por desgracia no se dispone de información institucional completa para el periodo de este trabajo, a pesar de que se ha solicitado a la autoridad competente en materia de estadística judicial).

CUADRO 28.1

SENTENCIAS CUMPLIDAS EN LAS QUE LOS TRIBUNALES COLEGIADOS CONCEDIERON EL AMPARO

AÑO	No se indica	Adminis-trativa	Civil	Mer-cantil	Penal	Traba-jo	Total, cum-pli-das	Conce-didos
2001	1431	1309	3157	0	2324	5908	14129	
2002	1030	5534	7551	0	7203	18302	39620	
2003	466	5500	7534	0	6210	18221	37931	
2004	148	5951	7472	0	6635	18322	38528	38834
2005	117	5168	6621	0	5380	15184	32470	
2006	226	5555	6594	0	6320	15359	34054	43034
2007	148	6087	6773	0	6724	15022	34754	42307
2008	202	6174	6397	0	6414	18660	37847	44931
2009	96	7447	6793	0	6483	20295	41114	47115
2010	88	9228	8068	0	7044	23515	47943	54326

Fuente: Sistema Integral de Seguimiento de Expedientes (SISE), Dirección General de Estadística Judicial, Consejo de la Judicatura Federal.

Otro servicio importante que generan los Tribunales Colegiados de Circuito son los **amparos en revisión**. Son recursos de revisión contra sentencias pronunciadas en la audiencia constitucional por los jueces de distrito, tribunales unitarios y por el superior del tribunal responsable. También estos recursos de revisión proceden conforme al artículo 85 de la Ley de Amparo contra autos y resoluciones que pronuncien los jueces de distrito, así como de las sentencias de estos.

El movimiento total de los amparos en revisión muestra una alta tasa de crecimiento promedio anual: 9% en el periodo 1994-2010. En este lapso los ingresos y egresos reflejaron, igualmente, un promedio alto de 8%. Los cambios en carga de trabajo, ingresos, egresos, existencia inicial y existencia final cada año se pueden observar en el **CUADRO 29**. De 2010 a 2018 la carga de trabajo creció un promedio anual de 4.6%, y de 2018 a 2022 disminuyó en un 14.8% (se explicaría, esto solo en una parte, por los efectos del Covid en el año 2020).

Los pendientes –o existencia final– de estos amparos en revisión han crecido a una tasa promedio anual muy elevada, al elevarse en 14% en el lapso de 2004 a 2010. Esto reflejó un problema de congestionamiento judicial en la tramitación de los amparos en revisión. Así, en 1994 los pendientes o existencia final significaron el 13.5% de la carga de trabajo; en 2010 esos pendientes representaron ya el 25% de dicha carga. Esta misma relación subió a 34.3% en 2018, y 50.7% en 2022. Lo anterior, al menos estadísticamente, reflejó una tendencia ascendente de rezago en este tipo de juicios de amparo.

CUADRO 29					
MOVIMIENTO DE AMPAROS EN REVISIÓN EN TRIBUNALES COLEGIADOS					
	CARGA DE TI	INGRESOS	EGRESOS	EXISTENCIA I	EXISTENCIA FINAL
AÑO		TOTAL			
1994	27460	24123	23731	3337	3729
1995	32076	28347	27538	3729	4540
1996	33973	29433	31377	4540	6596
2005	94356	78464	75476	15892	18880
2006	92483	73603	72883	18880	19599
2007	88049	68449	69305	19599	18744
2008	92966	74222	70907	18744	22059
2009	98119	76478	70744	21641	27779
2010	109879	82372	80435	27507	29703
2011	123030	93531	94449	29499	28581
2012	114317	85953	94507	28364	19810
2013	101477	81729	81429	19748	20048
2014	101174	81557	77108	19617	24066
2015	120278	95858	86702	24420	33576
2016	128642	95674	84166	32968	44476
2017	153773	108916	94274	44857	59499
2018	157729	100773	103674	56956	54055
2019	164804	110749	109304	54055	55500
2020	106031	50531	67623	55500	38408
2021	127111	88703	73138	38408	53973
2022	134319	80346	66165	53973	68154
Los datos de carga de trabajo y existencia final se estiman conociendo ingresos y egresos de 2019 a 2021 y la existencia final de estos procedimientos de 2018. Los demás datos se toman de los Informes Anuales del Presidente de la SCJN y CJF. Los datos de 2022 son al 15 de noviembre en sentencias de estos recursos.					

Fuente: Elaboración propia.

El movimiento de los ingresos en los amparos en revisión, considerando la materia de especialización, se puede observar en el **CUADRO 30**. En el lapso de 2007 a 2009 nos damos cuenta de la gran importancia que tuvo la materia penal en el total de los ingresos de este producto, pues las dos terceras partes del total de los ingresos tuvieron que ver con dicha área. Las otras materias –administrativa, civil y laboral– se repartieron, en esos mismos años, en porcentajes parecidos a los ingresos totales de los amparos en revisión.

Llama poderosamente la atención en el **CUADRO 30** cómo va disminuyendo la importancia relativa de los amparos en revisión en materia penal, hasta significar en 2022 sólo el 18.4% del total de juicios (incluso hay varios años en que cae el número absoluto en esta materia). Esto se ha venido presentando al mismo tiempo que ha ido en ascenso la criminalidad. En contrapartida, como se puede apreciar, lo que ha ido ganando peso son los amparos en revisión de materia administrativa (representaron en 2022 el 40.6% del total de ingresos).

CUADRO 30

MOVIMIENTO DE INGRESOS DE AMPAROS EN REVISIÓN POR MATERIA EN TRIBUNALES COLEGIADOS

	INGRESOS	PENAL	%	ADMINISTRATIVA.	%	CIVIL	%	LABORAL	%
AÑO	TOTAL								
2007	68449	43931	64.2	8584	12.5	9391	13.7	6543	9.6
2008	74222	47243	63.7	9066	12.2	10016	13.5	7897	10.6
2009	76478	50410	65.9	8118	10.6	10163	13.3	7787	10.2
2010	53662	14224	26.5	15320	28.5	16335	30.4	7783	14.5
2011	53910	13047	24.2	16255	30.2	17149	31.8	7459	13.8
2012	56100	14232	25.4	15080	26.9	18627	33.2	8161	14.5
2013	56408	14713	26.1	15416	27.3	19207	34.1	7072	12.5
2014	59346	15325	25.8	16496	27.8	19372	32.6	8153	13.7
2015	63375	17298	27.3	20753	32.7	18869	29.8	6455	10.2
2016	64638	17423	27.0	19825	30.7	19740	30.5	7650	11.8
2017	71721	19734	27.5	22860	31.9	21631	30.2	7496	10.5
2018	73789	19505	26.4	24027	32.6	22695	30.8	7562	10.2

Fuente: Elaboración propia.

En lo que atañe al sentido resolutorio de los amparos en revisión que tramitan los Tribunales Colegiados de Circuito, encontramos una muy parecida distribución en el lapso de 2007 a 2022, según la estadística institucional del Poder Judicial de la Federación disponible (**CUADRO 31**). Los sentidos resolutorios que revocan o modifican las sentencias de tribunales inferiores rondaron, regularmente, el 26 o 27% del total, y los de naturaleza confirmatoria son de un promedio de 60%. No hay cambios relevantes en esa distribución en esos años.

CUADRO 31

SENTIDO RESOLUTORIO DE LOS EGRESOS EN AMPAROS EN REVISIÓN EN TRIBUNALES COLEGIADOS

AÑO	EGRESOS	CONFIRMA	REVOCA	MODIFICA	SIN MATERIA	DESECHADAS	INCOMP.	CADUCIDAD
2007	69305	42583	12925	6605	1469	3845	1798	79
2008	70907	44643	13061	5473	1623	4634	1413	60
2009	70744	44516	12395	4441	1712	4908	2758	14
2010	80435	47721	15101	6957	1935	5064	3620	37
2011	53983	34537	10644	3846	420	2925	1604	7
2012	56100	37479	11887	3756	386	3271	1412	0
2013	56636	36701	11405	3655	379	3324	1167	5
2014	54829	33786	11884	3928	447	3552	1231	1
2015	60697	38370	12276	4036	515	3840	1652	8
2016	60865	38376	12059	3929	593	4087	1812	9
2017	65899	41005	13125	4400	704	4674	1982	9
2018	75158	47053	15346	4876	744	4903	2235	1
2019	72619	45648	14307	4946	789	4816	2106	7
2020	47810	30529	9473	3356	394	2560	1497	1
2021	47227	27233	9167	3088	551	4549	2633	6
2022	66165	37147	13581	3961	919	6299	4253	5

Nota. No incluye todos los sentidos resolutorios de los egresos totales de sentencias de amparo en revisión (sólo los más importantes).

Fuente: Elaboración propia.

Si se consideran como salidas positivas para las demandas de los justiciables en el amparo en revisión, aquellas resoluciones que revocan o modifican situaciones y actos que les perjudiquen, encontramos que éstas representan en promedio, en el lapso 2007-2022, un 27%. Aquí nos percatamos de una situación relativamente más adversa con respecto a las resoluciones que para los quejosos, o demandantes de la justicia, se registra en los egresos de los amparos directos. Generalmente esas resoluciones favorecen a los impartidores de justicia de órganos de justicia revisados.

5.3 EFICIENCIA JURISDICCIONAL EN LOS TRIBUNALES UNITARIOS DE CIRCUITO

Antes de los cambios en la estructura del Poder Judicial de la Federación que crearon los Tribunales Colegiados de Apelación, en 2019, y que siguieron funcionando transitoriamente años después, existieron los llamados Tribunales Unitarios. La competencia de los Tribunales Unitarios de Circuito (TUC) se centraba, esencialmente, en el fuero federal. Estos órganos jurisdiccionales representaban la segunda instancia en el proceso federal (la primera instancia estaba atribuida, esencialmente, a los Juzgados de Distrito del Poder Judicial de la Federación). En situaciones particulares los Tribunales Unitarios eran también competentes para la tramitación del juicio de amparo. La materia jurídica más importante que resolvían este tipo de tribunales era la penal. La competencia jurisdiccional de esos Tribunales Unitarios la podemos observar en el **Diagrama 23**.

DIAGRAMA 23

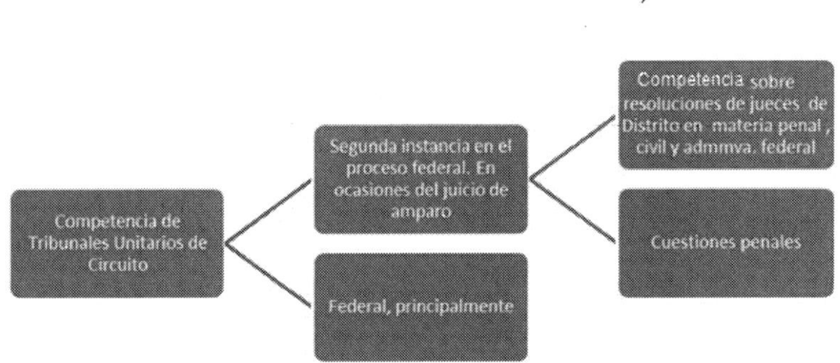

Fuente: elaboración propia

En el análisis del funcionamiento de los tribunales unitarios de circuito, se apreciaron menores cambios, sobre todo si los comparamos con los observados en los tribunales colegiados y en los juzgados de distrito (**CUADRO 32**).

Entre 1987 y 1990 se elevó a 17.2% el promedio de carga de trabajo en esos tribunales unitarios. Durante la presidencia de Ulises Schmill comenzó a caer la carga de trabajo. Más adelante, de 1994 a 1998, y en los años de 1999 y 2003, esta relación se estabilizó. Se dio un incremento significativo en estos órganos jurisdiccionales entre 1987 y 1995, al crecer de 22 a 47 tribunales unitarios. De 1995 a 2000 sólo se crearon nueve tribunales unitarios adicionales. Un aumento similar se observó en el lustro 2000-2005; entre 2005 y 2010 se formaron otros veintidós tribunales unitarios. En el año 2022 existían 98 órganos de este tipo, lo que muestra una estabilización en su crecimiento en los últimos años. Esto se puede apreciar en una disminución en su carga de trabajo, muy significativa en particular a partir de 2011, como se puede apreciar en el **CUADRO 32**.

CUADRO 32
TRIBUNALES UNITARIOS DE CIRCUITO
EVOLUCIÓN DE CARGAS DE TRABAJO

	TOTAL	TOTAL	PROMEDIO DE CARGA DE TRABAJO ANUAL	
Año	**TRIBUNALES UNITARIOS.**	**CARGA DE TRABAJO**	**PROMEDIO DE CARGA DE TRABAJO ANUAL**	**1987=100**
1987	22	17163	861	100
1988	24	19154	965	112.1
1989	26	22070	972	112.9
1990	29	26505	1034	120.1
1991	35	31286	1123	130.4
1992	39	31284	1126	130.8
1993	44	30352	1161	134.8
1994	46	31236	1199	139.3
1995	47	30129	1358	157.7
1996	47	33751	1445	167.8
1997	49	33720	1885	218.9
1998	49	33750	1958	227.4
1999	53	36392	2075	241
2000	56	37507	1843	214.1
2001	61	41330	1738	201.9
2002	65	45192	1529	158.4
2003	65	51108	1603	164.9
2004	67	50856	1655	170.2
2005	67	50730	1710	175.9
2006	70	52935	1675	194.5
2007	70	52539	1667	193.6
2008	75	55202	1728	200.1
2009	89	55435	1689	196.2

2010	89	63285	1784	207.2
2011	88	58353	663	77
2012	91	60694	667	77.5
2013	96	55038	573	66.6
2014	97	54601	563	65.4
2015	97	53831	555	64.5
2016	97	46831	483	56.1
2017	99	39039	394	45.8
2018	100	36389	364	42.3
2019	97	29492	304	35.3
2020	98	28801	294	34.1
2021	98	28815	294	34.1
2022	98	27676	282	32.8
Fuente: Elaboración propia				

Un panorama parecido se presentó con los promedios de **egresos** anuales en los tribunales unitarios (**CUADRO 33**). Crecieron ligeramente de 1987 a 1990 (10.7%); sin embargo, descendieron entre 1990 y 1994 en un nivel similar. De 1994 a 1998 estos egresos se estancaron en un promedio parecido. De 2011 a 2022 ese promedio de egresos continuó descendiendo. Como en otros casos, la instalación de más órganos jurisdiccionales de este tipo provocó una caída en el promedio de egresos anual (en particular de 2005 a 2010).

El volumen y el promedio de asuntos pendientes en los tribunales unitarios han sido los más bajos de los órganos jurisdiccionales federales (**CUADRO 33**). Con excepción de los años de 1987 a 1990, en los que se registró un aumento en el rezago (42.2%), más adelante se presentó una tendencia descendente en los asuntos pendientes. Entre el año 2000 y el 2003 volvió a subir el promedio de asuntos pendientes en los tribunales unitarios (de 67 a 140 casos).

Finalmente, en los años 2004 y 2005 los promedios de asuntos pendientes en los Tribunales Unitarios fueron de 97 y 93 casos, respectivamente. En 1996, tuvieron un leve repunte (101) y, para 2010, cayeron a 86 asuntos pendientes por resolver en promedio. En 2022 se tuvo un promedio de 19 asuntos pendientes en ese tipo de órganos (un caso ejemplar de eficiencia en el despacho de asuntos en los órganos jurisdiccionales federales).

CUADRO 33							
TRIBUNALES UNITARIOS DE CIRCUITO							
EVOLUCIÓN DE CARGAS DE TRABAJO, EGRESOS Y PENDIENTES							
		PROMEDIO DE CARGA DE TRABA-JO ANUAL		PROMEDIO DE EGRESOS EN EL AÑO		PROMEDIO	
Año	Trib. Unit.		1987=100		1987=100	DE PENDIENTES EN EL AÑO	1987=100
1987	22	780	100	619	100	161	100
1988	24	798	102.3	631	101.9	167	103.7
1989	26	848	108.8	671	108.4	178	110.6
1990	29	914	117.2	685	110.7	229	142.2
1991	35	894	114.6	674	108.9	220	136.6
1992	39	802	102.8	693	112.0	109	67.7
1993	44	690	88.5	623	100.6	67	41.6
1994	46	679	87.1	623	100.6	56	34.8
1995	47	641	82.2	591	95.5	50	31.1

1996	47	718	92.1	650	105.0	68	42.2
1997	49	688	88.2	621	100.3	67	41.6
1998	49	689	88.3	626	101.1	63	39.1
1999	53	700	89.7	642	103.7	57	35.4
2000	56	670	85.7	606	97.9	67	41.6
2001	61	678	85	617	99.7	61	37.9
2002	65	698	82	610	98.5	88	54.7
2003	65	786	86	646	104.4	140	87
2004	67	755	82.6	658	106.3	97	60.2
2005	67	757	82.8	664	107.3	93	57.8
2006	70	756	96.9	656	106.0	101	62.7
2007	70	751	96.3	645	104.2	106	65.8
2008	75	736	94.4	626	101.1	110	68.3
2009	89	623	79.9	531	85.8	92	57.1
2010	89	711	91.2	625	101.0	86	53.4
2011	88	663	77	529	85.4	96.8	60.1
2012	91	667	77.5	523	84.5	77.2	47.9
2013	96	573	66.6	445	71.9	115.5	71.8
2014	97	563	65.4	415	67.1	67.3	41.8
2015	97	555	64.5	403	65.1	-0.4	-0.3
2016	97	483	56.1	347	56.0	28.5	17.7
2017	99	394	45.8	267	43.2	30.7	19.1
2018	100	364	42.3	236	38.2	51.6	32.0
2019	97	304	35.3	316	51.0	-4.9	-3.1
2020	98	294	34.1	181	29.3	119.5	74.2
2021	98	294	34.1	211	34.2	82.4	51.2
2022	98	282	32.8	275	44.4	19.1	11.9

Fuente: Elaboración propia (datos de varios años son calculados con el propósito de dar continuidad a la serie de tiempo).

Si se toma como ejemplo, los asuntos egresados en 2004 fueron de 44 077, que divididos entre 67 tribunales unitarios arrojaron un promedio para este tipo de órganos de 658 casos. Un número similar de asuntos despachados se observó en 2005. Para 2010, el promedio nacional de egresos en estos tribunales fue de 625 asuntos. En años posteriores esta tendencia continuó hasta llegar, en 2022, a un promedio de 275 asuntos egresados.

Al medir la eficiencia en los tribunales unitarios, mediante el uso de la *tasa de resolución jurisdiccional*, se puede cuantificar también la capacidad de respuesta que brindan estos órganos a las demandas de servicios judiciales de los justiciables.

En el caso de los tribunales unitarios de circuito, podemos observar la manera como evolucionó la tasa de resolución jurisdiccional en el periodo de 1987 a 2022 (**CUADRO 34**). Se aprecia, en el lapso indicado, en promedio una tasa muy cercana a la unidad (o al 100 por ciento), incluso en algunos años se superó la cifra, exhibiendo un nivel alto de eficiencia jurisdiccional. Los años en que la tasa presentó una situación que pudo ser problemática fueron: 1988 (0.96); 1990 (0.90) y 2003 (0.92). En promedio se apreció una tasa muy cercana a la unidad (o 100%), lo que indica una tasa de resolución muy eficiente en los tribunales unitarios.

En general pueden apreciarse varias tendencias en la tasa de resolución jurisdiccional de los tribunales unitarios. Entre 1988 y 1995, un periodo previo a la conformación del Consejo de la Judicatura Federal, se registró una tasa que en promedio rebasó a la unidad (o el 100 por ciento), lo que muestra una eficiencia plena en esos años. De 1996 a 2004, en cambio, se registró una reducción en la tasa de resolución de asuntos despachados, debido a que disminuyó a un promedio anual de 0.981. Si se toma en su conjunto el lapso de 1996 a 2010, la tasa promedio en el periodo fue muy similar a la previa cercana a la unidad (0.99). Por ello, se desprende que la tasa de resolución jurisdiccional en estos órganos es la más alta en el Poder Judicial de la Federación. Esta tendencia se mantuvo hasta 2022, como se puede apreciar en el siguiente cuadro.

CUADRO 34			
TRIBUNALES UNITARIOS DE CIRCUITO TASA DE RESOLUCIÓN JURISDICCIONAL. 1987-2022			
año	**Egresos (E.)**	**Ingresos (I)**	**Tasa (E/I)**
1987	13612		
1988	15153	15803	0.96
1989	17541	18069	0.97
1990	19856	21886	0.91
1991	23859	24637	0.97
1992	27014	23587	1.15
1993	27402	26082	1.05
1994	28671	28286	1.01
1995	27777	27564	1.01
1996	30544	31351	0.97
1997	30437	30512	1
1998	30673	30484	1.01
1999	33358	33315	1
2000	33942	34473	0.98
2001	37649	37765	1
2002	39670	41511	0.96
2003	42006	45327	0.93
2004	44076	44522	0.99
2005	44466	43951	1.01
2006	45895	44671	1.03
2007	45133	45499	0.99
2008	46983	47796	0.98
2009	47254	47218	1
2010	55590	55107	1.01
2011	51396	50717	1.01
2012	52752	53775	0.98

2013	48390	47132	1.03
2014	46607	47967	0.97
2015	45585	45861	0.99
2016	40832	38622	1.06
2017	34429	33109	1.04
2018	32253	31774	1.02
2019	30648	29971	1.02
2020	17784	17093	1.04
2021	20725	20739	1.00
2022	26940	25801	1.04
Fuente: Elaboración propia			

La relación *Ingresos-Egresos* de asuntos despachados en los Tribunales Unitarios de Circuito, de 1988 a 2022, se puede observar en el **CUADRO 35**. Se advierte en la relación estadística mencionada que los ingresos sobrepasan, invariable y levemente en el periodo, a los egresos en los tribunales unitarios. Por tanto, no se dio un nivel de congestionamiento en estos órganos en tiempos del CJF salvo, en un rango moderado, en 2002 y 2003. Pero en años posteriores esta situación se corrigió. Las diferencias en los años que siguieron no fueron tan importantes.

CUADRO 35			
TRIBUNALES UNITARIOS DE CIRCUITO RELACIÓN INGRESOS-EGRESOS			
Año	**Egresos (E.)**	**Ingresos (I)**	**Tasa (I/E)**
1987	13612		
1988	15153	15803	1.04
1989	17541	18069	1.03
1990	19856	21886	1.1

1991	23859	24637	1.03
1992	27014	23587	0.87
1993	27402	26082	0.95
1994	28671	28286	0.99
1995	27777	27564	0.99
1996	30544	31351	1.03
1997	30437	30512	1
1998	30673	30484	0.99
1999	33358	33315	1
2000	33942	34473	1.02
2001	37649	37765	1
2002	39670	41511	1.05
2003	42006	45327	1.08
2004	44076	44522	1.01
2005	44466	43951	0.99
2006	45895	44671	0.97
2007	45133	45499	1.01
2008	46983	47796	1.02
2009	47254	47218	1
2010	55590	55107	0.99
2011	51396	50717	0.99
2012	52752	53775	1.02
2013	48390	47132	0.97
2014	46607	47967	1.03
2015	45585	45861	1.01
2016	40832	38622	0.95
2017	34429	33109	0.96
2018	32253	31774	0.99
2019	30648	29971	0.98
2020	17784	17093	0.96

2021	20725	20739	1
2022	26940	25801	0.96

Fuente: Elaboración propia.

Una evaluación en el **movimiento total** de los asuntos que se tramitaron en los tribunales unitarios de circuito entre 2003 y 2021, y tomando en cuenta la más reciente metodología que refleja la estadística judicial federal, se puede apreciar en el **CUADRO 36**. Ahí se pueden observar las siguientes situaciones vinculadas a su especialización jurisdiccional:

- En 2010 el 86.5 % de los asuntos tramitados corresponden a la materia penal; el 10.5% a la materia civil, y sólo el 0.3% a la materia administrativa. Una distribución que ha sido tendencia en este periodo.
- Lo anterior muestra una particularidad notablemente penalista de estos tribunales, cuya tarea más importante es la de ser órganos de apelación en sentencias emitidas por los juzgados de distrito. Los asuntos que en materia penal ingresaron de 2003 a 2010, lo hicieron a una tasa promedio de incremento anual de 2.6%. A partir de 2011 empiezan a caer los ingresos en materia penal hasta significar once años después, en 2021, solamente la tercera parte del total de ingresos. Un dato interesante ante el avance de la criminalidad.

La eficiencia de los tribunales unitarios por materia de especialización, medida en términos de **tasa de resolución jurisdiccional** (egresos/ingresos), y de la relación cuantitativa de **ingresos entre egresos (CUADRO 36)**, se observa en los siguientes resultados en el periodo de 2003 a 2022:

- La tasa de resolución jurisdiccional en materia **administrativa** se acerca a la eficiencia más alta, al estar próxima a la unidad (o el 100%) en la mayoría de esos años, con excepción de 2003 y 2004, en donde se observa un 0.90 y 0.93 respectivamente. En esos mismos años, por ende, se manifestó un congestionamiento en la relación ingresos-egresos en estos órganos en esta materia, de 1.10 y 1.07.

- En materia penal, la tasa de resolución jurisdiccional tuvo niveles de eficiencia altos, cercanos o superiores a la unidad (o al 100 por ciento). El promedio anual del periodo fue de 0.99 (o 99%).
- En materia civil, la tasa de resolución jurisdiccional y la relación de ingresos que se observó en el periodo, en promedio fuerón de tasas de 0.98 y de 1.02, respectivamente. Solamente en el bienio 2003-2004 se lograron tasas promedio de resolución de 0.93. Lo anterior muestra un alto nivel de eficiencia y la práctica inexistencia del congestionamiento judicial.
- Las mediciones anteriores, de 2003 a 2010, se mantuvieron en los años posteriores (2011-2022).

CUADRO 36

MOVIMIENTO TOTAL DE ASUNTOS EN TRIBUNALES UNITARIOS, POR MATERIA

AÑO	INGRESOS Total	EGRESOS Total	INGRESOS Mat. Adm	EGRESOS Mat. Adm	INGRESOS Mat. Penal	EGRESOS Mat. Penal	INGRESOS Mercantil	EGRESOS Mercantil	INGRESOS Laboral	EGRESOS Laboral	INGRESOS Civil	EGRESOS Civil	INGRESOS No Especif.	EGRESOS No Especif.
2003	45237	44536	215	203	42168	41534								
2004	44522	44076	229	223	43063	40855								
2005	43953	44466	243	241	39962	40537								
2006	46673	45885	202	211	42042	41404								
2007	45498	45133	230	231	40045	39876								
2008	47796	46983	163	157	41190	40810								
2009	47218	47254	245	245	42052	41867								
2010	55307	55590	244	263	50463	50876								
2011	50717	51386	125	120	45598	46371								
2012	53775	52752	103	113	48231	47066								
2013	47332	48380	78	78	43742	43044								
2014	47967	46607	58	56	43930	43083								
2015	49859	45585	103	102	36805	35176								
2016	38622	40832	92	98	33108	33381								
2017	33307	34427	130	125	25143	26367								
2018	31772	32250	113	118	22184	23765								
2019	30312	30675	98	102	22936	21881			2	2	3036	8880		
2020	15393	16527	40	40	13449	12033					1582	1717	2522	2737
2021	22443	23977	63	66	15943	15548	3963	3822	1	1	2473	2537		

Fuente: Elaboración propia.

Los tribunales unitarios de circuito, como hemos visto, funcionaron en primer lugar como órganos de apelación, y como segunda instancia en procesos penales federales y en las materias civiles, mercantiles y administrativas que disponen las leyes federales aplicables. También estos tribunales conocían, en segundo lugar, de los juicios de amparo indirecto en las situaciones que determinan la Ley de Amparo y la Ley Orgánica del Poder Judicial de la Federación. En estas dos funciones se registró el grueso del movimiento del total de los asuntos de su competencia. La información del **CUADRO 36** es la que se pudo obtener en las fuentes estadísticas institucionales del CJF.

De los tribunales unitarios se evalúa, principalmente, sus cambios cuantitativos en las apelaciones y en los juicios de amparo indirecto, de 1998 a 2010, considerando la estadística judicial federal disponible.

La parte sustantiva de la carga de trabajo de los tribunales unitarios se concentraba en las apelaciones y en las de índole penal. Una parte notable de su actividad residía en ser órganos de apelación en los procesos penales federales. En el **CUADRO 37** se pueden observar los cambios en el movimiento total de apelaciones, de 1998 a 2022. El funcionamiento eficiente de estos tribunales se aprecia en la tasa de resolución jurisdiccional de apelaciones, pues está rebasaba o se identificaba con la unidad (o, en un 100%); una situación parecida se registró con la relación entre ingresos y egresos de apelaciones: la tasa merodeaba a la unidad (o cien por ciento).

CUADRO 37							
MOVIMIENTO TOTAL DE APELACIONES EN TRIBUNALES UNITARIOS 1998-2022							
	CARGA TRA	EXISTENCIA	INGRESOS	EGRESOS	QUEDAN	EGR/INGR	INGRE/EGRE
AÑO							
1998			29527	29753	2904	1.01	0.99
1999	35191	2904	32287	32320	2871	1	1
2000	35740	2871	32869	32357	3383	0.98	1.02
2003	47986	5124	42862	42006	5980	0.98	1.02
2005	47201	6320	40881	41367	5834	1.01	0.99
2006	49446	5834	43612	42848	6598	0.98	1.02
2007	48776	6598	42178	41888	6888	0.99	1.01
2008	51034	6888	44146	43448	7606	0.98	1.02
2009	50910	7603	43307	43385	7525	1	1
2010	57545	7520	50025	50582	6963	1.01	0.99
2011	52757	6903	45854	46523	6234	1.01	0.99
2012	54689	6193	48496	47580	7109	0.98	1.02
2013	48316	7071	41245	42741	5575	1.04	0.96
2014	47033	5563	41470	40302	6731	0.97	1.03
2015	45973	6709	39264	39082	6891	1	1
2016	38278	6854	31424	33622	4656	1.07	0.93
2017	29854	4586	25268	26448	3406	1.05	0.96
2018	26743	3415	23328	23643	3100	1.01	0.99
2019	33071	3100	29971	30648	2423	1.02	0.98
2020	19516	2423	17093	17784	1732	1.04	0.96
2021	22471	1732	20739	20725	1746	1.00	1.00
2022	27547	1746	25801	26940	607	1.04	0.96
Fuente: elaboración propia							

En lo que atañe a la distribución por materia de las apelaciones totales, ingresadas en los tribunales unitarios, se puede apreciar en el **CUADRO 38** una participación sobresaliente de los asuntos o causas en materia penal, en los años de 2007 a 2010; nueve de cada diez apelaciones eran de tipo penal (alrededor del 90%). En segundo lugar, aparecían las apelaciones en materia civil y mercantil (casi un 10%), y, finalmente, las de carácter administrativo eran poco relevantes. De 2011 a 2022 descendió la parte relativa de los asuntos penales (72%) y aumentó la de aquellos de naturaleza civil (21%).

CUADRO 38							
MOVIMIENTO DE INGRESOS TOTALES Y POR MATERIA DE APELACIONES EN TRIBUNALES UNITARIOS							
	INGR. TOTALES	PENAL	%	ADMVA.	%	CIVIL Y MERC.	%
2007	42178	37867	89.8	107	0.3	4204	10
2008	47746	41190	86.3	165	0.3	6441	13.5
2009	43307	39352	90.9	112	0.3	3843	8.9
2010	50025	46603	93.2	104	0.2	3318	6.6
2011	48554	41358	85.2	90	0.2	3678	7.6
2012	48496	44361	91.5	64	0.1	3961	8.2
2013	41245	37374	90.6	51	0.1	3820	9.3
2014	41470	37104	89.5	48	0.1	4318	10.4
2015	39264	33982	86.5	65	0.2	5217	13.3
2016	31424	25935	82.5	67	0.2	5422	17.3
2017	25268	19384	76.7	73	0.3	5811	23
2018	23328	16935	72.6	45	0.2	6348	27.2
2019	20909	14339	68.6	48	0.2	6522	31.2
2020	11534	8346	72.4	21	0.2	3167	27.5
2021	13686	9994	73.0	24	0.2	3668	26.8
2022	16168	11629	71.9	28	0.2	4511	27.9

Fuente: Elaboración propia.

En lo que respecta a los movimientos estadísticos de los juicios de amparo indirecto, en los que tenían competencia los anteriores tribunales unitarios de circuito, y conforme a lo que determinaban la Ley de Amparo y la Ley Orgánica del Poder Judicial de la Federación, se aprecian las siguientes tendencias, considerando la estadística disponible: **CUADRO 39.**

CUADRO 39

MOVIMIENTO DE JUICIOS DE AMPARO INDIRECTO EN TRIBUNALES UNITARIOS 1999-2022

	CARGA DE TRABAJO	EXISTENCIA ANTERIOR	INGRESOS	EGRE-SOS			
AÑO	CT		I	E	E/I	I/E	E/CT
1999		173	1028	1038	1.01	0.99	
2000		163	1211	1209	1	1	
2003			2144	2182	1.02	0.98	
2004			2397	2304	0.96	1.04	
2005	2870	424	2446	2466	1.01	0.99	0.86
2006	2852	404	2448	2438	1	1	0.85
2007	3084	414	2670	2595	0.97	1.03	0.84
2008	3487	489	2998	2901	0.97	1.03	0.83
2009	3859	588	3271	3250	0.99	1.01	0.84
2010	4751	609	4142	4090	0.99	1.01	0.86
2011	4571	661	3910	3908	1	1	0.86
2012	4874	662	4212	4093	0.97	1.03	0.85
2013	5462	784	4678	4453	0.95	1.05	0.84
2014	6164	1006	5158	4975	0.96	1.04	0.82
2015	6275	1191	5084	5030	0.99	1.01	0.81
2016	6349	1246	5103	5166	1.01	0.99	0.8
2017	6156	1184	4972	5094	1.02	0.98	0.81
2018	5852	1069	4793	4963	1.04	0.97	0.83
2019	4312	889	3423	3567	1.04	0.96	0.83
2020	3042	745	2297	2312	1.01	0.99	0.76
2021	4513	730	3783	3771	1.00	1.00	0.84
2022	5579	742	4837	4905	1.01	0.99	0.88

Nota. En algunos años se calcula la carga de trabajo y la existencia anterior en estos órganos jurisdiccionales

Fuente: Elaboración propia.

La eficiencia jurisdiccional de los tribunales unitarios, en lo que corresponde a los juicios de amparo indirecto que fueron resueltos en el periodo, se ilustra en el cuadro anterior y, como se aprecia, fue muy alta. La tasa de resolución (E/I), promedió el 0.99, y el indicador que mide el congestionamiento judicial, la relación entre ingresos y egresos (I/E), fue de 1.01. De manera natural, quedaron como pendientes de resolución entre 2005 y 2010 un 15% de los juicios de amparo en estos órganos jurisdiccionales. Esta tendencia se mantuvo hasta el año 2022, con excepción del 2020 (debido al impacto del Covid, tal como se ha venido señalando).

Los ingresos de juicios de amparo indirecto en los tribunales unitarios de circuito van acentuando su procedencia en materia penal. Esto se puede constatar en el **CUADRO 40**. Tan sólo de 2007 a 2010 se incrementaron un 85.5% los amparos indirectos de naturaleza penal, elevando su participación en poco más de la cuarta parte de los ingresos totales. Los juicios de amparo indirecto civiles y mercantiles ocuparon el segundo lugar. Finalmente, los amparos administrativos significaron un último lugar, con un peso marginal en los ingresos totales. De 2011 a 2022 se observa una menor participación de juicios penales (llegan a 67%) y un incremento de los de índole civil (31%).

CUADRO 40

INGRESOS DE JUICIOS DE AMPARO INDIRECTO EN TRIBUNALES UNITARIOS POR MATERIA. 2007-2022

AÑO	INGRE-SOS	MAT. PE-NAL	%	ADMINIST.	%	CIVIL Y MERC.	%
2007	2670	1837	68.8	26	1	807	30.2
2008	2998	2098	70	36	1.2	864	28.8
2009	3271	2428	74.2	127	3.9	716	21.9
2010	4142	3407	82.3	36	0.9	699	16.9
2011	3910	3076	78.7	33	0.8	801	20.5
2012	4212	3243	77	34	0.8	935	22.2

2013	4678	3735	79.8	23	0.5	920	19.7
2014	5158	4081	79.1	11	0.2	1066	20.7
2015	5084	4060	79.9	36	0.7	986	19.4
2016	5103	3870	75.8	21	0.4	1212	23.8
2017	4972	3643	73.3	51	1	1276	25.7
2018	4793	3420	71.4	71	1.5	1300	27.1
2019	4998	3423	68.5	52	1.0	1521	30.4
2020	3224	2297	71.2	18	0.6	906	28.1
2021	3783	2625	69.4	38	1.0	1119	29.6
2022	4837	3242	67.0	51	1.1	1544	31.9

Fuente: Elaboración propia.

Con relación al sentido resolutorio de los juicios de amparo indirecto, en los tribunales unitarios de circuito, **CUADRO 41**, se pueden apreciar varias situaciones en los años de 2007 a 2022, conforme a la estadística institucional disponible del Consejo de la Judicatura Federal.

Crecieron, significativamente, los amparos otorgados que solicitaron la protección de la justicia federal en los tribunales unitarios. De 2007 a 2010, se incrementaron de 682 a 1357 los amparos concedidos (99%). Este ascenso implicó un mayor peso de los amparos concedidos en el total de los egresos en este rubro, elevando su peso de un 26.3% a un 33.2%. En el lapso mencionado se constató el carácter efectivo de esta institución jurisdiccional en la protección de las garantías de los justiciables, así como de limitaciones en el ejercicio del poder de otras autoridades (judiciales, principalmente). De 2011 a 2022 se apreció, en contraposición, una tendencia descendente en el porcentaje de amparados en este tipo de juicios (cayendo del 33.2% en 2010 al 12.6% en 2022).

CUADRO 41

TRIBUNALES UNITARIOS DE CIRCUITO RESOLUCIONES EN LOS JUICIOS DE AMPARO INDIRECTO (más importantes). 2007-2022

	EGRESOS	SENTIDO RESOLUCIONES							
AÑO	TOTAL	AMPARA	% AMPA-RA	NO AMPA-RA	SOBRE-SEE	DESECHA-DAS	NO INTERP.	INCOMPET.	OTROS SENT.
2007	2595	682	26.3	975	445	261	33	125	72
2008	2901	704	24.3	1087	514	299	23	172	102
2009	3250	785	24.2	1247	635	231	33	176	143
2010	4090	1357	33.2	1273	864	262	28	179	127
2011	3908	803	20.5	1096	737	306		3908	38
2012	4093	1029	25.1	1153	826	297		4093	42
2013	4453	1136	25.5	1286	948	350		4453	67
2014	4975	1156	23.2	1471	1045	463		4975	91
2015	5030	1123	22.3	1530	909	484		5030	90
2016	5166	1080	20.9	1237	688	240		5166	76
2017	5094	976	19.2	1643	906	491		5094	137
2018	4963	892	18	1506	879	519		4963	129
2019	5125	1009	19.7	1643	794	586	90	729	254
2020	3261	556	17.0	1156	405	439	82	466	140
2021	3771	523	13.9	1365	543	457	123	583	163
2022	4905	617	12.6	1911	590	571	135	900	168

Nota. Los datos de otros sentidos resolutorios de 2019 a 2022 son estimados

Fuente: Elaboración propia.

5.4 EFICIENCIA JURISDICCIONAL EN LOS JUZGADOS DE DISTRITO

Los Juzgados de Distrito, como se ha podido apreciar, representan el mayor número de órganos jurisdiccionales del Poder Judicial de la Federación. En ellos se concentra la mayor carga de trabajo y su competencia es la de ser entidades jurisdiccionales de primera instancia, tanto en la tramitación del amparo indirecto como en los procesos federales que determinan las leyes vigentes y aplicables. En el **Diagrama 24** se ilustra la competencia jurisdiccional que se le asigna a los Juzgados de Distrito en la CPEUM y en las leyes ordinarias aplicables.

DIAGRAMA 24

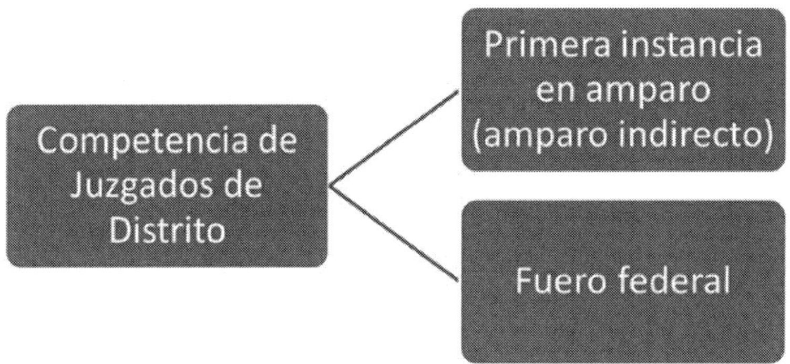

Fuente: elaboración propia

Los promedios de cargas de trabajo en los juzgados de distrito, en el mismo lapso histórico, muestran las siguientes tendencias: disminuye 17.6% de 1987 a 1990; vuelven a caer un 21% de 1990 a 1994. Este rumbo declinante se continúa observando de 1994 al 2003 (**CUADRO 42**).

La disminución en los promedios de la carga de trabajo en los juzgados de distrito se corresponde, esencialmente, con una caída en los asuntos pendientes de trámite en estos órganos. Por su parte, en 2004 la carga de trabajo en ese mismo año fue de 1333 asuntos en promedio.

En 2005 la carga de trabajo en los juzgados de distrito se elevó a 430 mil, 482 asuntos que, divididos entre esos órganos, nos da un promedio de 1464 expedientes por órgano.

La creación de juzgados de distrito ha sido permanente en el periodo de estudio, sólo de 1987 a 1995 se crearon 59; de 1995 a 2002, 88, y, en el lapso de 2002 a 2010 se instalaron otros 88 juzgados. Lo que muestra una elevación consistente y sostenida de la capacidad instalada del Poder Judicial de la Federación en este tipo de órganos jurisdiccionales. En el año 2022 existían 427 juzgados federales (65 más que en 2010).

Esta mayor capacidad de atención de los juzgados de distrito explica una disminución significativa de la carga de trabajo promedio entre 1987 y 1995, así como en el primer lustro posterior a la creación del Consejo de la Judicatura Federal, 1995-2000; sin embargo, llama la atención que a partir del año 2000 la carga de trabajo promedio en este tipo de órganos jurisdiccionales federales no ha dejado de incrementarse, gradualmente, no obstante que de forma paralela se hubiese elevado el número de juzgados de distrito (**CUADRO 42**). En 2022 la carga de trabajo promedio en estos órganos fue de 2255 asuntos (muy superior a la de 1995, año de creación del Consejo de la Judicatura Federal, que era de 1665).

CUADRO 42				
JUZGADOS DE DISTRITO EVOLUCIÓN DE CARGAS DE TRABAJO				
	TOTAL	TOTAL	PROM. DE CARGA DE TRAB.	
Año	JUZG. DE DISTRITO	CARGA DE TRABAJO		1987=100
1987	117	254589	2716	100
1988	129	284931	2208	81.3
1989	134	321552	2400	88.4
1990	147	328897	2237	82.4
1991	154	308300	2003	73.7
1992	156	302530	1939	71.4
1993	162	305158	1884	69.4
1994	169	281942	1668	61.4
1995	176	283199	1618	59.6
1996	178	297457	1671	61.5
1997	185	309369	1501	55.3
1998	188	244157	1300	47.9
1999	197	258890	1314	48.4
2000	217	247321	1140	42
2001	234	291471	1246	45.9
2002	264	331626	1256	46.2
2003	286	371159	1298	47.8
2004	306	391822	1333	49.1
2005	294	430282	1464	53.9
2006	296	436412	1474	54.3
2007	302	474759	1572	57.9
2008	322	523486	1626	59.9
2009	359	555413	1547	57
2010	362	590976	1633	60
2011	374	610507	1632	60.1
2012	389	660190	1697	62.5
2013	402	675909	1681	61.9
2014	406	722640	1780	65.5
2015	420	746088	1776	65.4
2016	428	757512	1770	65.2
2017	430	730594	1699	62.6
2018	446	699931	1569	57.8
2019	417	798268	1914	70.5
2020	419	591394	1411	52
2021	426	819570	1924	70.8
2022	427	962925	2255	83

Fuente: Elaboración propia.

Por otra parte, como se aprecia en el **CUADRO 43**, los promedios de egresos de asuntos subieron, mínimamente, de 1987 a 1990 (2.5%); cayeron de 1990 a 1994 (33%), y se mantuvieron de 1994 a 1998. Los egresos en estos órganos ofrecieron, por ejemplo, tendencias opuestas en 1999 y 2000: crecieron en el primer año (casi 2%) y cayeron en el segundo (10.6%).

En el año 2004 los asuntos totales que egresaron de los 294 juzgados de distrito fueron 343,043 (un promedio por órgano de 1,167 casos). En 2022 se observó un egreso promedio de 1777 asuntos. Por su parte, los asuntos pendientes por despachar fueron en 1996 de 527, en promedio, para cada juzgado; en el año 2022 se acercaron a 478. Lo que manifiesta regularidades estadísticas.

Para este tipo de órganos se apreció, a partir de 2005, una mejor situación que en el pasado, por esto mismo cayó significativamente tanto la carga de trabajo como el rezago jurisdiccional. Esto fue resultado, en gran medida, de la creación de nuevos órganos jurisdiccionales, como se comentó previamente. En años posteriores, como se aprecia en el **CUADRO 43,** se volvió a incrementar la carga de trabajo y el rezago en este tipo de órganos.

CUADRO 43						
JUZGADOS DE DISTRITO						
EVOLUCIÓN DE CARGAS DE TRABAJO, EGRESOS Y PENDIENTES						
	PROMEDIO DE CARGA DE TRABAJO ANUAL		PROMEDIO DE EGRESOS EN EL AÑO		PROMEDIO	
AÑO		1987=100		1987=100	DE PENDIENTES EN EL AÑO	1987=100
1987	2716	100	1651	100	626	1-00
1988	2208	81.3	1671	101.2	637	101.8
1989	2400	88.4	1798	108.9	602	96.2
1990	2237	82.4	1693	102.5	544	86.9

1991	2003	73.7	1494	90.5	509	81.3
1992	1939	71.4	1410	85.4	529	84.5
1993	1884	69.4	1336	80.9	536	85.6
1994	1668	61.4	1147	69.5	521	83.2
1996	1671	61.5	1144	69.3	527	84.2
1997	1501	55.3	977	59.2	524	83.7
1998	1300	47.9	1097	66.4	203	32.4
1999	1314	48.4	1125	68.1	190	30.4
2000	1140	42	950	57.5	190	30.4
2001	1246	45.9	1058	64.1	188	30.3
2002	1256	46.2	1082	65.5	174	27.8
2003	1298	47.8	1023	61.2	275	43.9
2004	1333	49.1	1167	70.7	166	26.5
2005	1464	53.9	1267	74.9	197	31.4
2006	1474	54.3	1268	76.8	206	32.9
2007	1572	57.9	1341	81.2	231	36.8
2008	1626	59.9	1315	79.6	311	49.7
2009	1547	57	1278	77.4	269.6	43.1
2010	1633	60	1374	83.2	258.3	41.3
2011	1632	60.1	1341	81.2	291	46.5
2012	1697	62.5	1413	85.6	285	45.5
2013	1681	61.9	1341	81.2	341	54.4
2014	1780	65.5	1408	85.3	372	59.4
2015	1776	65.4	1390	84.2	386	61.7
2016	1770	65.2	1427	86.4	343	54.8
2017	1699	62.6	1428	86.5	271	43.3
2018	1569	57.8	1329	80.5	240	38.3
2019	1914	70.5	1511	91.5	403	63.3
2020	1411	52.0	903	54.7	509	79.8
2021	1924	70.8	1380	83.6	544	85.3

2022	2255	83.0	1777	107.6	478	75.0

Fuente: Elaboración propia.

En el caso de los juzgados de distrito, la tasa de resolución jurisdiccional se comportó positivamente, en el periodo 1987 a 2010 (**CUADRO 44**). Se muestra, en el lapso referido, una tasa muy próxima a la unidad (o al 100 por ciento). Los años en que la tasa presentó una situación que podría considerarse ligeramente problemática fueron: 1988 (0.95); 2003 (0.88), y 2008 (0.93).

En general se pueden apreciar varias tendencias en la tasa de resolución jurisdiccional de los juzgados de distrito. Entre 1988 y 1995, un lapso que antecede a la creación del Consejo de la Judicatura Federal, se manifestó una tasa que en promedio fue cercana la unidad, de 0.98 (o próxima al 100 por ciento), lo que exhibe una eficiencia casi plena en esos años. De 1996 a 2004 se apreció una tasa de resolución de asuntos despachados similar. Si se considera en su conjunto el lapso de 1996 a 2010, la tasa promedio en el periodo fue prácticamente idéntica. De lo anterior se desprende que hubo uniformidad en el comportamiento estadístico de la tasa de resolución jurisdiccional en el periodo estudiado, así como en los siete años previos a la creación del Consejo de la Judicatura Federal en 1995. De 2011 a 2022 se presentaron situaciones similares, con excepción de 2020 (año en que tuvo un gran impacto la pandemia del Covid y cuando cayó la tasa de resolución a 0.89).

CUADRO 44			
JUZGADOS DE DISTRITO: TASA DE RESOLUCIÓN JURISDICCIONAL			
Año	**Egresos (E.)**	**Ingresos (I)**	**Tasa (E/I)**
1987	193183		
1988	215609	223525	0.96
1989	240867	252230	0.95

1990	248877	248212	1
1991	230143	228280	1.01
1992	219974	224373	0.98
1993	216419	222602	0.97
1994	193870	193203	1
1995	192404	195052	0.99
1996	203587	206662	0.99
1997	213341	215499	0.99
1998	206069	206743	1
1999	221591	220802	1
2000	206119	209932	0.98
2001	247500	250269	0.99
2002	285472	285513	1
2003	292551	331874	0.88
2004	348606	350513	0.99
2005	372394	372887	1
2006	375431	375216	1
2007	405127	413531	0.98
2008	423368	453853	0.93
2009	458640	457251	1
2010	497483	495497	1
2011	501610	518152	0.97
2012	549493	551879	1
2013	539024	564964	0.95
2014	571773	587096	0.97
2015	583916	597939	0.98
2016	610558	591544	1.03
2017	613936	583595	1.05
2018	592905	580732	1.02
2019	630209	632356	1

2020	378330	423335	0.89
2021	588011	606506	0.97
2022	758900	731366	1.04

Fuente: Elaboración propia.

La relación *Ingresos-Egresos* de asuntos despachados en los juzgados de distrito de 1988 a 2022, se puede observar en el **CUADRO 45**. Se aprecia cómo en la relación estadística mencionada los ingresos sobrepasan ligeramente en el periodo a los egresos en esos órganos jurisdiccionales. No se presentó, por ende, un grave nivel de congestionamiento en los juzgados de distrito. La excepción de nueva cuenta fue el año 2020, el de mayor impacto por la pandemia del Covid.

CUADRO 45			
JUZGADOS DE DISTRITO: RELACIÓN INGRESOS-EGRESOS			
Año	**Egresos (E.)**	**Ingresos (I)**	**Tasa (I/E)**
1987	193183		
1988	215609	223525	1.04
1989	240867	252230	1.05
1990	248877	248212	1
1991	230143	228280	0.99
1992	219974	224373	1.02
1993	216419	222602	1.03
1994	193870	193203	1
1995	192404	195052	1.01
1996	203587	206662	1.02
1997	213341	215499	1.01
1998	206069	206743	1
1999	221591	220802	1

2000	206119	209932	1.02
2001	247500	250269	1.01
2002	285472	285513	1
2003	292551	331874	1.13
2004	348606	350513	1.01
2005	372394	372887	1
2006	375431	375216	1
2007	405127	413531	1.02
2008	423368	453853	1.07
2009	458640	457251	1
2010	497483	495497	1
2011	501610	518152	1.03
2012	549493	551879	1
2013	539024	564964	1.05
2014	571773	587096	1.03
2015	583916	597939	1.02
2016	610558	591544	0.97
2017	613936	583595	0.95
2018	592905	580732	0.98
2019	630209	632356	1
2020	378330	423335	1.12
2021	588011	606506	1.03
2022	758900	731366	0.96

Fuente: Elaboración propia.

Para efectos comparativos, puede verse la relación *Ingresos-Egresos* de asuntos despachados en los juzgados de distrito de 1988 a 2010, que se muestra en el **CUADRO 45**. No tuvieron un nivel de congestionamiento estos órganos, salvo, en un rango moderado, en 1995, 2001 y 2002 (lo mismo en el 2020, como ya se señaló).

Una evaluación en el **movimiento total** de los asuntos que se tramitaron en los juzgados de distrito entre 2003 y 2022, considerando la estadística judicial federal, se puede observar en el **CUADRO 46**. Ahí se pueden apreciar, para 2003-2010 las siguientes situaciones relacionadas con las materias judiciales referidas con anterioridad:

- El 42.7 % de los asuntos tramitados correspondieron a la materia penal; el 27 % a la materia administrativa; en materia civil, 20%, y en laboral, 10%.
- Los asuntos penales han venido gravitando de manera notable en los juzgados de distrito, ingresando de 2003 a 2010 a una tasa promedio de incremento anual de 3.5%.

Una década después la composición de ingresos de asuntos totales por materia en este tipo de órganos (2022), fue la siguiente: penal, 19.2%; administrativa, 32%; laboral, 25.3%, y, civil 23,6%. Disminuyó significativamente la participación de los asuntos penales respecto de la observada en los primeros años de este siglo.

CUADRO 46

MOVIMIENTO TOTAL DE ASUNTOS EN JUZGADOS DE DISTRITO, POR MATERIA. 2003-2022

AÑO	INGRESOS Total	EGRESOS Total	INGRESOS Mat. Adm	EGRESOS Mat. Adm	INGRESOS Mat. Penal	EGRESOS Mat. Penal	INGRESOS Mat. Trabajo	EGRESOS Mat. Trabajo	INGRESOS Mat. Civil	EGRESOS Mat. Civil
2003	331874	330761	91209	91348	149421	147165	23751	23380	67523	68868
2004	350513	348606	96882	95887	155199	159996	28465	28119	69167	68614
2005	372887	372394	105294	105120	161562	162824	33240	32687	72791	71763
2006	375216	375431	97834	99451	164619	164851	37745	37241	75018	73888
2007	413531	405127	115562	111421	176024	176553	41849	40896	80096	76257
2008	453858	423368	133559	108121	181969	181617	48986	48192	89339	85438
2009	457251	458640	116274	126872	189829	185195	55202	54214	95946	92359
2010	495497	497483	116030	126323	204115	201837	68851	67265	106501	102058
2011	518355	501610	121419	116515	209536	203803	76384	72684	111016	108608
2012	551879	549493	129079	130931	218512	216930	84230	84839	119988	116793
2013	564964	589024	149897	133517	199975	198492	95773	87884	119319	119131
2014	587096	571773	177624	159264	193964	192341	89702	95840	125806	124328
2015	597939	583916	182509	171682	190903	189942	97154	94995	127373	127287
2016	591544	610558	173389	185738	180989	185758	104126	106630	133038	132432
2017	583595	613936	165558	189965	160715	169642	114960	112325	142362	142004
2018	580732	592905	161582	166949	142011	149437	126479	125845	150660	150674
2019	622333	617285	184671	180875	136422	138759	143943	142191	157297	155460
2020	416174	369941	134424	113729	94563	85495	85010	78344	102177	92373
2021	599008	577877	198904	182312	119839	122891	137246	135753	143014	136921
2022	712664	738195	227978	251774	136619	138093	179976	178378	168091	169590

Fuente: Elaboración propia.

La eficiencia en los juzgados de distrito en cuanto a la materia de especialización, medida en términos de **tasa de resolución jurisdiccional** (egresos/ingresos), y de la relación cuantitativa de **ingresos entre egresos**, observó las siguientes tendencias en el periodo 2003-2010:

- La tasa de resolución jurisdiccional en materia **administrativa** se acercó a la eficiencia más alta, al ser de 0.99 (o el 99.5%) en el promedio de ese periodo. Llama la atención el año 2008, en el que la tasa de resolución sólo fue de 0.80 (80%) y en donde se presentó un alto nivel de congestionamiento, al llegar la relación ingresos-egresos en estos órganos a 1.23; sin embargo, el rezago se resolvería en los años 2009 y 2010.
- En materia penal, la tasa de resolución jurisdiccional tuvo niveles de eficiencia altos, cercanos o superiores a la unidad (o al 100 por ciento). El promedio anual del periodo fue de 0.99 (o 99%).
- En materia civil, la tasa de resolución jurisdiccional y la relación de ingresos que se observó en el periodo, en promedio fue de 0.97 y de 1.03, respectivamente. Lo anterior muestra un alto nivel de eficiencia jurisdiccional

De 2011 a 2022 se mantuvieron las tendencias referidas con anterioridad, con excepción del año 2020, como consecuencia de la pandemia de Covid:

En el total de los asuntos de juicios y procesos federales que se tramitan en los juzgados de distrito, el más importante es, sin lugar a duda, el juicio de amparo indirecto. En el **CUADRO 47** se podrá observar cómo de 2003 a 2022 la participación de los amparos indirectos ingresados en ese total de ingresos. El promedio de amparos indirectos, de 2003 a 2010, fue del 85 por ciento del total de asuntos en dichos órganos. Esta participación creció al 91.6% en el año de 2022.

CUADRO 47						
MOVIMIENTO DE AMPAROS INDIRECTOS TRAMITADOS EN LOS JUZGADOS DE DISTRITO. 1999-2022						
	TOTAL	AMPAROS INDIRECTOS	AMPAROS INDIRECTOS	AMPAROS/ING R.TOT		
	INGRESOS	INGRESOS	EGRESOS	%	TASA RESOL.	INGR./EGRE
AÑO	IT (1)	(I) 2	E (3)	(2)/(1)	(3)/(2)	(2)/(3)
1999		195226	193873		0.99	1.01
2000		182806	180222		0.99	1.01
2003	331874	292261	292553	88.1	1	1
2004	350513	311767	310089	88.9	0.99	1.01
2005	372887	328914	328181	88.2	1	1
2006	375216	328069	329242	87.4	1	1
2007	413530	352587	346680	85.3	0.98	1.02
2008	453853	383844	355904	84.6	0.93	1.08
2009	457251	378412	386288	82.8	1.02	0.98
2010	495497	401436	407719	81	1.02	0.98
2011	518355	421718	407625	81.4	0.97	1.03
2012	551879	455966	453567	82.6	0.99	1.01
2013	564964	485450	456761	85.9	0.94	1.06
2014	587096	507980	493405	86.5	0.97	1.03
2015	597939	522778	507898	87.4	0.97	1.03
2016	591544	532612	546326	90	1.03	0.97
2017	583595	529216	555545	90.7	1.05	0.95
2018	580732	527660	536049	90.9	1.02	0.98
2019	622333	569757	563534	91.6	0.99	1.01
2020	416174	378904	336899	91.0	0.89	1.12
2021	599003	550094	531393	91.8	0.97	1.04
2022	712664	658710	682170	92.4	1.04	0.97

Fuente: Elaboración propia.

En el **CUADRO 48** se aprecia el creciente peso de otros juicios federales, diversos al de amparo. Esto se puede inferir de la tendencia estadística, de 2003 a 2010, en la que descendió el peso cuantitativo de los juicios de amparo ingresados en el total de asuntos que ingresaron en ese periodo. Una posible causa de esto es el aumento de los procesos penales federales tramitados en los juzgados de distrito. Otra razón vino a ser el incremento de los procesos administrativos y civiles del fuero federal.

La eficiencia de los juzgados de distrito en la tramitación de juicios de amparo indirecto, medida en términos de tasa de resolución jurisdiccional (Egresos/Ingresos), y de índice de congestionamiento judicial (Ingresos/Egresos), ha venido siendo muy alta. Sólo en el año de 2008 la tasa de resolución fue, relativamente, más baja, pues fue de 0.93 (o, de 93%); por ende, en ese año se dio un problema de congestionamiento en dichos órganos jurisdiccionales.

Las tendencias de crecimiento y de distribución por materia de los amparos indirectos ingresados en los juzgados de distrito, se puede constatar en el **CUADRO 48**.

CUADRO 48

AMPAROS INDIRECTOS INGRESADOS POR MATERIA EN LOS JUZGADOS DE DISTRITO. 1999-2022

AÑO	PENAL	%	ADMINISTRATIVO	%	CIVIL	%	TRABAJO	%	TOTAL
1999	94916	48.6	46890	24	40500	20.7	12920	6.6	195226
2000	89602	49	43955	24	36982	20.2	12267	6.7	182806
2003	114330	39.2	91063	31.2	62518	21.4	23750	8.1	291661
2005	126239	38.4	105097	32	64338	19.6	33240	10.1	328914
2006	128728	39.2	97834	29.8	63956	19.5	37745	11.5	328263
2007	132524	37.6	115324	32.7	62890	17.8	41849	11.9	352587
2008	181969	40.1	133559	29.4	89339	19.7	48986	10.8	453853
2009	140769	37.2	116100	30.7	66341	17.5	55202	14.6	378412
2010	144718	36.1	115783	28.8	72084	18	68851	17.2	401436
2011	148055	35.1	121299	28.8	75980	18.0	76384	18.1	421718
2012	159477	35	128955	28.3	83254	18.3	84280	18.5	455966
2013	156116	32.1	149773	30.8	84188	17.3	95773	19.7	485850
2014	154043	30.3	177452	34.9	86783	17.1	89702	17.7	507980
2015	156494	29.9	182358	34.9	86772	16.6	97154	18.6	522778
2016	161110	30.2	173237	32.5	94137	17.7	104128	19.6	532612
2017	151893	28.7	165370	31.2	96993	18.3	114960	21.7	529216
2018	137453	26	161447	30.6	102281	19.4	126479	24.0	527660
2019	133258	23.4	184541	32.4	108015	19.0	143943	25.3	569757
2020	92968	24.5	134328	35.5	66598	17.6	85010	22.4	378904
2021	118522	21.5	198828	36.1	95498	17.4	137246	24.9	550094
2022	135293	20.5	226715	34.4	116726	17.7	179976	27.3	658710

Fuente: Elaboración propia

En el **CUADRO 48**, como se puede observar, sobresale la importancia de los amparos ingresados en materia penal, pues éstos significaron en el periodo descrito un 40.6% del total. Entre 2000 y 2010 el número de amparos indirectos en materia penal se elevó en un 61.5%: los de carácter administrativo subieron 163.4%; los de orden civil y mercantil se incrementaron en 78% y, finalmente, los de carácter laboral aumentaron en un 461.3%. Este crecimiento explosivo de los amparos en materia de trabajo se dio en 2009 y

2010, y fue resultante en gran medida de los cambios en el sistema de pensiones de los trabajadores.

Igualmente se apreció en el **CUADRO 48**, para el año de 2022, una menor participación de los amparos indirectos en materia penal de un 20.5% en el total de estos (en el 2000, eran casi la mitad). Asimismo, se observó una mayor importancia en los relacionados con la materia administrativa (34.4% en 2022).

A continuación, en los **CUADROS 49.1 y 49.2,** se podrá observar el sentido resolutorio de los amparos indirectos en los Juzgados de Distrito, en los años de 2007 a 2022. Alrededor de la quinta parte de los demandantes del amparo, en el lapso de 2007 a 2010, obtuvieron una respuesta positiva de estos órganos jurisdiccionales federales (en 2022 esta proporción disminuyó a la sexta parte de quienes promovieron este tipo de juicios). Si comparamos esta resolución positiva a los justiciables con las resoluciones en los amparos tramitados en tribunales colegiados y en tribunales unitarios que favorecieron a los demandantes de estos juicios de garantías, observamos que los juzgados de distrito han estado, ligeramente, por debajo de los otros tribunales del Poder Judicial de la Federación, como se ha visto previamente.

CUADRO 49.1

SENTIDO RESOLUTORIO DE LOS AMPAROS INDIRECTOS EN LOS JUZGADOS DE DISTRITO (selección). 2007-2022

	EGRESOS	AMPARA	NO AMPARA	SOBRESEE	DESECHADOS	INTERPUEST	COMPETENC	% AMPARA
AÑO	TOTAL							
2007	346680	63706	39636	150439	36330	26003	23455	18.4
2008	355904	73646	41721	158744	38775	20996	12497	20.7
2009	386288	80067	48732	168461	38260	22803	14386	20.7
2010	407719	89529	51012	171100	42804	25806	17810	22.0
2011	407625	66145	30095	169647	45942	25597	19205	16.2
2012	453467	77640	31526	185928	51555	28432	18854	17.1
2013	456761	69581	30767	186849	54209	31269	17622	15.2
2014	493405	68219	30091	209856	53456	42674	18800	13.8
2015	507898	72305	30112	215831	59520	47528	19905	14.2
2016	546326	76522	32246	212759	71788	45038	25880	14.0
2017	555545	81619	35249	210409	75612	43882	30348	14.7
2018	536049	85024	35837	204779	79182	44090	27349	15.9
2019	563534	87854	35843	207484	88090	49941	33830	15.6
2020	336899	48751	19087	123604	59917	30262	21748	14.5
2021	531393	81232	27175	198188	87087	43328	37150	15.3
2022	682170	109820	33515	247356	105639	61912	50222	16.1

Fuente: Elaboración propia

CUADRO 49.2							
SENTIDO RESOLUTORIO DE LOS AMPAROS INDIRECTOS EN LOS JUZGADOS DE DISTRITO (composición porcentual del total de amparos). 2007-2022							
	AMPARADO	NO AMPARA	SOBRESEE	DESECHADO	NO INTERPU	INCOMPETE	OTROS
AÑO	%	%	%	%	%	%	%
2007	18.4	11.4	43.4	10.5	7.5	6.8	2.1
2008	20.7	11.7	44.6	10.9	5.9	3.5	2.7
2009	20.7	12.6	43.6	9.9	5.9	3.7	3.5
2010	22.0	12.5	42.0	10.5	6.3	4.4	2.4
2011	16.2	7.4	41.6	11.3	6.3	4.7	12.5
2012	17.1	7.0	41.0	11.4	6.3	4.2	13.1
2013	15.2	6.7	40.9	11.9	6.8	3.9	14.6
2014	13.8	6.1	42.5	10.8	8.6	3.8	14.2
2015	14.2	5.9	42.5	11.7	9.4	3.9	12.3
2016	14.0	5.9	38.9	13.1	8.2	4.7	15.0
2017	14.7	6.3	37.9	13.6	7.9	5.5	14.1
2018	15.9	6.7	38.2	14.8	8.2	5.1	11.2
2019	15.6	6.4	36.8	15.6	8.9	6.0	10.7
2020	14.5	5.7	36.7	17.8	9.0	6.5	10.0
2021	15.3	5.1	37.3	16.4	8.2	7.0	10.8
2022	16.1	4.9	36.3	15.5	9.1	7.4	10.8

Fuente: Elaboración propia

Como se ha señalado previamente, los juzgados de distrito, aparte de tramitar juicios de amparo indirecto, son competentes de diversos procesos del fuero federal, conforme a lo que dispone la legislación aplicable. En este trabajo se evalúan, principalmente, los movimientos estadísticos contenidos en los datos disponibles y los agregados de las causas penales federales, así como de otros procesos federales en materias administrativa, civil y mercantil, y que son atribución de este tipo de órganos jurisdiccionales.

En el **CUADRO 50** se registran los movimientos estadísticos de las causas penales federales en las que son competentes los juzgados de distrito en el periodo de 2000 a 2022. Asimismo, se presentan diversos indicadores de desempeño jurisdiccional de estos órganos jurisdiccionales. Se mide anualmente la tasa de resolución jurisdiccional; la relación entre ingresos y egresos, y también la relación entre los pendientes de las causas penales tramitadas respecto a la carga de trabajo.

CUADRO 50							
MOVIMIENTOS EN LAS CAUSAS PENALES FEDERALES EN LOS JUZGADOS DE DISTRITO. 2000-2022							
	CARGA DE T	EXIST. ANTE	INGRESOS	EGRESOS	PENDIENTES	TASA RESOL	INGR/EGRES
AÑO	CT		I	E	P	E/I	I/E
2000	30768	10013	20755	20015	10580	0.96	1.04
2003	31699	12277	19422	26211	13334	1.35	0.74
2005	39454	13587	25867	27439	15786	1.06	0.94
2006	44504	15786	28718	28904	15347	1.01	0.99
2007	59095	15595	43500	31132	14955	0.72	1.4
2008	60720	14955	45765	31938	14806	0.7	1.43
2009	63863	14803	49060	31684	18200	0.65	1.55
2010	77562	18165	59397	58024	19538	0.98	1.02
2011	81025	19544	61481	59363	21662	0.97	1.04
2012	80759	21604	59155	59950	20809	1.01	0.99
2013	64703	20844	43859	45930	18773	1.05	0.95
2014	58646	18725	39921	39768	18878	1	1
2015	53346	18937	34409	35033	18313	1.02	0.98
2016	38045	18166	19879	24647	13398	1.24	0.81
2017	22232	13410	8822	13839	8393	1.57	0.64
2018	12961	8403	4558	7907	5054	1.73	0.58
2019	7169	5096	2073	3667	3502	1.77	0.57
2020	4489	3457	1032	1478	3011	1.43	0.70
2021	3953	3028	925	1447	2506	1.56	0.64
2022	3498	2577	921	1378	2120	1.5	0.67

Nota. Datos de 2019, 202, 2021 y 2022, son de movimientos externos de procesos penales federales en J.

Fuente: Elaboración propia.

Resalta de la información referida en el **CUADRO 50** el notable incremento de la carga de trabajo y de los ingresos de causas penales federales en los juzgados de distrito. Solamente los ingresos, en esta materia, se incrementaron en 186.2 por ciento en el lapso de 2000 a 2010. Más explosivo fue el aumento experimentado en los ingresos en las causas penales federales en los años de gobierno de Felipe Calderón Hinojosa, debido a que de 2006 a 2010 registraron una tasa incremental de 106.8 por ciento. Esto último supone que en esos cuatro años se elevaron las causas penales federales a una tasa promedio anual de 20 por ciento.

Este incremento inusitado de las causas penales federales, como se aprecia en el **CUADRO 50,** propició serios problemas en el funcionamiento de los Juzgados de Distrito. En primer lugar, resalta el congestionamiento judicial de los años de 2007 a 2009;

en segundo, una caída de la tasa de resolución jurisdiccional en ese mismo lapso; en tercer lugar, llama la atención en el periodo de 2000 a 2010 el enorme peso de los pendientes en el total de la carga de trabajo. El punto más alto de carga de trabajo en causas penales federales fue el año de 2015. Años después, parte importante de esas funciones se trasladaron a los Centros de Justicia Penal igualmente adscritos al Poder Judicial de la Federación. De ahí la explicación, en cierta medida, del porqué disminuyó la carga de trabajo de estos órganos en procesos penales federales.

Lo anterior explicaría, en el periodo referido previamente, en gran medida el porqué del avance en la creación de nuevos juzgados de distrito que atenderían la materia penal, así como el establecimiento de órganos auxiliares que apoyan a todos los juzgados en este tipo de asuntos.

Sobre el sentido resolutorio de las sentencias en los procesos penales federales, de 2007 a 2022, se observan cuestiones relevantes en el **CUADRO 51**. De principio llama la atención el notable incremento de resoluciones penales en 2010, con respecto al año previo (y del bienio 2007-2008), pues los egresos se incrementaron en un 33.3%. También es notable, en este lapso, el ascenso del 35.1% de sentencias condenatorias en 2010. Finalmente, a partir de 2016 se registró una caída, absoluta y relativa, en las sentencias absolutorias de personas sujetas a procesos penales federales (aparecen en ese año los Centros de Justicia Penal Federal y aquí se encontraría una causa de esta caída).

Se refuerza con lo anterior la explicación que hemos venido sosteniendo de que hubo una tendencia a fortalecer la fuerza de la materia penal en las actividades del Poder Judicial de la Federal en los años del mandato presidencial de Felipe Calderón Hinojosa. Adicionalmente, se presentó en esa administración presidencial una tendencia adicional: el mayor peso de las sentencias condenatorias con relación a las de tipo absolutorio. Años después se expresaría una caída de la participación de sentencias condenatorias.

CUADRO 51							
SENTIDO DE LAS RESOLUCIONES EN PROCESOS PENALES FEDERALES EN LOS JUZGADOS DE DISTRITO. 2007-2022							
	EGRESOS	CONDENATORIAS	%	ABSOLUTORIAS	%	OTRO	%
AÑO							
2007	31132	21929	70.4	2075	6.7	7128	22.9
2008	31938	21647	67.8	2156	6.8	8135	25.5
2009	31684	21611	68.2	1843	5.8	8230	26
2010	42222	29202	69.2	2041	4.8	10979	26
2011	42846	31705	74	1602	3.7	9539	22.3
2012	43253	30700	71	1917	4.4	10636	24.6
2013	32253	20368	63.2	2038	6.3	9847	30.5
2014	28330	18287	64.5	1816	6.4	8227	29
2015	25348	15573	61.4	1794	7.1	7981	31.5
2016	18305	10735	58.6	1362	7.4	6208	33.9
2017	10842	6130	56.5	900	8.3	3812	35.2
2018	6198	3616	58.3	627	10.1	1955	31.5
2019	3667	2031	55.4	331	9.0	1305	35.6
2020	1478	760	51.4	133	9.0	585	39.6
2021	1447	651	45.0	113	7.8	683	47.2
2022	1378	634	46.0	110	8.0	634	46.0
Nota. Bajo el rubro de otros (sobreseimiento, acumulación, incompetencia, negativa de orden)							
Fuente: Elaboración propia.							

Fuente: Elaboración propia.

Sobre la importancia estadística de los otros procesos federales, distintos a los penales, en los cuales tienen competencia los juzgados de distrito, en los registros institucionales se clasifican los relacionados con la materia administrativa, así como, en forma conjunta, los vinculados con la materia civil y mercantil. En el **CUADRO 52** se da cuenta de los movimientos cuantitativos de estos procesos en el periodo de 2000 a 2022.

CUADRO 52						
MOVIMIENTO DE PROCESOS FEDERALES ADMINISTRATIVOS, CIVILES Y MERCANTILES EN JUZGADOS DE DISTRITO. 2000-2022						
	EXISTENCIA ANTERIOR	INGRESOS	EGRESOS	PENDIEN-TES	ADM-INGR	CIVIL Y MER. INGRESOS
AÑO						
2000	3062	3861	3882	3041		
2003	3596	5143	5380	3559		
2005	3958	8650	7781	4827	197	8453
2006	4827	11256	9859	6224	179	11062
2007	6224	17443	14306	9361	238	17205
2008	9361	24244	21550	12055	181	24063
2009	12034	29779	26689	15124	174	29605
2010	15096	34664	31740	18020	247	34417
2011	17999	35156	34622	18533		
2012	18509	36758	35976	19291		
2013	19347	35255	36333	18269		
2014	18151	39195	38600	18746		
2015	18656	40752	40985	18423	151	40601
2016	18252	39053	39585	17720		
2017	17683	45557	44552	18688		
2018	18673	48514	48949	18238	135	48379
2019	18324	49412	48949	18787	130	49282
2020	18780	35669	31013	23436	96	35573
2021	23403	47547	44638	26312	76	47471
2022	26296	51351	53200	24447	120	51231
Fuente: elaboración propia						

En una evaluación estadística inicial de los procesos federales, referidos en el **CUADRO 52** hasta el año de 2010, sobresale que el peso de los asuntos civiles y mercantiles es el más importante, tienen en promedio el 99% de los asuntos, mientras que la relevancia de los relacionados con la materia administrativa es marginal, pues significaron en el promedio de esos años, sólo el 1%.

En cuanto a los niveles de eficiencia jurisdiccional en estos procesos federales, los Juzgados de Distrito, de 2000 a 2010, registraron los siguientes niveles: la tasa de resolución promedio fue de 0.92; la relación entre ingresos y egresos, que mide el congestionamiento es de 1.08; y, por otra parte, la proporción entre asuntos pendientes y carga de trabajo es de 0.39. Con excepción del año 2020, de mayor efecto de la pandemia del Covid, este nivel promedio de eficiencia se mantuvo. Todo esto se puede verificar en el **CUADRO 53**. Se puede observar que a partir de 2005 se comenzó a registrar una disminución importante en la tasa de resolución jurisdiccional, una situación que se convirtió en mayores problemas de congestionamiento en la tramitación de los asuntos administrativos, civiles y mercantiles del fuero federal de los que son competentes los juzgados de distrito.

Es igualmente necesario mencionar que la proporción de pendientes de asuntos tramitados, respecto a la carga de trabajo anual en esos procesos federales, fue muy alta en el periodo mencionado. Esto muestra problemas de congestionamiento en el curso de estos procesos federales

CUADRO 53			
INDICADORES DE EFICIENCIA EN LOS PROCESOS FEDERALES ADMINISTRATIVOS, CIVILES Y MERCANTILES EN JUZGADOS DE DISTRITO. 2000-2022			
	EGRESOS/ INGRESOS	**INGRESOS/EGRESOS**	**PENDIENTES/CARGA DE TRABAJO**
AÑO			
2000	1.01	0.99	0.44
2003	1.05	0.96	0.41

2005	0.9	1.11	0.38
2006	0.88	1.14	0.39
2007	0.82	1.22	0.4
2008	0.89	1.13	0.36
2009	0.9	1.12	0.36
2010	0.92	1.09	0.36
2012	0.98	1.02	0.35
2013	1.03	0.97	0.33
2014	0.98	1.02	0.33
2015	1.01	0.99	0.31
2016	1.01	0.99	0.31
2017	0.98	1.02	0.3
2018	1.01	0.99	0.27
2019	0.99	1.01	0.28
2020	0.87	1.15	0.43
2021	0.94	1.07	0.37
2022	1.04	0.97	0.31

Fuente: Elaboración propia

En lo que atañe a los destinos resolutorios de los egresos en los procesos federales administrativos, así como en los civiles y mercantiles, en el **CUADRO 54** se apreciaron diversas situaciones en los años de 2007 a 2010. Las resoluciones condenatorias observaron en promedio el 13.7% de los egresos totales. Por su parte las resoluciones de tipo absolutorio significaron en ese mismo lapso, en promedio, el 2.8%; las desechadas, 25.6%; desistidas, 7%; las de incompetencia, 9.4%; las de caducidad, 26.8% y, finalmente, las clasificadas en el rubro de "otro", 15.7%.

Las resoluciones más significativas, como se puede comprobar, son las desechadas y las que por la falta de acción de las partes demandantes en estos juicios federales entran en una situación denominada caducidad. De ahí que un poco más de la mitad de las resoluciones son aquellas que entran en la clasificación de "desechada" y "caducidad"

CUADRO 54

RESOLUCIONES EN LOS EGRESOS LOS PROCESOS FEDERALES ADMINISTRATIVOS, CIVILES Y MERCANTILES EN JUZGADOS DE DISTRITO

AÑO	EGRESOS	CONDENATORIA	ABSOLUTORIA	DESECHADA	DESISTIDA	INCOMPETENCIA	CADUCIDAD	OTRO
2007	14306	2062	510	3602	1272	1428	3075	2357
2008	21550	2937	653	5714	1613	2017	5578	3038
2009	26689	3495	616	6520	1837	2609	6964	4684
2010	31740	4286	731	8296	2069	2648	9051	4659
2015	40985	6710	1093	13833	2349	2490	9519	14489
2018	48449	7707	1256	21063	2541	2987	8673	4222
2019	48949	9917	1390	19983	2445	2410	7950	4854
2020	31013	4611	742	15875	1230	1915	3985	2655
2021	44638	6740	953	19435	2404	2703	7850	4553
2022	53200	8875	1191	21479	2358	2694	10753	5850

Nota. En el rubro de otros se encuentran: impedimentos, no interés, declina, sin materia y acumulación

Fuente: Elaboración propia

VI. Los Nuevos Órganos Jurisdiccionales del Poder Judicial de la Federación: Centros de Justicia Penal y Tribunales Laborales

Los Centros de Justicia Penal Federal se establecieron como consecuencia de la reforma del sistema de justicia penal de 2008. Su operación efectiva tardó varios años en aplicarse, debido a la transformación de fondo que se dio con dicha reforma. Estos entes jurisdiccionales son considerados en el "*Acuerdo General del Pleno del Consejo de la Judicatura Federal que reforma disposiciones de diversos acuerdos generales, respecto a la integración de los Centros de Justicia Penal Federal*" de febrero de 2018: "...como órganos de naturaleza integral e indivisible, compuestos por una pluralidad de Jueces de Distrito especializados en el Nuevo Sistema de Justicia Penal, así como por equipo humano funcional e interactivo que fue definido de acuerdo a las necesidades del nuevo modelo procesal penal federal". Es hasta 2016 que se tiene un registro estadístico institucional de este tipo de órganos, tanto de parte del INEGI como del Informe Anual de Labores del presidente de la Suprema Corte de Justicia de la Nación y del Consejo de la Judicatura Federal. Parte importante de dicha estadística se presenta en este trabajo.

Por otro lado, los Tribunales Laborales Federales fueron creados más recientemente y quedaron bajo la administración del Consejo de la Judicatura Federal y son parte del Poder Judicial de la Federación, como consecuencia de la reforma laboral de 2019. De conformidad con la legislación aplicable, "Corresponden a los Tribunales del Poder Judicial de la Federación o de los Tribunales de las entidades federativas, el conocimiento y la resolución de los conflictos de trabajo que se susciten entre trabajadores y patrones, sólo entre aquéllos o sólo entre éstos, derivado de las relaciones de trabajo o de hechos relacionados con ellos. En su actuación, los jueces y los secretarios instructores deberán observar los principios de legalidad, imparcialidad, transparencia, autonomía e independencia" (Artículo 604, *Ley Federal del Trabajo*). La estadística institucional judicial de este tipo de órganos jurisdiccionales inició a partir del año 2021.

6.1. LA EFICIENCIA EN EL FUNCIONAMIENTO DE LOS CENTROS DE JUSTICIA PENAL

La importante transformación normativa relativa a los procedimientos y procesos penales federales se fue reflejando en la estadística federal de este tipo de juicios, como se puede apreciar en los **CUADROS 55.1**. y **55.2.** Por el cambio al sistema de juicio oral en materia penal, fue disminuyendo el número de expedientes que atendían los Juzgados de Distrito que los venían atendiendo y se traspasaron a los Centros de Justicia Penal.

CUADRO 55.1				
Procesados registrados en las causas penales ingresadas en los juzgados de distrito y centros de justicia penal federal, por año según órgano y sexo				1a. parte
2010 a 2018				
	Juzgados de Distrito			
Año	**Total**	**Hombres**	**Mujeres**	**No identificado**
2010	46 317	43 497	2 815	5
2011	47 407	44 366	3 038	3
2012	42 805	39 923	2 877	5
2013	31 179	28 886	2 165	128
2014	30 766	28 622	2 115	29
2015	22 431	20 786	1 643	2
2016	6 275	5 750	525	0

2017	795	652	142	1
2018	757	656	101	0
Nota: La información se refiere a los procesados registrados en las causas penales ingresadas en los juzgados de distrito y centros de justicia penal federal, del 1 de enero al 31 de diciembre.				
(*): la información a la que se hace referencia se comenzó a captar en el levantamiento del Censo Nacional de Impartición de Justicia Federal 2017, por lo que únicamente se muestra información a partir del año 2016.				
Fuente: INEGI Censo Nacional de Impartición de Justicia Federal 2011-2019. SNIEG Información de Interés Nacional				

CUADRO 55.2							2ª. Parte
Procesados registra-dos en las causas penales ingresadas en los juzgados							
de distrito y centros de justicia penal federal, por año según órgano y sexo							
2010 a 2018							

Año	Centros de justicia penal federal						
	Juez de control o garantías				Tribunal de enjuicia-miento		
	Total	Hombres	Mujeres	No identificado	Total		
2010	*	*	*	*	*		
2011	*	*	*	*	*		
2012	*	*	*	*	*		
2013	*	*	*	*	*		
2014	*	*	*	*	*		
2015	*	*	*	*	*		
2016	11 288	10 459	806	23	131		
2017	22 061	20 189	1 871	1	119		
2018	22 934	19 834	3 052	48	288		

Nota: La información se refiere a los procesados registrados en las causas penales ingresadas en los juzgados de distrito y centros de justicia penal federal, del 1 de enero al 31 de diciembre.

(*): la información a la que se hace referencia se comenzó a captar en el levantamiento del Censo Nacional de Impartición de Justicia Federal 2017, por lo que únicamente se muestra información a partir del año 2016.

Fuente: INEGI, Censo Nacional de Impartición de Justicia Federal 2011-2019.

Es de llamar la atención cómo de 2011 a 2015 va disminuyendo el número de procesados en causas penales federales, en pleno ascenso de la criminalidad de las organizaciones delincuenciales, como se aprecia en el **CUADRO 55.1**. Se entiende cómo a partir de 2016 que comenzó la operación efectiva de los Centros de Justicia Penal cayeron los expedientes, o causas registradas, en Juzgados de Distrito, relacionados con este tipo de procesos. Con todo y ello es importante resaltar que el número de asuntos que atienden los Centros de Justicia Penal resulta muy inferior al observado en 2010 y 2011 en Juzgados de Distrito Penales Federales, si comparamos los **CUADROS 55.1.** y **55.2**- (alrededor del 50%).

Según información más reciente del Censo Nacional de Impartición de Justicia del INEGI de 2022, que consigna datos del año previo, los Centros de Justicia Penal van atendiendo un mayor número de asuntos; sin embargo, los casos resueltos tienen una menor importancia si los comparamos con la eficiencia de los que ingresan en esta materia penal, en los tribunales colegiados y unitarios, así como la observada en los juzgados de distrito. Esto se puede comprobar en el **CUADRO 56.** Ahí se aprecia que sólo el 40 por ciento de asuntos que ingresaron quedaron resueltos en el mismo año. Como una explicación de esta mayor dilación en la tramitación de estos asuntos, se puede argumentar que esto es debido a las particularidades de los procedimientos penales, tal como se aprecia en el **CUADRO 57**, que muestra para 2021 los movimientos en las causas penales en los Centros de Justicia Penal (esto, principalmente, en los procedimientos de los jueces de control de garantías y jueces de ejecución penal). En años previos, 2019 y 2020, se presentó una situación relativamente parecida en este tipo de tribunales. Del año 2020 se puede explicar la caída en las causas penales como derivación del impacto de la pandemia de Covid, tal como sucedió en otras materias jurisdiccionales.

CUADRO 56

Asuntos jurisdiccionales conocidos por los órganos del Consejo de la Judicatura Federal, por materia según órgano y estatus

2021

Materia	Tribunales Colegiados de Circuito		Tribunales Unitarios de Circuito		Juzgados de Distrito1		Centros de Justicia Penal Federal2	
	Ingresados	Resueltos	Ingresados	Resueltos	Ingresados	Resueltos	Ingresados	Resueltos
Total	384 701	340 653	22 443	21 977	627 291	607 624	32 394	12 995
Penal	39 088	36 208	15 943	15 548	121 924	124 804	32 394	12 995
Civil	90 920	85 234	2 473	2 537	104 247	101 483	0	0
Administi	157 512	135 957	63	69	211 805	195 034	0	0
Laboral	97 181	83 254	1	1	143 957	143 975	0	0
Mercantil	0	0	3 963	3 822	45 358	42 328	0	0

Nota: la información se refiere a los asuntos jurisdiccionales que conocieron los órganos del Consejo de la Judicatura Federal, de

1 Para la materia penal, en lo que respecta a causas penales, solo se incluyen causas de primer ingreso en procesos de primera in

2 Para la materia penal, en lo que respecta a causas penales, en la categoría Ingresados solo se incluyen causas ingresadas con el

Fuente: INEGI Censo Nacional de Impartición de Justicia Federal 2021 y 2022. Tabulados básicos

El cambio de fondo en el modelo tradicional de justicia penal en México es, posiblemente, una de las causas que han impedido mayores avances en la eficiencia de los procedimientos penales federales. De ahí que no se puedan lograr mayores progresos en la duración de los nuevos procedimientos penales y en la eficacia de los resultados en términos de eficacia jurisdiccional. En la medida que avancen los aprendizajes en el nuevo modelo de justicia penal se podrá tener una mayor eficiencia jurisdiccional.

CUADRO 57

Asuntos jurisdiccionales conocidos por los Centros de Justicia Penal Federal, en 2021, según tipo de procedimiento y estatus

		Causa penal (Juez de control o garantías)		Causa penal (Juez de enjuiciamiento o juicio oral)		Causa penal (Juez de ejecución penal)		Exhorto	
		Ingresados	Resueltos	Ingresados	Resueltos	Ingresados	Resueltos	Ingresados	Resueltos
	Total	16 186	4 644	73	28	25 106	9 663	15 315	7 757

Fuente: INEGI Censo Nacional de Impartición de Justicia Federal 2022. Tabulados básicos

6.2. LA EFICIENCIA EN EL FUNCIONAMIENTO DE LOS TRIBUNALES LABORALES DEL PJF

En lo que atañe a la eficiencia de los nuevos Tribunales Laborales adscritos al Poder Judicial de la Federación y administrados por el Consejo de la Judicatura Federal, la información estadística institucional disponible es relativamente reciente, tanto de parte del CJF como del INEGI (se disponen datos de 2021 y 2022).

He seleccionado estadísticas de una parte de los procedimientos más importantes, que son competencia jurisdiccional de estos órganos para así poder estimar su eficiencia. Se han seleccionado los procedimientos ordinarios, los especiales individuales, los relacionados con los conflictos de seguridad social y el de huelga. Aquí tomaré en cuenta la información consignada en el Informe Anual de Labores del presidente de la SCJN y del CJF.

En el **CUADRO 58** se pueden apreciar los movimientos de ingresos y egresos en asuntos totales relativos a los procesos ordinarios en el bienio 2021-2022. Llama la atención el alto porcentaje en los que se declaran estos tribunales como incompetentes; 30.5% de egresos en 2022 y 37.6 % en 2021. Casi la quinta parte de los egresos totales terminaron en convenio en 2022 y sobresale el alto porcentaje de asuntos pendientes por resolver en 2022, el 46.6% de los ingresos totales en ese año (un indicador relevante para apreciar la eficiencia de estos nuevos órganos de jurisdicción laboral).

CUADRO 58. MOVIMIENTO ESTADÍSTICO DE LOS TRIBUNALES LABORALES FEDERALES																				
	PROCEDIMIENTO ORDINARIO (16 DE NOVIEMBRE A 15 DE NOVIEMBRE DEL AÑO SIGUIENTE)																			
Año	EXISTENCIA INICIAL	INGRESOS	REINGRESOS	INGRESO TOTAL	INCOMPETENCIA	DESECHAMIENTO	DESISTIMIENTO	SENTENCIA DEFINITIVA	CONVENIO	CONCLUSIÓN (PARAPROCESALES)	REMISIÓN AL CENTRO FEDERAL DE CONCILIACIÓN Y REGISTRO LABORAL	DECLARACIÓN DE EXISTENCIA/INEXISTENCIA DE HUELGA	CONCLUSIÓN DE PROCEDIMIENTO DE EJECUCIÓN	NO PROCEDE LA SOLICITUD DEL PROCEDIMIENTO DE EJECUCIÓN	OTRO	EGRESO TOTAL	EXISTENCIA FINAL	INGRESO POR ACUERDO	EGRESO POR ACUERDO
2021	0	3685	70	3755	625	147	100	476	193						220	1664			
2022	2163	10283	566	11493	2004	305	411	2059	1275	20	139	16	0	0	537	6562	5020	3	6

Nota. En 2021 se suman las sentencias condenatorias y absolutorias y se estiman como sentencias definitivas en este cuadro.

Fuente: Informe Anual de Labores del presidente de la SCJN y CJF, 2021 y 2022

Con relación al movimiento total de asuntos relacionados con los procedimientos especiales individuales en el lapso 2021-2022, se puede apreciar en el **CUADRO 59** las siguientes situaciones: en 2022 la suma de incompetencias y desechamientos significaron el 43.8% de los egresos totales; crecieron significativamente los asuntos pendientes de despachar para llegar al 52.2% del total de ingresos en ese año; la participación de asuntos que egresaron mediante convenio, en 2022, fue de solamente 1.6%, muy por debajo de lo que se observó en los procedimientos ordinarios individuales. Se aprecia un relativo e inmediato congestionamiento de estos órganos en este tipo de procedimientos (una situación opuesta a los motivos de la Reforma Laboral y no tan distante de los tiempos en que estos asuntos eran atendidos en las Juntas Laborales Tripartitas).

CUADRO 59 MOVIMIENTO ESTADÍSTICO DE LOS TRIBUNALES LABORALES FEDERALES																			
DEL 16 DE NOVIEMBRE AL 15 DE NOVIEMBRE DEL AÑO SIGUIENTE, PROCEDIMIENTO ESPECIAL INDIVIDUAL																			
TOTAL NACIONAL	EXISTENCIA INICIAL	INGRESOS	REINGRESOS	INGRESO TOTAL	INCOMPETENCIA	DESECHAMIENTO	DESISTIMIENTO	SENTENCIA DEFINITIVA	CONVENIO	CONCLUSIÓN (PARAPROCESALES)	REMISIÓN AL CENTRO FEDERAL DE CONCILIACIÓN Y REGISTRO LABORAL	DECLARACIÓN DE EXISTENCIA/INEXISTENCIA DE HUELGA	CONCLUSIÓN DE PROCEDIMIENTO DE EJECUCIÓN	NO PROCEDE LA SOLICITUD DEL PROCEDIMIENTO DE EJECUCIÓN	OTRO	EGRESO TOTAL	EXISTENCIA FINAL	INGRESO POR ACUERDO	EGRESO POR ACUERDO
2021	0	2125	25	2144	264	69	40	156	5						40	841	1340	0	[illegible]
2022	1340	4988	102	5077	1084	425	126	855	54	0	31	655	0	0	164	3011	2846	1	[illegible]
Nota. En 2022 se suman las sentencias condenatorias y absolutorias y se estiman como sentencias definitivas en este cuadro																			
Fuente: Informe Anual de Labores del presidente de la SCJN y CJF, 2021 y 2022																			

La evolución de los asuntos que tienen que ver con los **conflictos de seguridad social**, se puede observar en el **CUADRO 60** durante los años 2021 y 2022. Ahí nos podemos percatar de la importancia cuantitativa de los procedimientos que tiene que ver con este tipo de conflictos. También tenemos en 2022 una participación muy alta de asuntos que egresan con la calificación de incompetencia y por desechamiento. El nivel de congestionamiento en este tipo de procedimientos fue del 18.1% (medido como la relación entre existencia final e ingresos en ese periodo).

CUADRO 60 MOVIMIENTO ESTADÍSTICO DE LOS TRIBUNALES LABORALES FEDERALES																			
DEL 16 DE NOVIEMBRE AL 15 DE NOVIEMBRE DEL SIGUIENTE AÑO																			
	CONFLICTOS INDIVIDUALES DE SEGURIDAD SOCIAL																		
Año	EXISTENCIA INICIAL	INGRESOS	REINGRESOS	INGRESO TOTAL	INCOMPETENCIA	DESECHAMIENTO	DESISTIMIENTO	SENTENCIA DEFINITIVA	CONVENIO	CONCLUSIÓN (PARAPROCESALES)	REMISIÓN AL CENTRO FEDERAL DE CONCILIACIÓN Y REGISTRO LABORAL	DECLARACIÓN DE EXISTENCIA/INEXISTENCIA DE HUELGA	CONCLUSIÓN DE PROCEDIMIENTO DE EJECUCIÓN	NO PROCEDE LA SOLICITUD DEL PROCEDIMIENTO DE EJECUCIÓN	OTRO	EGRESO TOTAL	EXISTENCIA FINAL	INGRESO POR ACUERDO	EGRESO POR ACUERDO
2021	0	1545	43	1588	98	151	36	352	5						222	793	940	0	7
2022	858	6520	107	7485	549	281	63	495	12	0	134	18	0	0	114	3798	1402	1	4
Nota. En 2022 se suman las sentencias condenatorias y absolutorias y se estiman como sentencias definitivas en este cuadro.																			
Fuente: Informe Anual de labores del presidente de la SCJN y CJF, 2021 y 2022																			

Respecto a los movimientos estadísticos en procedimientos que tienen que ver con la huelga en los Tribunales Laborales Federales, estos se pueden observar en el **CUADRO 61.** Aquí sobresalen varios aspectos del bienio 2021-2022. Las incompetencias sumadas con los desechamientos representaron el 45.6 % del total de los asuntos egresados en 2022. La participación de asuntos que egresaron por la vía de convenios, en ese mismo año, fue de 36.8%. La parte de asuntos por resolver comparados con el total de ingresos en ese año fue de 13.1%, la más baja si la comparamos con los procedimientos laborales anteriores.

CUADRO 61 MOVIMIENTO ESTADÍSTICO DEL TRIBUNAL LABORAL FEDERAL DE ASUNTOS INDIVIDUALES																			
DEL 16 DE NOVIEMBRE AL 15 DE NOVIEMBRE DEL SIGUIENTE AÑO																			
	PROCEDIMIENTO DE HUELGA																		
AÑO	EXISTENCIA INICIAL	INGRESOS	REINGRESOS	INGRESO TOTAL	INCOMPETENCIA	DESECHAMIENTO	DESISTIMIENTO	SENTENCIA DEFINITIVA	CONVENIO	CONCLUSIÓN (PARAPROCESALES)	REMISIÓN AL CENTRO FEDERAL DE CONCILIACIÓN Y REGISTRO LABORAL	DECLARACIÓN DE EXISTENCIA/INEXISTENCIA DE HUELGA	CONCLUSIÓN DE PROCEDIMIENTO DE EJECUCIÓN	NO PROCEDE LA SOLICITUD DEL PROCEDIMIENTO DE EJECUCIÓN	OTRO	EGRESO TOTAL	EXISTENCIA FINAL	INGRESO POR ACUERDO	EGRESO POR ACUERDO
2021	0	176	0	176	4	68	25	0	40						9	152	25	0	0
2022	25	608	1	608	53	208	39	0	211	0	0	1	1	0	60	573	80	0	0
Nota. En 2021 se suman las sentencias condenatorias y absolutorias y se estiman como sentencias definitivas en este cuadro.																			
Fuente: Informe Anual de Labores del presidente de la SCJN y CJF, 2021 y 2022																			

En resumen, estimo que en este trabajo he presentado ideas introductorias sobre la evaluación del funcionamiento administrativo y jurisdiccional del Poder Judicial de la Federación, especialmente la de los tribunales colegiados, unitarios y juzgados de distrito, situaciones que reflejan problemas de eficiencia y de eficacia de acuerdo con los principios establecidos en la Constitución Política de los Estados Unidos Mexicanos (artículo 17 principalmente). Se ha demostrado como los recursos presupuestales asignados por el Poder Legislativo Federal a las funciones sustantivas y administrativas del Poder Judicial de la Federación crecieron, invariablemente, en términos reales desde la década de los noventa y en particular con la creación del Consejo de la Judicatura Federal en diciembre de 1994.

Es muy difícil negar que los recursos presupuestales públicos no hayan sido suficientes para el desarrollo de las actividades jurisdiccionales de esos órganos jurisdiccionales. Se ha repasado en este trabajo la estadística jurisdiccional federal recabada por la Suprema Corte de Justicia de la Nación, Consejo de la Judicatura Federal y recientemente por el Instituto Nacional de Geografía y Estadística (INEGI). Se han considerado, además, los indicadores y relaciones estadísticas agregadas del funcionamiento de los órganos jurisdiccionales referidos de más de tres décadas que reflejan su funcionamiento y situaciones de ineficiencia que deben ser resueltas.

En varios años de funcionamiento administrativo del Consejo de la Judicatura Federal, casi tres décadas, se han manifestado problemas en la planeación y ejecución del presupuesto asignado que manifiestan subejercicios y todo ello a pesar de que la Cámara de Diputados no les ha autorizado, en algunos años, el presupuesto proyectado por el Poder Judicial de la Federación (esto se ha dado en diferentes gobiernos de partidos distintos). Si la impartición de justicia federal no mejora sus indicadores de eficiencia por lo tanto tampoco es eficaz. Su impartición es por ende cara y no cumple, desde mi punto de vista, con su noble misión de resolver las controversias en los términos definidos en la Constitución.

De este análisis y evaluación administrativa y presupuestal se desprende y como se demostrado, una importante lección: es necesario llevar a cabo una profunda reforma presupuestal en el Poder Judicial de la Federación, en particular en el Consejo de la Judicatura, partiendo de un diagnóstico de sus estructuras administrativas, de impulsar la actualización de la normatividad y de una práctica institucional más apropiada para enfrentar los problemas de planeación, programación, presupuestación, ejercicio y control.

Otra lección que se desprende de este estudio debería de ser la de simplificar y unificar las estructuras administrativas, a efecto de reforzar el presupuesto a la función estrictamente jurisdiccional. Se ha visto que es muy oneroso sostener tres estructuras orgánicas administrativas en el Poder Judicial de la Federación. Aparte de las que están a cargo del Consejo de la Judicatura Federal, coexisten las de la Suprema Corte de Justicia de la Nación y las del Tribunal Electoral Federal. Debería existir un solo órgano que administre todo el presupuesto del Poder Judicial de la Federación. Para eso se requiere, entre otros cambios, una reforma en los artículos 99 y 100 de la Constitución.

Hoy es un consenso reconocer que nos falta mucho para alcanzar un verdadero Estado de Derecho. Antes era impensable esta creencia generalizada. Lo que se ha investigado aquí es solo una modesta contribución. Un producto pensado para que otros puedan retomar este análisis y les sirva en la evaluación de toda esta información estadística dispersa y fraccionada de alrededor de tres décadas de nuestra historia. Una información que, tristemente, no se hacía hace cuatro décadas de manera integrada, agregada y pública respecto del manejo de los asuntos jurisdiccionales en el Poder Judicial de la Federación. Mi mayor deseo es que este trabajo sirva a otros, principalmente a los legisladores, para que dispongan de mayores elementos y una mejor motivación para avanzar en una verdadera reforma de todo el sistema de justicia en México, incluyendo desde luego en esto a la que imparten los poderes judiciales de las entidades federativas.

Conclusiones

En este trabajo se han presentado elementos conceptuales de diversas disciplinas o saberes científicos, para analizar y exponer la eficiencia de los órganos pertenecientes al Poder Judicial de la Federación, en especial la de los administrados por el Consejo de la Judicatura Federal. Asimismo, se han seleccionado algunos indicadores relativos a la eficiencia judicial con la finalidad de hacer un diagnóstico de esta relación que mide los recursos públicos presupuestales empleados con los resultados o productos jurisdiccionales.

Se ha abordado, dicho trabajo, con un enfoque multidisciplinario, analítico, crítico y abierto de la eficiencia judicial. Se han hecho uso de enfoques teóricos diversos de la Economía, Derecho, Administración, Sociología y Ciencia Política, entre otros. Se ha diferenciado, usando distintas posturas teóricas, la eficacia de la eficiencia judicial; la primera entendida como el fin o propósito esencial de la impartición efectiva de toda acción jurisdiccional; la segunda, como una relación entre el logro de este fin con los medios o recursos utilizados y en la que es importante que se logren los mejores resultados con la adecuada utilización de los recursos públicos empleados.

Se han evaluado las ventajas y también los inconvenientes de no hacer las debidas combinaciones, en beneficio de los justiciables o gobernados, para el logro de ese binomio indisociable de la eficacia y eficiencia judicial. Para ello se han aprovechado las contribuciones que desde la doctrina jurídica y el Derecho comparado encontramos en diversas latitudes. El logro armónico de dicha relación es indispensable para la consecución de un auténtico Estado de derecho y es un pilar en lo que pudiera ser un desempeño institucional que apoye un modelo de desarrollo económico y social más incluyente y sustentable en México.

Parte sustantiva de nuestro sistema constitucional de economía mixta se ha fincado, desde la mitad de los años ochenta, en el mercado (al reconocer y proteger a la propiedad privada en nuestra economía). El funcionamiento apropiado de este mecanismo no puede avanzar sin instituciones eficientes que lo hagan posible. Una de estas condiciones es el contar con un auténtico Estado de derecho que proteja los derechos de propiedad y al cumplimiento de los contratos. En los mercados, a decir de algunos economistas que han sido premios nobel como por ejemplo Douglass North, no solo se intercambian bienes y servicios, también se transfieren derechos de propiedad y en esto último se presentan complicaciones que un auténtico Estado de derecho debe corregir. Lo anterior con la finalidad de que no se eleven los costos de transacción y el coste social para los distintos agentes económicos. Oferentes y demandantes, lo mismo que productores y consumidores, en fin, todos los individuos o personas se verían beneficiados en sus ingresos, beneficios y márgenes de satisfacción. En el análisis de esta temática también se toman referencias teóricas de autores como Adam Smith y Karl Marx.

Se pudo apreciar, por ejemplo, como tanto en la Economía y el Derecho se han propiciado importantes transformaciones teóricas que reconocen que dentro de los mercados hay inconvenientes, otros dicen "fallas", que se relacionan con las ineficiencias institucionales. Estas últimas guardan relación con los problemas derivados en el logro de la eficacia judicial (acceso a la justicia y cumplimiento pleno de las resoluciones de los jueces), así como de la eficiencia (en el uso inadecuado de los recursos presupuestales para la resolución de asuntos o controversias). Hasta los inicios de la década de los setenta era difícil encontrar en las posturas hegemónicas de la Economía y del Derecho señalamientos que cuestionaran que en los mercados existieran complicaciones para hacer valer los derechos de propiedad (los llamados costos de transacción, es decir los gastos para hacerlos valer eran considerados nulos). Posturas alternativas, como las de los marxistas de entonces, tampoco le asignaban relevancia a este problema de la existencia de costos de transacción, no obstante que el propio Marx los había aludido en su obra magna, *El Capital*, al referirse a los llamados costos de circulación (aquellos que se dan en el proceso de circulación y que se vinculan al pago efectivo y completo de las operaciones en los mercado, y que tienen relación con la realización plena del valor de las mercancías y su transformación en capital dinero).

Después de plantear el marco teórico de este trabajo, en las dos primeras partes del libro, se llevaron a cabo el análisis de las dos siguientes situaciones: a) Las características del nuevo modelo de administración, o de gobierno interior, del Poder Judicial de la Federación a partir de la reforma constitucional que creó el Consejo de la Judicatura Federal en 1995; b) La relación entre el presupuesto público judicial, la población y la economía nacional. Se expuso como en el nuevo modelo de gobierno interior del Poder Judicial de la Federación se le asignaron crecientes recursos presupuestales a partir de 1995. Se pudo, asimismo, demostrar como con estos recursos adicionales le permitieron a dicho Poder ubicarse en una mejor posición en el gasto público federal y apoyándolo en la creación de nuevos órganos jurisdiccionales para así poder realizar mejor sus funciones sustantivas (al mismo tiempo lo favorecieron, significativamente, con mayores recursos para las funciones administrativas).

Se presenta, en este trabajo, un registro estadístico de la participación del Poder Judicial de la Federación en Presupuesto de Egresos de la Federación de 1933 a 2022. Se pudieron apreciar así fases de escasa participación, la más representativa sería la de 1965 a 1994 (teniendo este último año el 0.47% del total del presupuesto federal). Una etapa ascendente más adelante iría desde la creación del Consejo de la Judicatura Federal, en 1995, y esta tuvo su punto culminante en 2017 (logrando un 1.42% del total del gasto federal). Se observa como el ascenso continuo de esa participación presupuestal disminuyó a partir del gobierno de Andrés Manuel López Obrador y situarse en un nivel más bajo en el 2022 (1.03% del total de este presupuesto federal).

A partir del 2000 a la Cámara de Diputados no se le ha autorizado al Poder Judicial de la Federación todo el presupuesto solicitado. Lo que viene a indicar la preeminencia de este órgano legislativo del Congreso de la Unión en la determinación de los montos presupuestales que se deberán de ejercer en el Poder Judicial. Hasta 2022 no se dieron conflictos o controversias constitucionales por tales discrepancias en la autorización del presupuesto público al PJF:

Se pudo comprobar que la evolución del presupuesto judicial federal, entre 1930 y 2022, fue cada vez mayor, que fue creciendo significativamente a partir de la creación y puesta en funcionamiento del Consejo de la Judicatura Federal en 1995. Se pudo apreciar, en dicho periodo, un incremento de 9.4 veces en términos reales (descontando la inflación). Un rasgo notable de la modalidad de los montos presupuestales autorizados al PJF a los poderes judiciales locales es lo que diversos especialistas han llamado una pirámide invertida y que consiste en que los poderes locales han recibido, en su conjunto, menos recursos que el PJF (el 55.2% en 1979, a diferencia de países como Argentina, Brasil, Canadá y los Estados Unidos).

Se pudo constatar que cada vez más la relación matemática entre magistrados y jueces respecto a la de la población es más favorable, estimulando así la posibilidad de tener más acceso de los gobernados a la justicia federal. Este cambio, como otros, empezó a partir de 1995. Esto se ha logrado en gran medida por el gran crecimiento de órganos jurisdiccionales derivados del mayor presupuesto público federal.

Al estudiar la relación entre presupuesto autorizado por la Cámara de Diputados y el realmente ejercido en el PJF, de 1995 a 2022, nos dimos cuenta de que a pesar de que en varios de los años del periodo no se le autorizó a dicho Poder todo el presupuesto, se dieron subejercicios presupuestales. Esto no se puede entender como economías presupuestales, pues muchos de los programas y acciones presupuestales no se realizaron (este es un criterio técnico presupuestal reconocido por los especialistas en distintas partes del orbe). Una parte importante de estos subejercicios presupuestales se destinaron a los fideicomisos del PJF y algunos les denominaron, polémicamente, los "guardaditos" del

PJF al no ser enterados dichos recursos a la Tesorería de la Federación, según ciertos autores, en los términos de la normatividad aplicable y vigente en ese tiempo. A este respecto, se da cuenta de las auditorías efectuadas por el órgano competente en la materia: Auditoría Superior de la Federación (2018) y que implicaron observaciones y recomendaciones en varios años de ese lapso.

Al analizar la eficiencia presupuestaria jurisdiccional en el PJF, en particular en los órganos administrados por el CJF, se aprecia como se ha venido asignado a partir de 1995, más presupuesto público y ocupando más personal. Se vio cómo se fue dando una gran presencia de personal de administrativo respecto del propiamente jurisdiccional (en particular en la SCJN). Se observó cómo se fue incrementando el reparto presupuestal promedio por órgano jurisdiccional, en términos reales, a partir de 1995 y ser 3.4 veces mayor en 2022 que en los inicios del CJF. Lo anterior ha venido repercutiendo en un mayor costo real de los asuntos que han venido egresando de los órganos jurisdiccionales administrados por el referido CJF, esto otra vez medido en términos reales (2.4 veces mayor a los observados en 1995). El punto mayor de ese costo real fue el del año 2020 (bajo la presidencia de Arturo Záldivar). Todo esto refleja problemas de ineficiencia en el manejo de los recursos presupuestales, pues la productividad jurisdiccional ha venido decayendo (en particular en Juzgados de Distrito y en menor medida en Tribunales Colegiados de Circuito).

Se ha visto, en este estudio, como el CJF tiene la mayor parte del presupuesto federal asignado, le sigue en importancia la SCJN y al final el Tribunal Electoral Federal. El CJF mantiene la misma participación en los últimos años y llama la atención que la SCJN tiene el doble de presupuesto que el Tribunal Electoral. La SCJN funciona, en términos jurisdiccionales, en Pleno y en dos salas (estos son los únicos entes impartidores de justicia). Lo que indica el gran peso presupuestal de las funciones materialmente administrativas de la SCJN. La planeación, programación, ejercicio, control, auditoria y evaluación del presupuesto al Poder Judicial debe mejorar, considerando el problema de la escasez de los recursos presupuestales públicos.

No obstante que el objeto de estudio de este trabajo tiene que ver con la evaluación de las funciones administrativas del PJF, en particular de las efectuadas por el CJF, se hace una resumida descripción y evaluación inicial de las relativas a la vigilancia y al control que lleva a cabo. Funciones constitucionales de este órgano administrativo que también reflejan problemas y son un área de oportunidad.

La parte final de este trabajo lleva a cabo una aproximación en la evaluación de la productividad jurisdiccional, en el periodo 1995-2022. Hace, en primer lugar, un análisis agregado en todos los órganos jurisdiccionales existentes administrados hasta 2022 (Tribunales de circuito y Juzgados de Distrito). Lo hace, en segundo lugar, por materia, en el entendido de que cada año va cambiando su número, lo que complica, seriamente, su comparación histórica. Se hace, además, una evaluación de la estadística judicial para medir la eficiencia jurisdiccional en los Tribunales Colegiados de Circuito, empleando parte de los indicadores referidos al inicio de este trabajo. Lo anterior se replica para los Tribunales Unitarios y Juzgados de Distrito. Se hace este análisis estimando los comportamientos por cada materia y por los productos o resoluciones más relevantes de cada uno de los referidos órganos jurisdiccionales. Se realiza una estimación anual detallada que da cuenta de los movimientos estadísticos en dichos órganos. Al final de este libro realizo una somera evaluación administrativa de los nuevos órganos laborales adscritos al CJF, así como la de los nuevos de Centros de Justicia Penal Federales.

Desde el inicio de este trabajo, que la estadística o numeralia jurisdiccional de la que doy cuenta, aparte de la complejidad de su integración, precisa de diversas evaluaciones. Acepto que la mía es una evaluación más económico-administrativa que propiamente judicial o jurisdiccional. Aun así, considero que este trabajo puede ser empleado por otros especialistas del Derecho, de la Sociología Jurídica y de la Ciencia Política.

Lograr un auténtico Estado de derecho, y en particular una mayor eficacia y eficiencia en nuestro sistema de justicia federal, es una de las condiciones indispensables para hacer de México un país más justo, digno, sustentable e incluyente. En este trabajo, modestamente, solo he intentado entender los problemas derivados del uso de los recursos públicos en el sostenimiento de los órganos jurisdiccionales administrados por el Consejo de la Judicatura Federal.

Referencias

I. OBRAS, ENSAYOS, ARTÍCULOS E INFORMES

Asociación Mexicana de Impartidores de Justicia (2006 a.). *"Declaración de Jurica"*, diciembre de 2005. *Reforma Judicial. Revista Mexicana de Justicia,* Número 8, julio-diciembre, 2006, Biblioteca Jurídica Virtual, Instituto de Investigaciones Jurídicas, UNAM, pp. 253-257.

Asociación Mexicana de Impartidores de Justicia (2006 b.). "Conclusiones Generales de la Segunda Asamblea General Ordinaria de la Asociación Mexicana de Impartidores de Justicia A.C.", Mérida, Yucatán, 2007. *Reforma Judicial. Revista Mexicana de Justicia,* Número 12, julio-diciembre, 2006, Biblioteca Jurídica Virtual, Instituto de Investigaciones Jurídicas, UNAM, pp. 315-319.

Báez-Silva, C. (2007). "El desempeño de los tribunales mexicanos", *Reforma Judicial. Revista Mexicana de Justicia,* Número 9, enero-junio, 2007, Biblioteca Jurídica Virtual, Instituto de Investigaciones Jurídicas, UNAM, pp. 3-43.

Binder, M. (2007). "Corrupción y sistemas judiciales", *Reforma Judicial. Revista Mexicana de Justicia,* Número 10, julio-diciembre, 2007, Biblioteca Jurídica Virtual, Instituto de Investigaciones Jurídicas, UNAM, pp. 135-141.

Caballero, J.A. (2011). La Estructura de Rendición de Cuentas en México. Los Poderes Judiciales. Proyecto CIDE-Hewlett, CIDE, México.

Caballero, J. A., Concha Cantú, H. (2003). "Los elementos de la Reforma Judicial: una propuesta multidisciplinaria para el estudio de los tribunales estatales mexicanos". *Reforma Judicial. Revista Mexicana de Justicia,* Número 1, enero-junio, 2003, Biblioteca Jurídica Virtual, Instituto de Investigaciones Jurídicas, UNAM, pp. 61-76.

Caballero, J. A. (2005). "La independencia de los poderes judiciales a diez años de la Reforma en México". *Reforma Judicial. Revista Mexicana de Justicia,* Número 6, julio-diciembre, 2005. Biblioteca Jurídica Virtual, Instituto de Investigaciones Jurídicas, UNAM, pp. 85-99.

Carbonell, M. (2008). "Debatiendo sobre la Suprema Corte", *Reforma Judicial. Revista Mexicana de Justicia,* Número 12, julio-diciembre, 2008, Biblioteca Jurídica Virtual. Instituto de Investigaciones Jurídicas, UNAM, pp. 57-79.

Carpizo, J. (1996). Estudios constitucionales. Porrúa, 5ª. Edición, México.

Carpizo, J. (2000). "Otra reforma constitucional: la subordinación del Consejo de la Judicatura Federal", en *Cuestiones Constitucionales.* Revista Mexicana de Derecho Constitucional, número 2, enero-junio, 2000.

Concha, H. A. (2001). "Una aproximación a la administración de justicia en México". En Memoria del IV Congreso Nacional de Derecho Constitucional I, Valadés, D. (Coord. 2001,). México, UNAM-IIJ.

Concha, H. A. (2004). "El acceso a la información de los poderes judiciales en México". En Concha H. Cantú y López Ayllón S. (Coord..,). Transparentar al Estado. La experiencia mexicana de acceso a la información. Serie Doctrina Jurídica 193, UNAM, IIJ, México.

Consejo de la Judicatura Federal, Instituto de Investigaciones Jurídicas (UNAM, 1995), Coloquio Internacional sobre el Consejo de la Judicatura (28 y 29 de septiembre de 1995), México.

Consejo de la Judicatura Federal (1996). Los Consejos Mexicanos de la Judicatura. Régimen Jurídico, México, Poder Judicial de la Federación.

Consejo de la Judicatura Federal, Información Básica (varios números 1996, 1997). México, Poder Judicial de la Federación, Consejo de la Judicatura Federal.

Cossío Díaz, J. R. (1992). Las atribuciones no jurisdiccionales de la Suprema Corte de Justicia de la Nación. México, Editorial Porrúa/UNAM, Instituto de Investigaciones Jurídicas.

Cossío Díaz, J. R. (1986). Jurisdicción Federal y Carrera Judicial en México, UNAM.

Chávez, R. (2008). El Consejo de la Judicatura Federal (mitos y realidades). Porrúa, México.

Fix-Fierro, H. (1999). "El Consejo de la Judicatura en las entidades federativas. Una evaluación de su marco normativo y diseño institucional". En *Diálogo y Debate de Cultura Política,* Año 2, enero-marzo, 1999, México.

Fix-Fierro, H. (2006), Tribunales, justicia y eficiencia. Estudio socio-jurídico sobre la racionalidad económica en la función judicial. UNAM, Instituto de Investigaciones Jurídicas, México.

Fix-Fierro, H. (2003). "La Reforma Judicial en México: ¿De dónde viene? ¿Hacia dónde va?". *Reforma Judicial. Revista Mexicana de Justicia,* Número 2, julio-diciembre, Biblioteca Jurídica Virtual, Instituto de Investigaciones Jurídicas, UNAM, pp. 251 y ss.

Fix-Zamudio, H. (1988). *"Setenta y cinco años de evolución del Poder Judicial en México"*, 75 años de Revolución. Política II, INEHRM-FCE, México.

Fix-Zamudio H. y Cossío Díaz, J. R. (1996). El Poder Judicial en el Ordenamiento Mexicano, Fondo de Cultura Económica, México.

Fix-Zamudio, H. y Fix-Fierro H. (1996). El Consejo de la Judicatura. Cuadernos para la Reforma de la Justicia, 3. Instituto de Investigaciones Jurídicas, UNAM, México, 1996.

Flores García, F. (1998). Ensayos Jurídicos, Editorial Laguna, 2ª. Edición, México.

Góngora, G. (1999). "La estructura y organización del Poder Judicial Federal", en Jurisdictio, Revista del Tribunal Superior de Justicia del Estado de Querétaro, Tercera Época, Año VII, septiembre.

González A., J. L. (2010). *"El sistema de impartición de justicia"*, Tribunal Superior de Justicia del Distrito Federal.

Ibáñez, A. (1996). Corrupción y estado de derecho: el papel de la jurisdicción, Madrid. Editorial Trotta, 1996.

Informes del presidente de la Suprema Corte de Justicia de la Nación, varios años, 1995-2022.

Jarquín, E. (1997). La Economía Política de la Reforma Judicial. Washington, D.C., Banco Interamericano de Desarrollo, editado por Fernando Carrillo, 1997.

Jenofonte (2016). *Recuerdos de Sócrates. Económico. Banquete. Apología de Sócrates.* Editorial Gredos. Biblioteca Clásica Gredos.

López-Ayllon, S. y Salgado, R. (2006). "El Poder Judicial Federal y la Transparencia. Crónica de un derecho en construcción". *Reforma Judicial. Revista Mexicana de Justicia,* Número 8, julio-diciembre. Biblioteca Jurídica Virtual, Instituto de Investigaciones Jurídicas, UNAM, pp. 113-136.

Magaloni, A. y Elizondo, C. (2011). "La justicia de cabeza: la irracionalidad del gasto público en tribunales", Serie **El abuso de los Recursos Públicos. Cuaderno de Debate, n**úm. 10, CIDE, México, octubre.

Magaloni, A. y Elizondo Mayer-Serra, Carlos (2010). "¿Por qué nos cuesta tanto dinero la Suprema Corte?". Serie **El abuso de los Recursos Públicos. Cuaderno de Debate** Núm. 6, CIDE, México, octubre.

Magaloni, A. (2007). "La Reforma Judicial: Diagnósticos empíricos VS recetas legislativas". *Reforma Judicial. Revista Mexicana de Justicia,* Número 10, julio-diciembre, 2007. Biblioteca Jurídica Virtual, Instituto de Investigaciones Jurídicas, UNAM, pp., 61-74.

Marx K. (1981). El Capital, Tomo III, Vol. VIII, Siglo XXI, México.

Melgar, M. (1998). El Consejo de la Judicatura Federal. Porrúa, México.

Melgar, M. (1999). "La Reforma al Poder Judicial. Evaluación del Consejo de la Judicatura Federal". En Diálogo y Debate de Cultura Política, Año 2, Núm. 7 de enero-marzo.

North, D. (1995). Instituciones, cambio institucional y desempeño económico. México, Fondo de Cultura Económica.

Ovalle Favela, J. (1985). El Poder Judicial en los estados de la República. Temas y problemas de la administración de justicia en México. Miguel Ángel Porrúa, México,1985.

Padioleau, J. G. (1989). El Estado en concreto, Fondo de Cultura Económica, México.

Parkin M. (2004). Economía. Sexta Edición, Pearson. Addison-Wesley, México, 2004.

Pásara, L. (2010). "Reformas del sistema de justicia en América Latina: cuenta y balance", CIDE, México, 2010.

Pejovich S. (1982). "Karl Marx, property rights school and the process of social change". Kyklos, Vol. 35-1982-Fasc. 3, pp. 383-397.

Ramírez-Villaescusa, R. (2010). "Transparencia judicial y soborno: un planteamiento desde el análisis económico del derecho", *Reforma Judicial. Revista Mexicana de Justicia,* Número 15-16, enero-diciembre. Biblioteca Jurídica Virtual, Instituto de Investigaciones Jurídicas, UNAM, México, pp. 51-65.

Rivas, I. (2011), El Consejo de la Judicatura. Trayectoria y Perspectivas. Instituto de Investigaciones Jurídicas, UNAM, México.

Smith, A. (1999). Investigación sobre la naturaleza y causas de las riquezas de las naciones. FCE, México.

Suprema Corte de Justicia de la Nación (2006). Libro Blanco. Reforma Judicial. Una agenda para la justicia en México.

de Soto, H. (1991). El otro sendero. La revolución informal, México, Editorial Diana, México.

Schmill, U. (1971). El Sistema de la Constitución Mexicana, México, Librería de Manuel Porrúa, México.

Valencia D. (2006). "Costos de transacción, un hallazgo no tan reciente. Aproximaciones a la teoría de los costos de circulación de Karl Marx". Grupo de Investigación de Estudios Políticos de la Universidad de Antioquia, Colombia.

Vargas, L. (1999). Atribuciones disciplinarias del Consejo de la Judicatura Federal. EDAL Ediciones, México.

Waleed, M. (2003). "El desarrollo económico y la Reforma Judicial: experiencias internacionales e ideas para América Latina", *Reforma Judicial. Revista Mexicana de Justicia,* Número 1, julio-diciembre, Biblioteca Jurídica Virtual, Instituto de Investigaciones Jurídicas, UNAM, México, pp. 91-102.

II. LEGISLACIÓN Y DERECHO COMPARADO

Instituto de Investigaciones Jurídicas, Consejo de la Judicatura Federal (1997). Constitución Política de los Estados Unidos Mexicanos. Comentada. México, UNAM.

Instituto de la Judicatura Federal (1998). Ley Orgánica del Poder Judicial de la Federación. Tematizada y Concordada, México, 2ª. Ed.

Poder Judicial de la Federación, Consejo de la Judicatura Federal (1998). Normas Fundamentales, México.

Poder Judicial de la Federación, Consejo de la Judicatura Federal, Dirección General de Estadística y Planeación Judicial: "Comparativo de los Poderes Judiciales de México y Europa, 2006". Reporte actualizado a 2009.

Comisión Europea para la Eficacia de la Justicia (CEPEJ). *Lista de control sobre la gestión del tiempo. (Lista de indicadores para el análisis de la duración de los procedimientos judiciales.) Adoptados en diciembre de 2005*, España, 2011

III. NORMATIVIDAD COMPLEMENTARIA

Acuerdos Generales del Pleno del Consejo de la Judicatura Federal, 1995- 2021.

IV. DICCIONARIOS, ENCICLOPEDIAS Y COLECCIONES

Bobbio, N. y Matteucci, N. (1985). Diccionario de Política. México, Editorial Siglo XXI.

Cámara de Diputados del H. Congreso de la Unión (2000). México a través de sus constituciones. Grupo Editorial Miguel Ángel Porrúa, México.

Cámara de Diputados del Congreso de la Unión, Diario de los Debates de la H. Cámara de Diputados.

México a través de sus constituciones, Tomo X, México, LV Legislatura, Cámara de Diputados del H. Congreso de la Unión, 1994.

V. DOCUMENTOS PRESUPUESTALES PÚBLICOS FEDERALES

Cámara de Diputados del Congreso de la Unión, Cuenta de la Hacienda Pública Federal, varios años.

Cámara de Diputados del Congreso de la Unión, Decreto de Presupuestos de Egresos de la Federación, varios años.

Informes del presidente de la Suprema Corte de Justicia de la Nación y del Consejo de la Judicatura Federal, 1995-2010.

VI. PUBLICACIONES Y PÁGINAS DE INTERNET

http://www.anuariojudicial.mx. Página web de la Asociación Mexicana de Impartidores de Justicia, que agrupa al Poder Judicial de la Federación, otros Tribunales Federales, Tribunales de los Estados y del Distrito Federal.

http://www.dgepj.cjf.gob.mx. Página web de la Dirección General de Estadística del Consejo de la Judicatura, Poder Judicial de la Federación.

http://www.juridicas.unam.mx. Página de publicaciones del Instituto de Investigaciones Jurídicas de la UNAM.

http://www.cide.edu/cuadernosdedebate.htm

http://www.derecho.itam.mx

http://www.inegi.org.mx

http://www.diputados.gob.mx

http://www.asf.gob.mx

http://www.geocrimen.cide.edu/biblioteca/ "Estadísticas Judiciales en Materia Penal de los Estados Unidos Mexicanos", 1999-2008.

Knoema.com

VII. ENCUESTAS Y ESTUDIOS EMPÍRICOS DE DESEMPEÑO JURISDICCIONAL

Concha, H. y Caballero, J. A. (2001). Diagnóstico sobre la administración de justicia en las entidades federativas: un estudio institucional sobre la justicia en México. UNAM, IIJ, México.

Poder Judicial de la Federación, Consejo de la Judicatura Federal. Dirección General de Estadística y Planeación Judicial, Encuesta para Evaluar la Imagen del Servicio de Impartición de Justicia Federal 2007. Panorama Nacional. Febrero de 2008.

Poder Judicial de la Federación, Consejo de la Judicatura Federal, Dirección General de Estadística y Planeación Judicial, Encuesta para Evaluar la Imagen del Servicio de Impartición de Justicia Federal 2007. Resultados de la tercera etapa. Décimo Primer Circuito Michoacán. Septiembre de 2007.

Poder Judicial de la Federación. Consejo de la Judicatura (2010). *Justicia Federal y Crecimiento Económico (PIB) 2003-2007*. Elaborado por la Dirección General de Estadística y Planeación Judicial, México.

"Estudio de opinión sobre la satisfacción de usuarios de justicia", 2010. www.amij.org./extras/satisfaccion_de_los _usuarios.pdf, UNAM/IIJ/Área de Investigación Aplicada y Opinión.

Asesoría Financiera, Deloitte (2002). Justicia pronta y expedita en México. Estudio sobre la modernización de la gestión de litigios. www.deloitte.com.mx 2009

Consejo Coordinador Financiero, ITAM (2002). Indicadores y Calificación de la Administración y Justicia Local en las Entidades Federativas Mexicanas. 2002.

Asociación de Magistrados de Tribunales de lo Contencioso Administrativo de los Estados Unidos Mexicanos A.C. (2010). Diagnóstico del funcionamiento del sistema de impartición de justicia en materia administrativa. CIDE, México.

Informe Anual. Actividades del Observatorio Ciudadano de la Justicia. México, 2009.

Este País. Tendencias y opiniones, Número 137, Suplemento Especial, México, agosto, 2002. "Administración de justicia en México. Indicadores en materia mercantil e hipotecaria".